新编

# 现代企业市场营销管理
# 必备制度与表格

张 浩 郑 健◎编著

中国文史出版社

图书在版编目（ＣＩＰ）数据

新编现代企业市场营销管理必备制度与表格 / 张浩,

郑健编著.-- 北京：中国文史出版社,2020.1

ISBN 978-7-5205-1241-1

Ⅰ．①新… Ⅱ．①张… ②郑… Ⅲ．①企业管理－营

销管理 Ⅳ．①F274

中国版本图书馆 CIP 数据核字(2019)第 185935 号

责任编辑：詹红旗　戴小璇

出版发行：中国文史出版社

社　　址：北京市海淀区西八里庄 69 号院　　邮编：100142

电　　话：010-81136606　　81136602　81136603（发行部）

传　　真：010-81136655

印　　装：廊坊市海涛印刷有限公司

经　　销：全国新华书店

开　　本：1/16

印　　张：23

字　　数：452 千字

版　　次：2020 年 1 月北京第 1 版

印　　次：2020 年 1 月第 1 次印刷

定　　价：59.00 元

# 目　录

**第一章　市场营销综合管理制度** …………………………………… 1

一、营销管理制度 …………………………………………………… 1

二、市场营销过程管理规范 ………………………………………… 3

三、销售业务管理规定 ……………………………………………… 5

四、销售事务管理 …………………………………………………… 9

五、市场销售管理制度 ……………………………………………… 10

六、营销安全检查制度 ……………………………………………… 18

七、销售用语规范 …………………………………………………… 19

八、产品销售渠道表 ………………………………………………… 22

九、产品销售所占总营业额比重表 ………………………………… 22

十、销售职员奖惩月报表 …………………………………………… 23

**第二章　市场营销组织管理制度** ………………………………… 24

一、销售组织管理制度 ……………………………………………… 24

二、营销分公司组织管理规定 ……………………………………… 31

三、市场营销部工作制度 …………………………………………… 33

四、营业部管理细则 ………………………………………………… 33

五、营销中心与业务分担制度 ……………………………………… 36

六、销售工作日报表审核制度 ……………………………………… 37

七、销售业绩考核管理办法 ………………………………………… 39

八、销售拜访作业计划查核细则 …………………………………… 40

九、人事管理规定 …………………………………………………… 41

十、营销工作薪酬管理制度 ………………………………………… 46

十一、销售经理管理准则……………………………………47

十二、项目负责人管理制度…………………………………56

十三、销售人员管理方案……………………………………57

十四、销售人员奖励制度……………………………………60

十五、销售人员奖惩办法……………………………………61

十六、销售人员工资管理规定………………………………62

十七、销售人员士气调查管理办法…………………………64

十八、销售人员的客户拜访管理办法………………………66

十九、商店销售人员管理规定………………………………68

二十、营销员守则……………………………………………77

二十一、营销人员薪酬管理制度……………………………78

二十二、公司营销人员培训制度……………………………80

二十三、导购代表管理规定…………………………………81

二十四、业务员教育训练办法………………………………85

二十五、业务员开拓新客户奖励办法………………………86

二十六、经销店技术服务奖励办法…………………………88

二十七、经销店分期付款奖励办法…………………………91

二十八、经销店店面陈列奖励办法…………………………92

二十九、经销商年度奖励办法………………………………93

三十、鼓励员工提出建议的实施办法………………………97

三十一、鼓励员工提出创意提案的管理制度………………99

三十二、销售人员管理制度 ………………………………102

三十三、出差管理制度 ……………………………………103

三十四、差旅费报销制度 …………………………………104

三十五、差旅费、工作餐等费用开支标准的规定…………105

三十六、差旅费支付制度 …………………………………107

三十七、集团公司考核管理制度 …………………………109

三十八、营销系统绩效考核管理制度 ……………………112

三十九、销售人员考核办法 ………………………………114

四十、业务员佣酬及考核晋升制度 ………………………115

四十一、营销公司驻外分公司、办事处管理制度 …………… 116

四十二、员工打卡管理规定 …………………………………… 119

四十三、产品供应渠道表 ……………………………………… 120

四十四、供应商对供货渠道反映表 …………………………… 121

四十五、供应商订货方式表 …………………………………… 122

**第三章 市场营销信息与策划管理制度** …………………… 123

一、信息管理办法 ……………………………………………… 123

二、市场营销情报报告制度 …………………………………… 126

三、业务单、订单情报管理制度 ……………………………… 127

四、综合信息中心负责人工作责任制度 ……………………… 128

五、业务接洽追踪办法 ………………………………………… 129

六、新产品宣传规定 …………………………………………… 131

七、广告策划业务规定 ………………………………………… 134

八、广告宣传管理规定 ………………………………………… 136

九、广告宣传业务规定 ………………………………………… 138

十、广告业务管理廉洁规定 …………………………………… 139

十一、对外宣传运营规则 ……………………………………… 140

十二、营销业务员成绩追踪表 ………………………………… 144

十三、营销广告预算表 ………………………………………… 146

十四、售后损失金额核算基准表 ……………………………… 147

**第四章 市场营销调查与计划管理制度** …………………… 148

一、市场调查要则 ……………………………………………… 148

二、市场调查管理办法 ………………………………………… 149

三、市场调查操作流程 ………………………………………… 153

四、市场营销调查内容 ………………………………………… 156

五、市场调查及预测工作管理制度 …………………………… 158

六、竞争对手调查操作规则 …………………………………… 160

七、个人调查操作规则 ………………………………………… 161

八、客户满意度调查办法 ································· 163

九、面谈调查实施细则 ································· 166

十、营销管理制度 ································· 169

十一、行销方案规划准则 ································· 174

十二、销售目标管理办法 ································· 176

十三、营销计划报审制度 ································· 176

十四、销售促进管理制度 ································· 177

十五、营销人员业绩提成薪资表 ································· 179

十六、部门完成效益目标奖励表 ································· 180

十七、专业营销服务人员名额设定表 ································· 180

第五章　市场营销产品、价格与财务管理制度 ············· 181

一、商标使用管理制度 ································· 181

二、知名商标保护制度 ································· 182

三、企业形象及品牌管理制度 ································· 183

四、经销商维护企业品牌形象的规定 ································· 184

五、质量管理制度 ································· 185

六、质量管理日常检查规定 ································· 193

七、检验仪器的管理办法 ································· 194

八、产品包装物料管理制度 ································· 196

九、交货检验制度 ································· 196

十、受理订货制度 ································· 197

十一、商品价格管理制度 ································· 197

十二、营销商品价格制度 ································· 202

十三、降价销售管理规定 ································· 203

十四、商品变价票流物流规程 ································· 205

十五、商品削价管理规程 ································· 206

十六、营销财务管理制度 ································· 206

十七、财务报销制度 ································· 210

十八、销售渠道管理规则 ································· 211

　　十九、货款回收处理规定 ……………………… 215
　　二十、营销人员出差津贴表 …………………… 216
　　二十一、营销人员年度奖金表 ………………… 216

**第六章　加盟、连锁店营销管理制度** ………… 217
　　一、特许店营销制度 …………………………… 217
　　二、特约店协会组织管理制度 ………………… 221
　　三、特约店业务管理规定 ……………………… 222
　　四、代理店管理制度 …………………………… 225
　　五、代理商管理制度 …………………………… 228
　　六、关于代理店的奖励规定 …………………… 230
　　七、专卖店考核管理细则 ……………………… 230
　　八、加盟连锁店管理制度 ……………………… 232
　　九、加盟连锁店协约通则 ……………………… 234
　　十、加盟连锁店组织制度 ……………………… 236
　　十一、连锁店分会协约 ………………………… 239
　　十二、连锁店互助会公约 ……………………… 239
　　十三、自由连锁店组织制度 …………………… 241

**第七章　促销、推销管理制度** ………………… 243
　　一、商业零售企业促销行为规范 ……………… 243
　　二、公司促销管理制度 ………………………… 245
　　三、大宗宣传促销品招标办法 ………………… 248
　　四、零售商促销行为管理办法 ………………… 248
　　五、促销员规章制度 …………………………… 251
　　六、理货（促销）员管理制度 ………………… 253
　　七、市场促销员考核办法 ……………………… 254
　　八、促销员薪酬制度 …………………………… 256
　　九、销售员工培训制度 ………………………… 257
　　十、推销员服务须知 …………………………… 259

十一、推销员营业活动要则 ······························· 261

十二、推销员工作态度及能力要则 ················· 264

十三、推销员自检要则 ······························· 265

十四、员工测评与考核表 ······························· 267

十五、员工素质测评表 ······························· 268

## 第八章　客户关系与售后服务管理制度 ··········· 269

一、客户关系管理制度 ······························· 269

二、客户开发选择制度 ······························· 271

三、新客户开发管理实施细则 ················· 273

四、客户信息管理章程 ······························· 274

五、客户需求信息处理制度 ····················· 275

六、客户名册管理制度 ······························· 277

七、客户招待会实施程序 ······························· 278

八、售后服务管理办法 ······························· 279

九、听取顾客意见的规定 ······························· 281

十、送货服务程序 ······································· 282

十一、客户投诉处理办法 ······························· 283

十二、客户投诉管理办法 ······························· 284

十三、客户投诉的处罚规定 ····················· 289

十四、客户投诉案件具体处理办法 ············· 291

十五、营销人员开拓网点进度表 ················· 294

十六、营销货品盘存报告表 ····················· 294

## 第九章　市场营销常用合同协议 ················· 295

一、商品买卖合同 ······································· 295

二、工业品买卖合同 ······························· 296

三、产品销售合同 ······································· 298

四、试用买卖合同 ······································· 300

五、凭样买卖合同 ······································· 301

六、产品专卖合同 …………………………………………………… 303

七、区域经销协议 …………………………………………………… 304

八、办公设备销售合同 ……………………………………………… 305

九、售后服务协议书 ………………………………………………… 307

十、加盟特许连锁店协议 …………………………………………… 310

十一、加盟代理产品销售合同 ……………………………………… 312

十二、授权加盟代理商协议 ………………………………………… 315

十三、连锁经营加盟协议 …………………………………………… 317

十四、商品代销合同 ………………………………………………… 319

十五、零售商品展销合同 …………………………………………… 321

十六、委托销售楼盘代理合同 ……………………………………… 322

十七、一般代理协议书 ……………………………………………… 326

十八、产品代理销售协议书 ………………………………………… 328

十九、货物买卖协议书 ……………………………………………… 335

二十、品牌使用特许协议书 ………………………………………… 336

二十一、品牌特许经营协议书 ……………………………………… 337

二十二、应用软件买卖合同 ………………………………………… 339

二十三、经销服务协议书 …………………………………………… 341

二十四、总代理协议书 ……………………………………………… 342

二十五、独家代理协议书 …………………………………………… 346

二十六、公司特约店交易合同书 …………………………………… 347

二十七、公司代理店合同书 ………………………………………… 348

二十八、公司销售国外商品的代理合同书 ………………………… 351

二十九、加盟连锁机构合同书 ……………………………………… 353

# 第一章　市场营销综合管理制度

## 一、营销管理制度

### （一）总则

**第一条**　以质量求生存，以品种求发展，确立"用户第一"、"质量第一"、"信誉第一"、"服务第一"的理念，维护公司声誉，重视社会经济效益，生产物美价廉的产品投放市场，满足社会需要是产品的销售方针。

**第二条**　掌握市场信息，开发新产品，开拓市场，提高产品的市场竞争能力，沟通企业与社会，企业与用户的关系，提高企业经济效益，是产品销售管理的目标。

### （二）市场预测

**第三条**　市场预测是经营决策的前提，对同类产品的生命周期状况和市场覆盖状况要作全面的了解分析，并掌握下列各点：

（1）了解同类产品国内外全年销售总量和同行业全年的生产总量，分析饱和程度。

（2）了解同行业各类产品在全国各地区的市场占有率，分析开发新产品，开拓市场新途径。

（3）了解用户对产品质量的反映及技术要求，分析提高产品质量，增加品种，满足用户要求的可行性。

（4）了解同行业产品更新及技术质量改进的进展情况，分析产品发展的新动向，做到知己知彼，掌握信息，力求企业发展处于领先地位。

**第四条**　根据国内外市场的销售情况，确定年销售量的总体计划。

**第五条**　收集国外同行业、同类产品更新及技术发展情报，国外市场供求趋势，国外用户对产品的反映及信赖程度，确定对外市场的开拓方针。

### （三）经营决策

**第六条**　根据公司中长期规划和生产能力状况，通过预测市场需求情况，进行全面综合分析，由市场营销部提出初步的年度产品销售方案，报请公司审查决策。

**第七条**　经过公司办公会议讨论，总经理审定，确定年度经营目标，并且作为编制年度生产方案和年度方针目标的依据。

### （四）产销平衡

**第八条**　市场营销部根据全年生产方案及近年来国内各地区和外贸订货情况，平衡分配计划，对外签订产品销售合同，并根据市场供求形势确定"以销定产"为主的方针，信守合同，维护合同法规的严肃性。

**第九条**　执行价格政策，如需变更定价，报财务科负责，经经营副总经理批准。

**第十条**　销售科根据年度生产计划、销售合同，编制年度销售计划，根据市场供求形势编报季度和月度销售计划，于月前十天报计划科，以便综合平衡产销衔接。

**第十一条**　参加各类订货会议，扩大销售网，开拓新市场，巩固发展用户关系。

**第十二条**　建立和逐步完善销售档案，管理好用户合同。编制产品发运计划，组织回笼资金。

**第十三条**　执行销售合同，必须严格按照合同供货期编制产品发运计划，做好发运计划工作。

**第十四条**　发货应掌握原则，处理好主次关系。

**第十五条**　产品销售均由销售科开具"产品发货通知单"、发票和托收单，由财务科收款或向银行办理托收手续。

**第十六条**　分管成品资金，努力降低产品库存，由财务科编制销售收入计划，综合产、销、财的有效平衡，并积极协助财务科及时回笼资金。

第十七条　确立为用户服务的观念，款到后发货应及时办理，用户函电询问，三天内必答，如质量问题需派人处理，五天内与有关部门联系，派人前往。

（五）建立产品销售信息反馈制度

第十八条　销售科每年组织一次较全面的用户访问，并发函到全国各用户，征求意见，将收集的意见汇总，整理，向公司领导及有关部门反映，由有关部门提出整改措施，并列入全面质量管理工作。

第十九条　将用户对产品质量、技术要求等方面来信登记，并及时反馈有关部门处理。

第二十条　负责产品销售方面各种数据的收集整理，建立用户档案，收集同行业情报，提供销售方面的分析资料，按上级规定，及时、准确、完整地上报销售报表。

## 二、市场营销过程管理规范

第一条　目的

本规定旨在确定与营销活动相关的组织、职能及基本原则，确定营销过程中的主要手续规定，特别是订货及出货手续规定。

第二条　适用范围

本规定适用于经营部门和公司。

第三条　修改

本规定的修订权属董事会。

第四条　组织与职能

经营部门可下设企划科、销售科和财务科。

企划科负责制定销售计划，组织加工制造商品出库和订货，负责存货管理、交易管理、预算管理和联系沟通。

销售科负责订货、估价、回收货款、与客户交涉等事项。

财务科负责销售核算、催付款、货款入账及出纳等事项。

另在公司设生产科和仓储科。前者负责生产计划制定，生产管理及与经营部门的业务联系。后者负责成品入库、出库、运送和保管等工作。

**第五条　销售渠道**

基本的销售渠道为代理店销售、直销和出口。

**第六条　商品价格表**

分产品和客户分别制定"商品价格表"。

**第七条　新客户交易**

与新客户的交易开始前，必须经过严格的事前调查，签订交易合同。交易开始后，应填制"客户卡片"。

**第八条　交易条件**

交易条件、结算日、货款回收等依公司统一办法确定，并写入交易合同。

**第九条　贷放限度**

根据代理店的资格，确定不同的贷放限度。

**第十条　销售计划与生产申请**

销售计划按标准品和订货品分客户分别制订，企划科根据销售计划向生产科提出生产申请。订货品可随时申请生产加工。

**第十一条　标准品生产申请手续**

由企划科开出"生产申请书"四份。一份由企划科收存，用于企划科管理；一份交管理科，用于生产管理；一份由管理科签订生产完工时间，交回企划科；另一份交仓储科，作预定入库通知用。

**第十二条　订货传票**

订货需填制"订货传票"。由销售科填制，送交企划科两份，用以作为编制销售计划资料。

**第十三条　产品余额表、出入库表、产品生产预定表**

仓储科每周需向企划科提交"产品余额表"和"出入库表"。管理科每周向企划科提交"产品生产预定表"。

**第十四条　出货手续**

仓储科依据企划科送交的"出货单"填制"出库单"与货物同时转交给运输部门，并向运输部门提出运送申请。

**第十五条　发货单**

发货单由六项内容构成：

（1）正式发货单。随货物一同交给客户。如交货地与客户所在地不一致，则需收货人盖章后交客户。

（2）收货凭证。仓储科将客户盖章后的发货单，作为收货凭证交财务科。

（3）销售传票。财务科作记账用。

（4）付款通知。由财务科按支付期限不同，分别寄送给客户。

（5）销售统计表。企划科用于销售统计。

（6）出库传票。仓储科用于出库记录。

**第十六条　运送**

仓储科依发货单和发货通知，制订运送计划，将货物、发货单和收货单一同运送给客户，并将收货单和销售传票送回财务科。

**第十七条　回收计划**

财务科根据"客户货款余额表"编制货款回收计划，分别交销售员、财务科和企划科。

**第十八条　付款通知**

由财务科或销售人员向客户寄送付款通知。

**第十九条　收款**

财务科收到货款后，开出货款收款发票，邮送给客户。

**第二十条　订货**

客户订货时，需有正式的订货单。销售科据此分别与企划科、管理科、设计科联系，下达生产制造计划。

## 三、销售业务管理规定

**第一条**　公司销售业务须依照本规定进行。

**第二条**　本规定的目的在于明确销售活动中的事务基准及手续，使销售营运得以顺利进行。

**第三条**　销售业务属于销售经理的管理范围。

**第四条**　销售业务的事务范围如下：

（1）处理销售方面的事项。

（2）从估价到货款回收为止的一切与销售有关的事务。

（3）因销售而发生的会计记账事务。

（4）代理店与特约店的管理。

（5）广告、宣传业务。

**第五条**　销售计划在编制之前，应先对一般经济情况进行预测，对过去销售实绩进行分析，进行市场调查，对公司设备及生产状况进行调查。

**第六条**　估价时除对公司的成本进行调查外，还须参照其他同业公司及市价，以求准确。

**第七条**　受理订货的合同，原则上以文书方式为主，双方互相交换。

**第八条**　交货的日期务必严格遵守。为达此目的，应不断与客户及技术部门保持密切联系。

**第九条**　产品销售后的货款回收务必确保其顺利进行。因此，除了须尽快采取催款手续外，直到货款收齐之前，必须经常留心其进展。

**第十条**　账簿的记载、传票资料发出及整理，须以互相牵制为根本，在整理方式上必须求其统一与合理化。

**第十一条**　代理店及特约店通常设置在较偏远的地方，以销售标准规格品为主。

**第十二条**　广告、宣传的目的在于提高公司信誉及产品的知名度，以此引发需求，保证销售计划完成。在实施广告或宣传时，必须依据统一的计划，重点实施，使经费得到最有效地运用。

**第十三条**　开发新产品时要使消费者认识新产品，引发他们的需求，以扩大销售。

**第十四条**　在规定中，销售科是负责销售实务的机构；业务科如无特别规定，通常指负责业务的机构。

**第十五条**　销售经理须依据规定，与相关部门进行联络、协调、制定销售计划。

**第十六条**　销售计划定期制订半年度的订货受理及销售计划表、各月份销售计划表、半年度的进款计划表及各月份的进款计划表：

（1）半年度订货受理计划及销售计划表需要每年的××月及××月，依月份及商品种类分别编制。

（2）月份销售计划表内容依照出货月份、产品种类等编制。

（3）半年度收款表于每年的××月及××月，依照月份、客户分别编制。

（4）各月份进款计划表于每月初将各销售科及客户的当月进款预计记入表中。

**第十七条**　销售科长应将上述各计划的资料及计划表提交给销售经理。

**第十八条**　销售部制定第十六条中的各项计划，应收集过去的销售实绩资料，分析市场动向，进行各方面的预测。

**第十九条**　销售部门经理应定期召集相关的负责人员，举行半年订货受理会议，月度销售会议及每月收款会议，讨论和修改销售计划。

（1）半年度订货受理会议于每年的××月及××月初召开，会议目的在于商议下年的订货受理计划的方案。

（2）月份销售会议于每月月初举行，目的在于商议月销售计划。

（3）每月进款会议于每月月初举行，目的在于审议每月的收款计划。

**第二十条**　依据销售计划，如有必要进行预估生产之准备时，销售经理室须发出生产准备委托书，经由销售经理的裁决后，送交技术经理。

**第二十一条**　销售科必须依照规定的要求，不断地把握市场动向、其他同业公司的价格状况及本公司订单情况，适时地通过所隶属的上级向销售经理报告。

**第二十二条**　销售科必须努力掌握客户的信用状况。尤其是对于首次交易的客户应特别慎重，如交易涉及重大事项应请示销售经理裁决。

**第二十三条**　销售经理室必须不断收集产品价格表、库存品一览表及其他估价和受理订货时的必要资料，保证销售科的销售活动得以顺利进行。

**第二十四条**　定价分为标准产品的定价与特定产品的定价两种：

（1）标准产品的定价是指对产品价格表中所列出本公司的标准规格商品的定价。

（2）特定产品的定价是指对产品价格表中未列出价格或标准规格品以外的商品的定价。

**第二十五条**　标准产品的定价的裁决基准：

（1）未满××万元的定价则由销售科长裁决。凡是价格与产品价格表有显著差异或交易条件特殊者，都应请示上级裁决。

（2）××万元以上的定价由销售部经理或代理者裁决。

（3）××万元以上的定价由董事长裁决。

**第二十六条**　特定产品的估价的裁决基准：

（1）未满××万元的定价由销售科长裁决。如价格与销售价格的计算基准有显著差异或交易条件特殊，对日后销售有重大影响者，应请示上级裁决。

（2）××万元以上的定价，由销售经理或其代理者裁决。

（3）××万元以上的定价由董事长裁决。

**第二十七条**　特定产品的定价，应依据下列规定进行：

（1）销售科接到客户价格要求通知时，应附上设计规格书及所需的各类资料，填写成本核算书，并送交总务部。

（2）销售科在接到公司成本核算之后，依据规定的管理费基准及规定，作出定价单，寄送客户。

**第二十八条**　偏远地区的分店定价裁决手续，应比照前面的规定，由销售经理制订。

**第二十九条**　填写定价单时，要依照下列规定填写：

（1）销售科事先准备好定价表，在制作定价单时，要依照记载的顺序，编上定价的序号。

（2）如果客户没有特别指定，通常以本公司指定的定价来进行估价。

（3）定价单通常以一个月为有效期间。

**第三十条**　销售科将定价单提交给客户之后，对××万元以上或影响重大者，不管订货是否受理成功，都应于决定后的一星期之内，制作定价报告书，并依照规定，提交给决策者。

**第三十一条**　设计说明必须以定价时所定设计为基准，并促请尽快决定。

**第三十二条**　在受理订货时，要依照规定签订合同。

**第三十三条**　销售编号的使用区分，另行规定。

**第三十四条**　受理客户的订货或为内部指示的订货，须依照下列三项规定进行：

（1）销售科须迅速发出订货的出货传票，并依照规定的顺序送交各关系部门。订货的出货传票，在必要时要附上订货明细表、设计说明书等。

（2）内部指示的订货，须在订货金额栏中，填入预估金额后发出。

（3）出货传票的记载事项如有变更，或订货金额已经确定，应重新发出修改后的出货传票。

## 四、销售事务管理

**第一条　交货**

（1）对于已接受订单的产品，工务科应做好相关的生产安排，并在适当的时候，通过销售科目向客户通报生产进度。

（2）当生产接近完成时，由销售科选择指定交货日前的适当时日，通知交货对象。如交货有迟延的情况时，也应事先通知对方，求得其谅解。

**第二条　检查**

在进行产品的检查时，应将结果作成测试成绩表等有关资料。

**第三条　配送**

产品的发送是依据出货传票来进行的，另外，每次发送货品时，应将其要项记入发送登记簿中。

**第四条　销售额的计算**

（1）在交付产品时，应将交货单的副本交给会计科。会计科再将这些资料记入销售账中。

（2）如已经从客户处先收取订金或预付金时，应将此内容也记入销售账中。

（3）财会部门于每月的 25 日，依据销售账的资料算出每位客户的未付款项明细表（包括前月余额、本月销售额、应收账款），送交经营经理。

**第五条　书信的制作**

（1）经营书信资料包括：书信、电传（发文、订单）、价格单、订购单、规格明细单、交货单、清款单、收据、备忘录。

（2）发文资料上应盖契印或负责人的印章，交易上的发文资料都须复印并制成副本保存。

（3）对于所有的书信资料，都应编列收受号码，并记入收信簿中，盖上收受日期印章。

**第六条　经营报告**

（1）营业部门必须将每日的活动及业务处理情况记入日报表，经由科长、经理，向总经理提交。

（2）销售科要根据每月及上个月的订单量、转拨余额、本月接受订货的总额、本月的交货额、生产额、未收款项余额、接受订货的产品内容等制作成月报表，并经由经理审查后呈报告给总经理。

第七条    销售会议

每月或每月月初经营部门与企业领导，应召集经理、厂长、科长及其他负责人员的生产、销售联合会议。

## 五、市场销售管理制度

第一条    依据

公司销售业务的管理须依照本规定进行。

第二条    目的

本规定的目的在于明确销售活动中的管理标准及手续，使其经营得以合理进行。

第三条    管辖

销售业务属于销售经理的管理领域。

第四条    事务范围

销售业务的管理范围如下：

（1）处理销售方面的事项。

（2）从定价到货款回收为止的一切与销售有关的业务。

（3）因销售而发生的会计记账事务。

（4）代理店与特约店的管理。

（5）广告、宣传业务的管理。

（6）开发新产品、新客户。

第五条    销售计划的立案

销售计划在立案之前，应先将一般经济行情的预测和过去销售实绩的分析、市场调查资料等，与企业的设备及生产状况做一对照。

第六条    定价

定价时除对公司的成本进行调查外，还须参考其他同业公司及市场行情，力求确实、可行。

**第七条　受理订货的合同**

受理订货的合同，原则上以文书方式，双方互相交换。如此才能与顾客订立的合同内容确实。

**第八条　严格遵守交货日期**

务必严格遵守交货的日期。为达此目的，要不断与顾客及技术部门保持密切联系，使设计迅速确定，并及时投入生产。

**第九条　货款的回收**

务必设法使产品销售后的货款顺利回收。因此，除了需尽快采取清款手续外，在货款收回之前，必须经常留心其发展。

**第十条　统一整理方式**

账簿的记载、传票资料的发出及整理，须以互相牵制为根本，在整理方式上必须求其统一与合理化。

**第十一条　代理店与特约店的设置**

代理店及特约店通常设置在城市较繁华的地方或商务中心区，以销售标准规格品为主。

**第十二条　广告、宣传**

广告、宣传的目的在于提高公司信誉及产品的知名度，以此扩大需求，推动销售计划的完成。在实施广告或宣传时，必须依据统一的计划，重点实施，使经费能够最有效地运用。

**第十三条　产品开发**

开发新产品时需使顾客认识新产品，并引导他们的需求，才能扩大销售渠道。另外，对于改善方案要加以统一，对于未来的产品也须进行研究，如此才能巩固销售的根基。

**第十四条　销售科及业务科的定义**

在本规定中，销售科是负责销售实务的科室；业务科如无特别规定，通常是指负责具体业务的科室。

**第十五条　销售计划的制订**

销售经理要依据第五条规定，与相关部门进行联络、协议制订销售计划。

**第十六条　定期计划表**

销售计划表包括：半年度的订货受理计划表及销售额计划表，各月份销售额计划表、半年度的进款计划表及各月份的进款计划表。

（1）半年度订货受理计划表及销售额计划表须于每年的××月及××月，依月份及产品种类记载半度的订货受理及销售额的预估。

（2）月份长期销售额计划表内容依照出货月份、产品种类，记载每个月的销售预定额。

（3）半年度收款计划表须于每年的××月及××月，依照月份、客户记入半年度的进款预定额编制。

（4）各月份进款计划表须于每月初将各销售科及各户别的当月进款预估额记入表中。

**第十七条　资料的提出**

店长、销售科长应将上述各项计划的资料及计划表提供给销售主管。

**第十八条　资料的调查分析**

销售部门为制定第十六条中的各项计划，应收集过去的销售实绩、市场动向及其他资料，进行调查与分析。

**第十九条　举行会议**

销售部门经理应定期召集相关的负责人员，举行年度订货受理会议、月份销售会议及每月收款会议，讨论和确定销售计划。

（1）半年度订货会议于每年的××月及××月上旬召开，会议目的在于审议下半年的订货计划的方案。

（2）月份销售会议于每月上旬举行，目的在于审议销售计划的妥当性。

（3）每月收款会议于每月上旬举行，目的在于确定每月的收款计划并进行审议。

**第二十条　预估生产的处理**

依据销售计划，如有必要进行预估生产的准备时，销售经理室须发出生产准备委托书，经由销售经理裁决后，送交技术经理。

**第二十一条　情报的获得、报告**

销售科长必须掌握市场动向、其他同行业公司的价格状况及自己的订单接获情况，适时地通过直接的上级向销售经理报告。

**第二十二条　信用调查**

销售科必须努力掌握顾客的信用状况，尤其是对于首次交易的对象应特别慎重，如交易涉及重大的事项应请示销售经理裁决后行事。

**第二十三条　收集、齐备各项资料**

销售经理室必须不断收集产品价格表、库存品一览表及其他价格、受理订货时的必要资料，设法使其完备，帮助销售科的销售活动得以顺利进行。

**第二十四条　出货计划的控制、管理**

销售部门出货计划的控制、管理工作，应由销售经理室来负责。

**第二十五条　出货的事务处理**

产品出货的相关事务处理应依据下列三项规定来进行：

（1）销售科在每月月底由销售经理室发出、由技术部收执的下个月出货预定表，根据此表，销售科才可开始着手准备出货、对货物进行检查及货款回收等相关事宜。

（2）如对货物进行检查时，销售科应填写质量检测委托单，委托技术部门进行。

（3）出货完毕后，技术部应立即以电话或电传通知，接着传送物品送交说明书印本、出货传票及分批交货的通知单。如有数量不足或事后补交的情况，应在物品送交说明书中注明其品名、数量及处理方法等。

**第二十六条　应收款项的发生时期**

当订货的物品已完全出货时即视为应收账款的事实开始。

**第二十七条　货款回收**

销售款额的回收依照以下规定进行：

（1）当交货完毕时，销售科须连同物品受领书及其他必要资料，寄出清款单，交由业务科依原规定盖章后，提交给客户。

（2）业务科在收到前项的清款单时，应将内容与订货单做成查核档案后，登录清款登记簿中，然后送交销售部经理、分店长的认可盖章后，回复给销售科。

（3）如顾客没有特别要求时，清款单则以本公司所规定的格式为准。销售科应准备好清款单的登记簿，在每次填写清款单时，依照记载的顺序，编上登记的序号。

（4）当顾客汇款进来时，销售科应填写传票，将款项登录进款通知簿后，交给业务科。

（5）业务科为证明已确实收到进款时，应在进款通知簿的收款栏中盖上负责人员的印章，然后送交销售科。

（6）业务科在销款账中记入进款的金额后，应在应收账款传票上附上统计表，连同收到的款额送交总务部。

**第二十八条　收据的处理要领**

如果顾客没有特别指定，货款的收据则以本公司规定的格式为准，在处理时应依据以下规定进行：

（1）收据表格一律由销售部门业务科负责制表。

（2）收据的填写及整理应由财务部门负责。

（3）收据证明（副本）一律由销售部门业务科负责保管整理。收据一式三份，A 为收据证明正本，B 为顾客付款证明，C 为备查副本。

（4）销售科员工如果为了收款而需带着收据前往客户处时，须先在 C 联上盖章，并从业务科领取 A、B 两联，以此证明本人持有收据证明前往。

（5）在收受客户的付款时，应将 B 联交给客户盖章以证明付款，再将此联送交业务科。

（6）若因特别情况需要，在收款时必须先交付客户临时的收据时，事后须迅速以正式收据换回临时收据。

**第二十九条　货款的催讨**

如果货款的回收发生延迟时，销售科应根据公司另外规定的方式处理，并经由业务科发出催促单，催请客户缴付货款。如果货款的回收拖延过久，在不得已情况下有时须采取法律途径来催款，但这种情况，销售科应事先依照合同的规定，取得债务的确认书。

**第三十条　倒债的处理**

客户若因破产或其他因素以至货款回收无望时，此部分的未收款项应视为损失来处理。在这种情况下，除非有特别规定，否则应事前提出并请求裁决。损失处理的相关事务由销售部门业务科、分店的总务科负责办理。

**第三十一条　账簿的登记**

账簿的登记一律以传票为依据。

**第三十二条　传票的种类**

传票种类可分为下列三种：

（1）订货的销货传票。

（2）订货的销货修正传票。

（3）应收账款传票。

**第三十三条　订货的销货传票**

订货的销货传票，除了应将订货的内容通知技术部门外，并得委托技术部门、生产部门着手进行作业，也可作为与各相关部门联络、交易记录及各项统计的资料。

**第三十四条　订货的销货修正传票**

订货的销货修正传票，是出货传票的记载内容发生变更时的修正及订货预估金额确定时的通知传票。

**第三十五条　应收账款传票**

销售科在收受货款时，根据应收账款传票将收款明细记录下来。销售部门也根据本单将收款手续及收款额记入相关账簿中。

**第三十六条　账簿的种类**

账簿可分为下列三种：

（1）订货账本及订货补助簿。

（2）应收款账本及赊欠补助簿。

（3）收款账本及收款补助簿（收款通知簿）。账本、补助簿分别由业务科及销售各科负责记账、保管。

**第三十七条　订货账本**

订货账本及补助簿是依照销售编号顺序，记载从受理订货到货款回收为止的一切交易经过。其中的销售编号是依据订货的受理顺序来决定的。

**第三十八条　应收款账本**

应收款账本及补助簿是为了确定客户间目前的赊欠款所填而定，从销货开始到收款为止的过程都要记入账本中。

**第三十九条　收款账本**

收款账本及补助簿则是依照销售编号，记载销售额的收账明细，销售科与业务科之间同时利用它来通知、回复收款的情况。

**第四十条　各种账本**

各种账本应于每月月底做好对照查核之工作，并由业务科长负责审核。

**第四十一条　统计及各项调查报告**

销售部门应制作下列三项统计及调查报告，并作为销售业务的经营资料。其中，必须定期制作收款日报、销售月报及销售年报。

（1）收款日报必须每天制作，并依照销售科别及收款种类（现金、支票等）记载前一天的收款实绩。

（2）销售月报应于每月上旬制作，内容记载包括订货、出货及上个月的收款实绩、本月份预定收款及订货、赊欠、订金的各项应收账款额明细等。

（3）销售年报于每年××月制作，其内容记载包括各销售科、各代理店及各商品上一年度的订货受理、出货及收款实绩等。

**第四十二条　代理合同**

本公司产品销售的代理合同（本公司为甲方、对方为乙方）分为结算价格制合同及销售手续费用制合同，但前者以结算价格合同为主。

（1）所谓结算价格制合同是指乙方从甲方买进产品，然后以乙方各销售渠道销售给顾客的合同。

（2）所谓销售手续费制合同是指乙方作为甲方的代理人，直接销货给顾客甲方付给乙方代理手续费的合同。

**第四十三条　代理店的职责**

代理店负责产品的销售代理工作。

**第四十四条　代理店的报酬**

以结算价格制合同为基础的代理店报酬，按结算价格加上第四十三条的实际费用与销售价格之间的差额为基准；以手续费用制合同为基础的代理店报酬，则依据代理合同书中所规定的手续费为基准。

**第四十五条　合同保证金**

以代理店合同为基础的代理店，应征收合同保证金，必须设立连带保证人。合同保证金必须以现金为主，原则上最低保证额为××万元。

**第四十六条　合同的缔结**

代理店合同的缔结、废止一概须经由董事长的裁决。

**第四十七条　选定代理店**

在选定代理店时，须就其代理店的经营状况，店主的经历、性格、信用程度、资产及从业人员的状况等做彻底的调查。

**第四十八条　特约店**

新缔结代理店，原则上仍列为特约店。

**第四十九条　特约店合同**

关于特约店的合同可依照代理店的相关规定进行，但可免除征收保证金一项。

**第五十条　代理店的管理**

代理店及特约店的管理，其目的除希望提高各店的销售意愿外，为了达成下列四项目的，还要进行不断地指导、培养及监督等工作。其规定如下：

（1）依照本公司的销售计划，利用标准售价来达成销售额。

（2）设法使货款回收顺利，并依照规定的付款条件来执行。

（3）调查市场状况，在设定委托地区时要设法避免疏漏，同时要不断地提供情报给本公司。

（4）维持各店的健全经营。

**第五十一条　会议的召开**

每年举行一次代理店、特约店会议，使各店管理得以顺利进行。

**第五十二条　代理店合同的更新**

合同到期，须重新更换代理店的合同时，应就第四十七条、五十条的内容及其他情况加以检查，并以此作为更新合同的参考资料。有时可依上述情况更改代理店合同内容或解约。

**第五十三条　合同书的保管**

代理店、特许经营店的合同书（正本）由销售经理室负责保管。

**第五十四条　各种账簿的管理**

关于各种账簿及传票资料的保存、废弃，一切皆以本公司的文书规定进行。

**第五十五条　价格、合同、交货**

对客户的价格、合同、交货、货款申请单及收据等资料，原则上以销售部及销售经理的名义存档，但专卖店、特许经营店等，只要是在事前经销售经理的认可，可以专卖店、特许经营店负责人的名义存档。

## 六、营销安全检查制度

### （一）目的

定期进行安全检查，及时发现问题，把事故灭于萌芽状态，确保营销各项工作安全地、顺利地进行，特制定安全检查制度。

### （二）适用范围

公司所有岗位及人员。

### （三）规定

（1）本安全检查制度一律实行第一责任人负责的"首问制"。贯彻落实"隐患险于明火，防范胜于救灾，责任重于泰山"的指示精神，做好安全工作。

（2）各当日、当时负责人，各当班人员、值班人员一定要亲临工作（作业）现场，即"走到"，不得遗漏目标。

（3）各值班员、当班员等，务必亲眼"看到"，看清实物、实据。

（4）各值班员、当班员等，务必亲自"点到"数量。在检查中，要特别注意量的概念，根除"答不符实"，"账物不符"的可能性，坚决不允许出差错。

（5）各值班员、当班员等，务必亲自对检查的有关项目动动手。

（6）各值班员、当班员等，务必亲自"问到"。问的内容：安全历史的询问，安全知识、制度的考问，不明情况的疑问，可疑问题的盘问，发生问题的追问，有否重点人的查问，早已指示仍未落实的责问，等等。

（7）各值班员、当班员等，务必对安全隐患"测到"。对安全设备设施，在检查中，一定要逐一测到，保证万无一失。

（8）各值班员、当班员等，务必做好相关安全的登记。把检查中，走到的现场，看到的情况，点到的数量，摸到的感觉，问到的结果，测到的数据，一一记录。做好登记，有据可查。

（9）各值班员、当班员等，务必做到"边查边改"。在检查中发现的问题，能解决的一定要不等、不拖、不靠、马上纠正过来。对检查中发现的问题，一时不能解决的，务必立即报告给领导，监督纠正。

（四）其他

（1）安全就是效益。安全的主要负责人原则上每季度检查一次，其余时间，随时抽查，抽查结果与收入挂钩。

（2）各科、各班组长、各兼职安全员、各值班的当班员，务必认真学习、领会安全检查制度的每字、每句，严格执行。每项、每事、每时、每地都要认真地进行安全检查，真正把安全工作落到实处。一定要强化安全生产上的铁手段、铁纪律、铁心肠的"三铁"意识和制度化、经常化、法制化的"三化"措施。

（3）大家要提高解决已发生问题能力的"维护性学习"、"适应性学习"，向旨在通过学习提高，以发现、吸收新知识、新信息和提出新问题能力的"创新性学习"的转变，变"学会"为"会学"，最终达到"我会安全"、"我懂安全"、"我要安全"的目的。

（4）各值班员、当班员等，务必亲临现场检查，做到问题在现场解决，经验在现场总结，安全在现场创造。

（5）安全管理制度由公司领导和保卫科负责解释。


## 七、销售用语规范

（一）售货员

一个合格的售货员，不在于他是否能说会道，而取决于他的敬业精神和对工作、对企业的热爱，对客户的一片爱心。所以，其一言一语，都必须为企业的形象着想，为客户着想，让客户切身感到售货员对其的尊敬、感谢和热爱。

（二）丰富的商品知识

在销售用语中，使用最多的是介绍商品。没有丰富的商品知识，仅有热情，是无法成为一个合格的销售人员的。

作为一个售货员，必须对自己经销的商品了如指掌、如数家珍。为此，必须细心观察，虚心请教，热心学习；日积月累，积少成多，日趋丰富。

售货员要掌握的商品知识包括：

（1）质量、种类、规格及其他技术指标。

（2）用途、用法、性能及使用注意事项。

（3）色彩、外观设计。

（4）使用年限及保护、保存方法。

（5）与同类商品的比较。

（6）价格及经济性。

## （三）用语技巧

同一句话，不同的说法，会产生不同的效果。既可以让客户慷慨解囊，也可以使其分文不出。问题就在于语言技巧。

### 1. 讲究讲话的顺序和逻辑性

思维混乱，语无伦次，必将导致客户不知所云、无所适从。售货员必须掌握如何用语言吸引客户、说服客户和满足客户。如同写文章，应深知如何开头、如何展开、如何结束、中间如何起承转合、如何布局谋篇。

### 2. 突出要点和重点

销售用语的重点在于推荐和说明，其他仅仅是铺垫。因此，在接待客户时，必须抓住重点，突出要点，以引起客户的购买兴趣。

### 3. 不讲多余的话

与上述相适应，售货员尽量不讲与买卖无关的话，以致分散客户的注意力。扯东扯西，说长道短，会引起客户的反感。客户入店的目的不是来聊天，所以，售货员的语言必须服从于使客户产生购买行为。

### 4. 语调要平缓

售货员讲话不能太快，一是避免客户听不清楚，二是避免客户产生强销、强卖的感觉。

### 5. 不夸大其词

不着边际地吹嘘夸大，可能暂时会推销出商品，并非恒久的良策，客户吃亏上当只能是一次，以后绝不会重蹈覆辙，所以，最终受损失的还是商店。诚实、客观地介绍推荐，才是长久的良策。

### 6. 决不能对客户无礼

对客户在语言上失礼，以致使用讽刺、挖苦或污辱性语言，不仅会气跑一个客户，对其他在场或不在场的客户，也会产生不易消除的恶劣影响，会使企业形象受到极大损失。因此，不论遇到什么情况，都必须避免此类现象的发生。

### 7. 不要与客户发生争论

在推荐介绍商品时，若客户有不同意见，绝对不能反驳客户，只需耐心地倾听客户意见即可。如确需纠正客户的意见，应面带微笑，言语柔和地陈述自己的观点。

### 8. 因人而言

售货员每天接待的人五花八门，应根据说话对象，选择不同的表达方式和表达技巧。对有的人可以侃侃而谈，对有的人则应洗耳恭听；有时候可以从正面说明，有时候要反面表达，不能千篇一律。

### 9. 正确运用语言

（1）换个说法。同一个意思，不同的表达，会产生截然不同的效果。在销售领域，忠言往往逆耳。如谈及商品"质量坏"时，不如讲"质量不好"顺耳，又如讲商品是"价格太高"时，不如讲"价格不低"，这虽近乎于文字游戏，但对客户的影响是不一样的。

（2）不讲粗俗语言。决不能将市井语言用于接待客户。

（3）不使用方言土语。特别是对客户结构复杂的大型商品来说，这是一项基本的要求。但对地方上的商店来讲，就无法强人所难。

（4）不能先褒后贬。所谓先褒后贬，是指先讲好处，后讲坏处。举例说明：介绍一种糕点，可以说"这种糕点很好吃，但是较硬。"也可以说"这种糕点较硬，但是很好吃"。不言自明，后一种说法的语言效果比前一种要好得多。

（5）要通俗易懂。售货员不能故作高深，如果客户听不懂，即便讲得天花乱坠，也无济于事。

### （四）声音、表情与动作

（1）声音首先要求清楚，语速平缓，其次要求悦耳动听、抑扬适度。

（2）在进行语言表达时，要配以自然的表情与动作。

（3）微笑能够化解一切隔阂，所以在接待客户过程中，应始终保持微笑。

（4）微笑不是技巧，应出自内心的真诚。

（5）在服务过程中，放肆大笑，故作姿态的夸张动作，会破坏购物气氛。

## 八、产品销售渠道表

| 销售渠道<br>商　品 | 地区代理商 | 批发商 | 零售商 | 卖场 |
|---|---|---|---|---|
| $A_1$ | | | | |
| $A_2$ | | | | |
| $B_1$ | | | | |
| $B_2$ | | | | |
| $C_1$ | | | | |
| $C_2$ | | | | |
| $D_1$ | | | | |
| $D_2$ | | | | |

## 九、产品销售所占总营业额比重表

| 产品名称 | ××××年 | | | ××××年 | | |
|---|---|---|---|---|---|---|
| | 进口 | 合资 | 国产 | 进口 | 合资 | 国产 |
| $A_1$ | | | | | | |
| $A_2$ | | | | | | |
| $B_1$ | | | | | | |
| $B_2$ | | | | | | |
| $C_1$ | | | | | | |
| $C_2$ | | | | | | |
| $D_1$ | | | | | | |
| $D_2$ | | | | | | |

## 十、销售职员奖惩月报表

| 受奖惩者 | | | 奖惩方式 | 奖惩原因 | 奖惩日期 |
|---|---|---|---|---|---|
| 姓名 | 性别 | 服务部门 | | | |
| | | | | | |
| | | | | | |
| | | | | | |
| | | | | | |
| | | | | | |

营销主管：____　　主办人员：____　　制表：____　　____年___月___日填

填表说明：

（1）各单位依照权责划分办法在授权范围内对所属职员有奖惩时，应于每月终汇总填写本表上式两份，分送总管理处人事处及主管单位备查，当月内如无奖惩事项，亦应填送此表，并于"奖惩原因"栏内注明"无奖惩"字样。

（2）"奖惩方式"栏应按单位主管核定的奖惩办法填入，如"书面嘉奖"、"记功一次"、"书面申诫"、"记过一次"等。

（3）"奖惩原因"一栏叙述宜简明扼要，说明时间、地点、事件及有关人员的责任等。

（4）本表由各单位依式自行印制备用，纸张大小一律以 A4 为准。

# 第二章　市场营销组织管理制度

## 一、销售组织管理制度

### （一）通则

**第一条　总则**

章程规定公司营业部门（以下简称部门）的机构、权限、运作及处理等相关事项。

**第二条　部门的业务范围**

部门依照总公司营业部的指示，在独立营业计划与独立核算制度的原则下，负责指导管理所辖管的营业店，并负责辖管区域内的订货合同、收款及筹划发展新客户等相关的业务运作及业务处理。

**第三条　部门的所在地及称呼**

部门设于全国的各主要城市，在称呼时各冠上城市名称。

**第四条　重要事项的决定**

部门的设置、改制、废止、管理区域及经理的任免，皆经由董事会决议后执行。

**第五条　规章的制定、修改与废止**

规章的制定、修改与废止皆经由董事会决定。施行细则则由总公司营业经理决定。

### （二）机构设置

**第六条　部门的岗位设置**

部门设业务科及事务科，管辖区域内设的营业店。

**第七条**　营业店的设置、废止

营业店的设置、废止及店长的任免，由总公司营业经理报经董事会同意后决定。

**第八条**　管理者

部门可依情况需要，设经理及副经理。另外，科设科长，营业店设店长。

**第九条**　营业店的组织

营业所由店长、业务主任、事务主任、内勤职工、外勤职工及业务人员等成员构成，人员数目另行规定。营业店可依情况需要，设置副店长。

**第十条**　经理的职务范围

经理所负责的职务范围如下：

（1）企划、指示营业方法。

（2）经常调查、听取营业情况的发展以决定营业方针。

（3）听取部内及营业所的业务报告，并随时监视业务实况。

（4）裁决部内的人事问题。

（5）举行业务磋商会议。

（6）排除业务上的困难。

**第十一条**　副经理的职务范围

副经理负责协助经理，并根据经理的指示进行工作，如经理不在，副经理代行其职。

**第十二条**　科长职务的范围

关于科长的执行职务，比照前条的规定执行。

**第十三条**　业务科

业务科所负责的业务包括下列七项：

（1）确定接受订货的计划并负责其运作。

（2）对合同的执行进行监督、指导。

（3）加强、完备营业店的体制。

（4）管理营业店的业务并负责指导。

（5）负责指导、教育业务人员。

（6）负责销售人员的聘用、解雇、迁升、降职及勤怠管理。

（7）调查各营业店及外勤人员的业绩。

**第十四条　事务科**

事务科的业务包括下列七项：

（1）处理合同事务及查审合同。

（2）确定合同费用的回收计划并负责其运作。

（3）实施营业收支计划与负责出纳事务。

（4）负责管理内勤人员的薪资、变动及怠勤。

（5）处理内部的用品供应、修建等相关事务。

（6）负责文书的收发管理。

（7）处理内部的风纪、保密、对外交涉、车辆及常务等等。

## （三）权限

**第十五条　管理层的权限**

经理、副经理、科长、营业店长的权限须依本节的规定行使。

**第十六条　对权限的质疑**

如对内部的权限有所质疑时，须向部门经理请示，部门经理则向总公司营业部经理请示后才得决定。

**第十七条　经理的更迭**

经理在接受总公司营业部经理的指示后，统筹管理所属的业务并负其责。当经理发生更替之时，经理须等事务交接完毕，方可卸责。

**第十八条　经理的职责**

经理的职务责任包括下列四项：

（1）直接监督科长及营业店店长。

（2）负责企划所属业务的运作。

（3）迅速、准确地处理业务。

（4）管理所属人员的工作状态。

**第十九条　经理自行决定及请示事项**

经理可自行决定及必须请示的事项包括下列各项：

**1. 业务方面**

（1）自行决定事项：

①指示科长及营业店店长处理部门的业务运作，并负责其管理。

②负责支付外勤人员的薪资。

③负责缔结团体合同与约定。

④决定另有规定范围内的合同。

（2）请示事项：

①外勤人员的任用、升迁、解雇及职工的特别任用。

②营业店的设置、废除及店长的任免。

**2. 经营管理方面**

（1）自行决定事项：

①另有指示的费用或限度以内的支出。

②监察部门的收支、营业所的业务及会计业务。

（2）请示事项：

①指示以外费用的支出、许可费用但超出限度额的支出。

②公司房地产及不动产的买卖、贷借。××万元以内的紧急维修不在此限之内。

③设定未经公司指示的交易银行。

④以部门名义捐款及支出协会费用等。

**3. 人事方面**

（1）自行决定事项：

裁决所属人员五日以内的休假、出差、早退、加班、假日出勤等事项的批准，但科长及营业所店长的管辖外出差则要请示总公司。

（2）请示事项：

①内勤职工的任用、解职、调动，部内的内勤与外勤的相互调动。

②经理本人的休假及出差。

③所属人员的赏罚除有另文规定之外，应请示总公司裁决。

**4. 总务方面**

（1）自行决定事项：

组织并负责各地区销售活动，对地区销售门店进行指导、资信审查、签约、日常管理与评估、考核。

（2）请示事项：

①诉讼、强制执行及与此相对等的法律手续。

②事务账单、传票的企划与制作。

③内部回文的制作、公布。

**第二十条　负责监督部下的不正当行为**

副经理、科长及营业店店长具有负责监督部下不正当行为的责任。当所属职工因故意或重大过失而致使公司蒙受损害时，副经理等应负监督上的责任。

**第二十一条　副经理的权限**

副经理负责协助经理，且在经理的权限内，副经理可经由经理的指示而具有其权限。另外，副经理在经理不在时，应负责代行其职务。在代理期间，副经理的权限不得超越经理之权，同时，业务办理后须迅速取得经理的认可或请示总公司意见。

**第二十二条　科长的职责**

科长接受经理及副经理的指示，负责指挥管理所属人员从事所属的事务。

科长对于所属部下的不正当行为，应负起监督的责任。如经请示上司或总公司批示确实属于不正当行为时，则本人也应对此负有责任。

**第二十三条　科长的权限**

科长在第十九条所规定的经理权限内，完成经理所指示的业务。

**第二十四条　营业店店长的职责**

营业店店长受经理的指示，负责指挥、监察所属人员，并从事管辖区域内的业务。

营业店店长对于所属人员的不正当行为，应负监督的责任。但若上级认为这不属于管理上的问题，则本人可免其责。

**第二十五条　营业店店长的处罚权限**

营业店店长对于所属人员违反公司规章或不遵从上级指示行事时，可取得经理认可并请示总公司，采取处罚或其他处理方式。

**（四）营运**

**第二十六条　业务经营**

部门的业务经营必须按公司的规定回文呈报总公司营业部及相关部门，并以其指示为执行依据。如有违反，视情给予处罚。

**第二十七条**　重要事项的筹划、经营、联络

内部的重要企划、经营及相互之间的联络，以通过营业店店长会议来进行。

**第二十八条**　总公司的指示

内部的重要计划、命令及其修正和废止，一概由总公司营业部以文书方式传达。

**第二十九条**　报告

部门要令所辖管的营业店提出下列事项的报告，并做好综合统计后，再报告给总公司营业部。

（1）每日的营业成绩。

（2）每日的收支情况。

（3）每日的活动及怠勤状况。

**第三十条**　管辖区域内的调整

部门须迅速、确实地收集掌握管辖区域内业务的相关事项，并依下列三项予以谋划、实施业务上的对策。

（1）收集、调查与业务有关的产业、经济、财政、社会、政治、企业经营等情报与资料。

（2）调查、发掘有潜力客户与市场，并依照管辖区域内的事业、职业类别，进行行情调查与预测。

（3）针对营业实绩做分析性、综合性的研究，以企划对策。

**第三十一条**　营业计划

营业计划应以景气时的预测作为资料，并依下列方式进行调查、企划。

（1）迅速确实地收集一般社会经济情势的情报与资料，借此掌握实际状况。

（2）营业店的调查实绩与能力。

（3）利用印刷品、口送宣传及其他交际技法来发展新客户、订立契约或企划回收的方法。

（4）对于实施营业计划的人员配置、实施时期、手段、对象等应先做好企划。

**第三十二条**　勤务管理

外部销售人员与内勤人员的勤务管理，应以各人的勤务态度及从事业务的意愿为评价依据，包括：

（1）正确记录个人的考勤状况。

（2）正确记录上、下班时间。

（3）严格实行赏罚制度。

（4）统计个人的业绩。

**第三十三条　文书制度**

有关文书的制作、收付、整理及保存，要依照下列所规定的制度执行。

（1）实施收发制度。

（2）统一资料的分类。

（3）收付时要记录清楚。

（4）实施文书处理制。

**第三十四条　收支、营业成绩**

部门的收支、营业成绩应依据预算制来记账计算，并将每月结果公布给部门内各科长及各营业店。

**第三十五条　区域内的宣传工作**

部门可向总公司申请款项实施区域内的广告宣传，且可在必要时具体提出自己的意见。

## （五）营业店的管理

**第三十六条　营业店的事务与强化管理**

应依据下列五项规定来完备、强化营业店的管理，并设法促进其营业朝合理化方向进展。

（1）对营业店的营业计划及经营必须加以监察、指导。

（2）对于营业店及所属人员的经营效率、营业实绩要做调查分析与监督。

（3）对于营业店及所属人员的勤怠状况、技能熟练度要加以考察并作调整。

（4）对于营业店的设备及人员的配置是否适宜，应作调查并作调整。

（5）如发现营业店有营业实绩停滞不前或减退的迹象，应针对其原因加以检查，并设法找出解决对策。

**第三十七条　对外部销售人员的指导**

对于外部销售人员的勤务及技术指导，应依据下列方式进行：

（1）分发有实效的教材。

（2）举行讲习、演讲。

（3）举行实际的技术训练。

（4）实施、指导作业方法。

（5）举行实务恳谈会。

部门需随时将每个人的业务实绩记录下来，借此监督其执勤状态与观察其技能提高的程度。

**第三十八条　业务监察**

对合同、货款回收及整理等相关业务的监察，可依据下列方式进行：

（1）听取各所每个人的业务处理情况汇报，并加以检查证实。

（2）照会合同缔结者。

（3）对照、查核相关资料及记录。

**第三十九条　业务管理**

对营业店实施业绩管理的目的在于测定营业店及所属人员的实绩、效率，其规定如下：

（1）监督各营业店的契约目标达成率及其事由。

（2）对于各营业店及各营业员的货款回收率、合同失效、解约率等加以统计。

（3）对各营业店的经费预算及实际额做逐一比较与对照。

**第四十条　事务处理**

营业店的事务处理管理目的在于迅速、确实地处理内勤事务以提高效率，其规定如下：

（1）比较各营业店的处理件数及每个人的处理效率。

（2）实地调查营业店的事务处理方法。

（2）调查各营业店的事故发生件数并查明其原因。

（4）调查个人的处理问题的能力及处理情况。

## 二、营销分公司组织管理规定

为了进一步强化销售分公司的各项管理工作，细化、落实各项管理工作程序，不断提高管理水平，特制定本规定。

## （一）销售分公司组织机构的分工和责任

### 1. 销售分公司的组织机构

业务部、外贸部、综合管理部、办事处、技术开发科。

### 2. 各部门职责

（1）业务部：负责承揽国内业务，并与用户沟通协调售后服务工作。

（2）外贸部：负责承揽外贸业务，并与用户沟通协调售后服务工作。

（3）综合管理部：负责销售分公司日常管理工作，并定期向公司有关部门报送数据、表格，负责公司产品的发货、运输工作。

（4）办事处：在境内及周边地区开展业务、承揽订货，并做好本地区用户的售后服务工作。

（5）技术开发科：负责公司产品开发、改进等设计工作，负责外来项目图纸转化，配合营销、生产做好技术服务工作。

## （二）用户信息的管理规定

（1）综合管理部为用户信息的归口管理部门。

（2）各部门每名业务员要积极主动地收集相关信息，并及时报本部门经理。经部门经理整理，每月报综合管理部登记备案，综合管理部对各部门收集的信息量进行考核。销售分公司业务部、外贸部、办事处，于每月 30 日前将本月用户信息报到综合管理部。

对当月未完成客户信息调查的业务员或实习业务员提出警告，连续三个月未完成指标的业务员给予停发提成奖或效益奖。

（3）综合管理部对各部门提供的信息，建立信息登记档案。

（4）各部门要将本部信息及时上报，对未通报者给予一定处罚，造成严重后果的给予严肃处理。

（5）任何人未经批准，不准将信息扩散、传播给其他部门、单位或个人，一经发现将责任人清除出销售队伍。

（6）综合管理部每月将产品的订货信息情况进行统计，上报公司领导审阅。

（7）销售分公司各部门经理可直接查阅用户信息档案，其他人员查阅要经销售分公司经理批准。

### 三、市场营销部工作制度

为了加强管理，便于开展工作，特制定本制度。

（1）工作人员要身穿统一的制服，佩戴工作证，工作时轻拿轻放，使用礼貌用语，并注意保持工作区内的清洁整齐。

（2）工作人员要热爱本职工作，以饱满的热情去对待每一位顾客，做到热情大方，礼貌待人，不可以与顾客发生口角、争执，时刻维护市场营销部的形象。

（3）工作人员不得无故迟到、早退，更不得无故旷工。事假、病假必须先向负责人请假，以便及时安排人员，以确保市场营销部的工作顺利进行。

（4）收钱时小心谨慎，检查钱币真伪，并认真填写工作报表，确保收支无误。

（5）爱护设备，每天清洁设备，确保其干净，给人以耳目一新的印象。

（6）每两周开例会一次，进行工作总结，各部员工不得无故缺席。

### 四、营业部管理细则

#### （一）销售组织管理

##### 1. 内部组织

包括营业部的一般组织、地区组织、客户组织、商品组织。在绝大多数企业中，都按不同的标识划分为不同的销售组织，即形成混合型销售组织。除外，还必须在销售事务、商品管理、货物运送、广告宣传、售后服务等方面形成组织化管理。

##### 2. 外部组织

包括客户协会或联谊会、连锁经营组织等。

### （二）营销工作安排管理

包括事先工作安排、工作协调和事后工作调整。

### （三）商品管理

商品管理包括采购、仓储、送货、核算、销售统计、售价管理、商品知识教育等 7 个业务内容。

### （四）销售事务管理

**1. 信息管理**

对市场供求信息、订货信息等经营信息实行集中管理。

**2. 定价单管理**

编制定价单及委托定价相关的业务。

**3. 订货管理**

对订货信息的集中管理。

**4. 销售额管理**

统计营业员的销售额、各地区销售额、不同客户的销售额，并及时地向营业部长或科长报告。

**5. 货款回收管理**

管理客户销售台账、寄送付款通知、对营业员催付货款的管理等。

**6. 统计管理**

为营业管理和促销，对销售活动进行统计核算与分析。

### （五）销售计划管理

对不同销售员、不同地区、不同商品、不同客户的销售活动实行计划管理。

### （六）对营业员的管理

**1. 指导管理**

对不同的营业员进行具体明确的业务指导。

**2. 销售管理**

将营业部的计划销售额分解到每一个营业员，并对每一营业员的实际销售额进行统计。

### 3. 促销管理

制定和实施扩大销售的促销对策。

### 4. 教育培训

在日常业务过程中，进行现场教育培训和定期脱岗培训。

### 5. 安全健康管理

对营业员特别是外勤人员经常进行安全教育和健康检查。

## （七）集团性销售管理

合理地组织好展示会、招待会、客户招待会并作出具体指示。对营业设施进行集中管理。

## （八）客户管理

### 1. 信用管理

在信用调查基础上，确定客户信用等级，确保公司的利益不受损失。

### 2. 实现目标管理

销售管理为实现销售目标，经常向上下级通报实际销售额和目标完成率。

### 3. 促销

组织实施和援助各类促销活动。

### 4. 回收管理

为保证货款按时、按量收回，对营业员和客户进行货款回收管理。

### 5. 地区管理

了解客户的需求，提高产品的市场占有率。

### 6. 培训指导

对有关人员进行营销方法和商品知识等方面的培训指导。

## （九）用户管理

如果公司销售的是生产资料，还需要有与客户管理不同的用户管理。其内容是：提供信息、成本核算、应用技术提供、技术指导、销售与货款回收指导。

## （十）预算管理

对销售费用预算进行检查监督，以节减费用，提高经费使用效率。

（十一）营业业绩考核评价管理

记录营业员的销售业绩，表彰先进，鞭策落后。

（十二）营业目标利润管理

为确保营业部目标利润的实现，对整个部门的销售活动进行全面的管理。

上述管理内容与职务权限紧密地联系在一起。以营业部销售科为例，其职务权限责任大致包括6种，即提案权限、审批报告权限、决策权限、审查权限、监督权限和预算执行权限。

## 五、营销中心与业务分担制度

### 1. 内务

（1）负责预估，接受及制作，呈办相关的文案处理。

（2）汇总销售额及收入款项。

（3）处理收入款项。

（4）统计及审核营业报表。

（5）联系及落实收款事项。

（6）印制、寄送收据。

（7）业务处理控制及监督。

（8）与客户进行电话、传真、电子邮件及其他相关联络。

（9）搜集、整理市场情报及市场调查的相关资料。

（10）制作收发文书。

（11）进行广告宣传及制作，并在广告媒体上发布。

（12）计算招待、出差、事务管理及旅行费用。

（13）客户接待、公共关系方面的事务。

（14）有关营销中心内勤的其他事务。

### 2. 外务

（1）探寻及决定潜在客户。

（2）对潜在客户的状况进行调查、探究及掌握。

（3）与客户进行业务沟通。

（4）操作业务的各项联络、协调与通知。

（5）回复客户的通知及询问。

（6）有关服务的介绍、分析与咨询。

（7）开拓、介绍客户。

（8）客户的访问、接待及交际。

（9）同业间的动向调查。

（10）市场的研究、调查。

（11）制作客户的问候函。

（12）清款、收款业务。

# 六、销售工作日报表审核制度

## （一）总则

### 1. 制定目的

为加强公司销售管理，使销售人员的销售能力得以充分发挥，以提升销售绩效，特制定本制度。

### 2. 适用范围

公司销售人员工作日报表的审核，均依照本办法管理。

### 3. 权责单位

（1）销售部负责本办法制定、修改、废止的起草工作。

（2）总经理负责本办法制定、修改、废止的核准工作。

## （二）工作日报作业规定

### 1. 日报作业流程

（1）销售人员

①每日应将当日进行的工作内容，详细填入"销售工作日报表"，并呈部门

主管。

②前一日的"销售工作日报表"，应于次日 10 时前（外出作业前）交出，不得延误。

（2）部门主管

查核销售人员所呈的"销售工作日报表"后，转呈部门经理批示。

（3）部门经理

将各销售主管转呈的"销售工作日报表"批示后，交内务汇总，转呈企划部。

（4）企划部

将各销售部送交的"销售工作日报表"核计，并加以分析，作为制定修正销售计划的依据。

**2. 审核要领**

（1）销售主管

①应依据"拜访作业计划查核细则"的规定，确认销售人员是否按照拜访计划执行。

②将销售人员所呈的"销售工作日报表"与客户订单及缴款明细表进行核对，以确认日报表的正确性。

③对销售人员所提出的问题及处置方法，应予以初步核实。

（2）销售部经理

①综合审查各销售部门所呈的"销售工作日报表"。

②出现异常情况，应立即加以处理。

（3）企划部

①核对并统计"销售工作日报表"的各项内容。

②依据"销售工作日报表"与"拜访计划表"，计算各销售人员成功率与变动率。

③将统计资料进行审核，并拟定对策供销售部门参考。

## 七、销售业绩考核管理办法

充分调动销售人员的积极性，规范销售管理，为顺利完成公司年度经营目标，特制定销售考核办法。

**第一条**　公司对销售人员的考核分两类：销售业绩考核和市场拓展业绩考核。

**第二条**　公司对销售部门人员实行收入与业绩考核挂钩的考核制度。

**第三条**　销售业绩考核指销售毛利考核，市场拓展业绩指销售人员按所负责的行业进行市场培育、日常用户拜访和信息收集等用户拓展业绩。此项考核由销售主管制定销售人员日常用户拜访活动与书面汇报要求。

**第四条**　项目销售费用的控制。项目销售人员控制的费用额度为项目金额的0.5%（按项目进销差价为20%进行折算直接按差价5%计算），公司销售负责人控制的费用额度为项目金额的0.5%。在以上费用范围内，相应人员可自行安排费用的发生，超出费用额度，先请示后发生。

**第五条**　销售人员收入实行年薪制。年薪中50%按月发放，50%实行与业绩考核挂钩。考核内容中销售业绩考核占80%，市场拓展业绩考核占20%。市场拓展业绩考核由销售部门主管和公司销售负责人共同考核。市场拓展业绩考核部分按12个月平均考核，销售业绩考核部分分季考和年考，季考占年薪考核部分的50%，按季度考核平均发放，年考占年薪考核部分的50%，年底考核后发放。

**第六条**　公司销售人员可根据自己行业的开拓情况，向公司销售负责人提出自己的年薪档次和理由，由销售负责人批准后实施。

**第七条**　销售人员年薪档次也实行季度考核，季度考核未完成相应利润目标的，年薪及费用档次相应下降，某季度累计完成相应利润目标的，可同时补发年薪和相应手机费和交通费用。利润目标超过年初确定数的，年底按超额毛利部分的10%奖励销售人员，不再增补费用。

手机费和交通费实行按月凭票报销，节约50%归己，超支从当月工资扣除。

**第八条**　公司允许销售人员配合打单，利润分配自行商定（书面交上级主管公司备案）。

　　**第九条**　销售主管年薪考核部分包括：个人业绩、部门业绩、市场拓展业绩三部分，比例为7：2：1。部门业绩按部门销售考核总额进行比例考核，季度完成部门销售考核总额80％以上的，可全额拿到考核部分，超出部分按超额比例计提，未完成部分按缺额比例倒扣。

## 八、销售拜访作业计划查核细则

### （一）总则

**1. 制定目的**

（1）本细则依据公司《销售人员管理办法》的规定制定。

（2）促使本公司销售人员确实执行拜访作业计划，达成销售目标。

**2. 适用范围**

公司销售人员拜访作业计划的核查，依本细则进行。

**3. 权责单位**

（1）销售部负责本办法的制定、修改、废止的工作。

（2）总经理负责本办法制定、修改、废止的核准工作。

### （二）查核规定

**1. 计划程序**

（1）销售计划

销售人员每年应依据公司"年度销售计划"，拟定个人的"年度销售计划"，并填制"月销售计划"，呈主管核定后，按计划执行。

（2）作业计划

①销售人员依据"月销售计划表"，每月填制"拜访计划表"。

②销售人员应于每月底前，将次月计划拜访的客户及其预定停留时数，填制于《拜访计划表》"客户"及"计划"栏内，呈主管审核。

③经主管审核后，销售人员应依据计划实施；主管则应确实督导查核。

## 2. 查核要项

（1）销售人员

①销售人员应依据"拜访计划表"所订的内容，按时前往拜访客户，并根据拜访结果填制"拜访报告表"。

②如因工作因素而变更拜访行程，除应向主管报告备案外，并要将实际变更的内容及停留时数记录于"拜访计划表"内。

（2）部门主管

①审核"客户拜访报告"时，应与"拜访计划表"对照，了解销售人员是否依计划执行。

②每周应依据销售人员的"拜访计划表"与"客户拜访报告表"，以抽查方式用电话向客户查询，确认销售人员是否依计划执行，或不定期亲自拜访客户，以查明销售人员是否依计划执行。

## 3. 注意事项

（1）销售部主管应使销售人员确实了解填制"拜访计划表"并按表执行之目的，以便使销售工作推展更顺畅。

（2）销售部主管查核销售人员的拜访计划作业实施时，应注意技巧，尤其是向客户查询时，要避免造成以后销售人员工作的困扰与尴尬。

（3）拜访计划作业实施的查核结果，应作为销售人员年度考核的重要依据。

## 九、人事管理规定

### （一）总　则

**第一条**　为规范公司的人事管理，特制定本规定。

**第二条**　本公司员工的聘用、试用、报到、保证、职务、任免、调迁、解职、服务、交卸、给假、出差、值班、考核、奖惩、待遇、福利、退休、抚恤等事项除国家有关规定外，皆按本规定办理。

**第三条**　公司自总经理以下工作人员，均称为公司职员。

**第四条**　公司各级员工，均应遵守本规则各项规定。

（二）聘　　用

**第五条**　公司所需员工，一律公开条件，向社会招聘。

**第六条**　公司聘用各级员工以学识、品德、能力、经验、体质适合于职务或工作者为原则，但特殊需要时不在此限。

**第七条**　新进员工的聘用，根据业务需要，由人事部门统筹计划，呈报标准。

**第八条**　本公司各级员工必须具备以下条件，才能聘用：

（1）副总经理以上职位，必须具备大学本科以上学历，熟悉业务，具有五年以上实际工作经验，年龄在35岁以上。

（2）部门经理，必须具备大专以上学历，熟悉业务，具有两年以上实际工作经验，年龄在25岁以上。

（3）一般职员，高中以上学历，其条件符合职务要求。

**第九条**　本公司特勤人员（司机、保安、打字员），必须具备下列条件，经考试合格，才能聘用：

（1）司机有汽车驾驶执照，并具有两年以上实际工作经验。

（2）保安身高1.72m以上，有安全保安知识和实际工作经验。

（3）打字员擅长中英文打字，有实际工作经验。

（三）试用及报到

**第十条**　新聘用人员应试用合格才正式录用，试用期为三个月，期满合格者方予录用为正式员工。

**第十一条**　员工在试用期内品行和能力欠佳不适合工作者，可随时停止使用。

**第十二条**　员工录用前应办理报到手续，并按规定时间上班。

（1）填写个人履历表。

（2）交登记照片五张。

（3）交身份证复印件一份。

（4）交学历证明复印件。

（四）职务任免

**第十三条**　各级主管职务的委派分为实授、代理两种。

**第十四条**　职务的任免除依章程项目须由董事会核定者外，各单位主管如认为有必要时可填具调派意见表呈总经理核定任免。

**第十五条**　职务任免经核定后由人事部门填发人事任免令。

**第十六条**　职务委派经核定后准许支付职务加薪，其数额另行决定。

（五）迁　调

**第十七条**　本公司基于业务上的需要，可随时调动任一员工的职务或服务地点，被调的员工如借故推诿，概以抗命论处。

**第十八条**　各单位主管依其管辖内所属员工的个性、学识和能力，力求人尽其才以达到人与事相互配合，可填具人事异动单呈核派调。

**第十九条**　奉调员工接到调任通知后，单位主管人员应于 10 日内，其他人员应于 7 日内办妥移交手续就任新职。前项奉调员工由于所管事务特别繁杂，无法如期办妥移交手续时，可酌予延长，最长以 5 日为限。

**第二十条**　奉调员工可比照出差旅费支给办法报支旅费。其随往的直系眷属得凭乘车证明实支交通费，但以五口为限，搬运家具的运费，可检附单据及单位主管证明报支。

**第二十一条**　奉调员工离开原职时应办妥移交手续，才能赴新职单位报到，不能按时办理完移交者呈准延期办理移交手续，否则以移交不清论处。

**第二十二条**　调任员工在新任者未到职前，其所遗职务可由直属主管暂代理。

（六）解　职

**第二十三条**　本公司员工的解职分为"当然解职"、"退休"、"辞职"、"停职"、"资遣"及"免职"或"解雇"六种。

**第二十四条**　本公司员工死亡为"当然解职"。"当然解职"得依规定给抚恤金。

**第二十五条**　本公司员工退休给予退休金，其办法另定。

**第二十六条**　本公司员工自请辞职者，应于请辞日 30 天前以书面形式申请核准，在未奉核准前不得离职，擅自离职者以旷工论处。

**第二十七条**　公司员工应按劳动法中有关规定处理停职。

**第二十八条**　公司员工在停职期间，停发一切薪金，其服务年限以中断计。

**第二十九条**　公司因实际业务需要资遣有关员工，其办法另定。

## （七）服　务

**第三十条**　公司各级员工应遵守公司一切规章及公告。

**第三十一条**　公司员工应接受上级主管的指挥与监督，不得违抗，如有意见应于事前述明核办。

**第三十二条**　公司员工应尊重公司信誉，凡个人意见涉及公司方面者，非经许可，不得对外发表，除办理本公司指定任务外，不得擅用本公司名义。

**第三十三条**　公司员工不得经营或出资与公司类似及职务上有关的事业或兼任公司以外的职务，但经董事长核准者不在此限。

**第三十四条**　公司员工应尽忠职守，并保守业务上的一切机密。

**第三十五条**　公司员工执行职务时，应力求切实，不得畏难规避，互相推诿或借故拖延。

**第三十六条**　公司员工处理业务，应有成本观念，对一切公物应加爱护，公物非经许可，不得私自携出。

**第三十七条**　公司员工对外接洽事项，应态度谦和，不得有骄傲、蛮横损害本公司名誉的行为。

**第三十八条**　公司员工应团结互助，通力合作，同舟共济，不得在工作场所吵闹、打架斗殴，扰乱工作场所秩序。

**第三十九条**　公司员工出勤管理应依员工出勤管理办法的规定办理，员工出勤管理办法另订。

**第四十条**　公司员工因业务需要加班者，应依加班管理办法规定办理，加班管理办法另订。

## （八）交卸手续

**第四十一条**　公司员工交卸分为：

（1）主管人员交卸。

（2）经管人员交卸。

**第四十二条**　主管人员为主管各级单位的人员。经管人员为直接经管财物或事务的人员。

**第四十三条**　主管人员应就下列事项分别造册办理移交。

（1）单位人员名册。

（2）负责的主管财务及事务。

（3）未办及未了事项。

**第四十四条**　经管人员应就下列事项分别造册办理移交。

（1）所经管的财物事务。

（2）未办及未了事项。

**第四十五条**　一级单位主管人员交卸时应由公司负责人派人监交，二级单位以下人员交卸时可由该单位主管人员监交。

**第四十六条**　公司员工在交接中，如发生争执，应由监交人述明经过，会同移交人及接收人拟具处理意见呈报上级主管核定。

**第四十七条**　主管人员移交应于交卸之日将按交卸手续中第三条规定的事项移交。

**第四十八条**　经管人员移交应于交卸日将按交卸手续中第四条规定的事项移交。

**第四十九条**　主管人员移交时，应由后任会同监交人依移交表逐项点收清楚，在前任移交后三日内接收完毕，检齐移交清册与前任及监交人会签呈报。

**第五十条**　经管人员移交时，应由后任会同监交人依移交表逐项点收清楚，在前任移交后三日内接收完毕，检齐移交清册与前任及监交人会签呈报。

**第五十一条**　各级人员移交应亲自办理，其因特别原因，经核准得指定负责人代为办理交卸时，所有一切责任仍由原移交人负责。

**第五十二条**　各级人员过期不移交或移交不清者得责令在10日内交卸清楚，其缺少公物或致公司受损失者应负赔偿责任。

## 十、营销工作薪酬管理制度

### (一) 总则

**第一条**　为了有效调动营销员工的工作积极性，促进公司营销业绩的不断提升，特制定本制度。

**第二条**　考虑营销工作的特殊性，营销工作的薪酬体系有别于公司其他人员的薪酬体系，以增加对优秀营销人员的吸引力。

**第三条**　营销岗位薪酬体系适用的员工对象包括：

(1) 从事终端业务工作的推销代表。

(2) 管理终端业务工作的推销专员。

(3) 管理销售渠道的销售代表。

(4) 管理销售渠道的销售主管。

(5) 销售分公司经理、销售部经理。

(6) 销售总监助理。

(7) 市场支持、销售支持等人员。

### (二) 推销代表和推销专员

**第四条**　推销代表指在（协助经销商销售）营销模式中，从事店铺、超市等零售机构货品管理和推销的人员。

**第五条**　推销专员指在（协助经销商销售）营销模式中，管理推销代表的员工。

**第六条**　推销人员的基本工作内容为常规性的，通过程序化的方式进行管理，以减少这部分人的高流动性给组织带来的危害。

**第七条**　推销人员的薪酬结构：月薪（基本工资 + 绩效工资） + 奖金 + 福利保险

**第八条**　基本工资为保障其基本的生活要求，按月支付。

推销代表划分为三级，根据考核确定和提升，基本工资标准为：

初级推销代表：××元

中级推销代表：××元

高级推销代表：××元

## 十一、销售经理管理准则

### （一）销售方针的确立与贯彻

#### 1. 销售方针的内容

（1）销售方针是销售经理在自己所辖的业务范围以内，制定促销及营运方面的方针。

（2）销售方针分为长期方针（3~5 年）及短期方针（1 年以内）两种；销售经理所决定的方针属于短期方针。

（3）销售方针的确立，应以公司经营的目的为基础。

#### 2. 销售方针的订立

（1）明确公司业务的经营目标及董事长与直属上级的政策，以此为依据，制定适合的销售方针。

（2）销售部对于各方面的问题，如市场开发、利润的提高、广告宣传、回收管理等等，都必须制定方针。

（3）配合当年的营运重点及公司的经营方针，来制定销售方针。

#### 3. 销售方针的贯彻

（1）除了以口头发表或说明之外，还要发布文件，以期方针能正确并彻底地实施。

（2）尽量避免"自己（上级）认为有关人员（属下及其他人）已经明白，而实际上并未彻底了解的情形"发生。

（3）销售方针公布后，仍需反复地加以说明。

（二）销售计划的要点

### 1. 销售计划的内容

销售经理所拟订的销售计划，不能仅包括以销售额为主体的预算数值和计划的实施步骤。还应包括销售组织、商品、消费者、售价、销售方法、促销（包括广告和宣传、销售预算等）在内的广义计划。

### 2. 拟订销售计划时应注意的事项

（1）配合已拟订的销售方针与政策来制订计划。

（2）拟订销售计划时，不能只注重特定的部门（或个人）。

（3）销售计划的拟订必须以经理为中心，从全体销售人员均参与为原则。

（4）勿简单地沿用前期的计划或制订习惯性的计划，必须拟订新计划，确立努力的新目标。

### 3. 销售计划的实施与管理

（1）经理对于销售计划的彻底实施，必须负完全的责任。

（2）拟订计划后，要切实施行，并达成目标，计划才有意义。所以，对于销售计划的实施与管理必须彻底。

（3）计划切勿随便修正，除非遇到情势的突变，或尽了一切努力，仍无法达成目标时，方可更改。

（三）销售部内部组织的营运要点

### 1. 销售组织与业务效率

（1）销售部内部的组织和推销人员的关系、组织的编制方式和业务效率及销售有密切的关系。

（2）销售经理应经常留意自己所辖部门的组织形态和营运效率。

（3）不可忽略组织管理的研究。

### 2. 组织营运

（1）销售组织能否有效率地营运，首要关键在于销售经理的努力，尤以销售经理的领导能力的发挥最为重要。

（2）对于推销人员，要训练其团队精神。

（3）在销售组织里，要特别注意：

①销售额的分担与配置。

②使命、报告系统。

③责任与权限的明确划分。

### 3. 权限内组织的修正

（1）销售组织的大纲，应由董事会或董事长裁决；至于其细节，属于销售经理的权责。

（2）在销售经理的权限内，应视环境的变化而修正组织，使之具有适应性；对于组织的合理化，也需立即着手进行。

## （四）销售人选的配置

### 1. 适当人选的配置

（1）并非每个人都适合市场开发的工作，故要选用挑战欲望较强的推销员。

（2）必须设置专门的组织配置专职推销人员从事市场开发工作。

（3）公司内若无适当人选，可向外寻求。

（4）销售人员必须热爱自己的本职工作，熟悉业务，勤勤恳恳，踏实认真；在工作中，有耐心、有克服困难、百折不挠的精神。

### 2. 销售经理应有的态度

（1）销售经理应了解市场，熟悉市场并根据市场的实际情况制订切实可行的销售方针和销售计划，身为表率，去开发市场、扩大市场份额。

（2）当部属求援时，要即时行动。

（3）若市场开拓的情况未见好转（或趋向不利），切莫沮丧，要有信心及魄力，经常与部属接触并根据市场情况提出改进意见。

## （五）促进销售的重点

### 1. 一般的重点

（1）公司及销售部门必须具有综合性促销计划和实施方法。

（2）在决定销售方针、销售政策前，必须进行综合性调整。

（3）企划、计划的事项必须在不失时效的条件下，切实施行。

### 2. 直销部门应注意的事项

（1）不要做出与自己公司的营业和销售实情不合的推销方法。

（2）倘若销售业绩不佳，不可只责备推销员（直销部门），应视为大家共同的责任，并从问题中找出原因加以反省与改进。

（3）不可太固执于自己的企划，应随着情势的变化，迅速修正企划。

### 3. 销售部门应注意事项

（1）关于销售的促进，不可完全依赖销售企划部门。

（2）让各科实行独自的销售计划。

（3）综合性的、基本性的销售计划所需情报和构想应由销售经理提供。

（4）销售部门是否能够提高销售，这完全是经理的责任。

## （六）广告、宣传的要义

### 1. 宣传、广告政策

（1）应将宣传、广告政策，当做市场开发的一环。

（2）根据营业与销售的基本政策、销售战略，制定与之相适应的宣传、广告政策。

（3）有关宣传、广告方面，应同业务部门召开研讨会商讨，及时调整政策。

### 2. 宣传、广告业务的管理

（1）宣传、广告业务的管理应由宣传科或销售企划科等专任管理，并且能够专门化。

（2）宣传、广告预算要在年度计划中，依广告主题、内容、方法编列预算。

（3）当销售各科一起研商时，应尽量采用专家的意见。

### 3. 借助公司外的机构、专家时应注意的问题

（1）不要以过去的人际关系、惯例等而草率签约。

（2）应保持自主性，不可完全依赖他人。

（3）签约时，应提出自己的意见、期望及条件。

（4）对于每一次的广告主题，都要充分地洽商、研究。

## （七）展示会、旅行招待会的实施要诀

### 1. 共同要点

（1）企划时，不要完全依赖以下做法：

①高层领导的构想。

②经理的构想。

③特定部下的意见。

④过去计划的惯例。

⑤同行业的做法。

（2）要特别重视利润

利润的算法可以采用以下两种方法：

①个别计算各展示会、旅行招待会的利润。

②综合计算一定期间内所有的展示会、旅行招待会的利润。

（3）尽早订立计划。计划前应充分地调查、分析、研讨。

（4）会场上要用和谐的态度，主动地招待顾客。

## 2. 展示会的要诀

（1）不可依照销售经理的喜好来选择展示会的商品。

（2）销售经理应亲临租用的会场察看。

（3）销售经理要亲自邀请主要的客户莅临。

## 3. 旅行招待会的要诀

（1）事前要确知参加者的姓名、人数，并特别留意参加者是否携带家眷或同伴。

（2）分配房间时，销售经理应成为中心人物，尽量使气氛热闹。

## （八）情报管理

## 1. 情报内容

（1）情报越多越好，对其内容要彻底地研究。

（2）情报内容的取舍，应从促进营业销售、业务的经营等不可缺少的方面着眼。

（3）销售经理、科长及相关者应共同协商对情报的内容取舍选择。

## 2. 情报的收集法

（1）情报收集的来源，分为公司内部和公司外部。

（2）有关公司内的情报，销售部门应自行决定，采取各方情报由各自特定的人员负责，还要注意收集情报的方法。

（3）公司外的情报收集法更讲究，特别是对于非公开的、机密性的情报，要个别研究其收集法。

## 3. 情报的运用

（1）情报应有系统地分类整理，以便随时采用。

（2）情报的目的在于运用，因此，应让关系者彻底地明了情报的内容及其运用的方法。

（3）情报、资料应不断地更新。

## （九）配销的实施要诀

### 1. 销售目标的修订要诀

（1）依分公司、科室和个人的努力，制订可能实现的销售目标。

（2）尽量依照利润本位（营业利润、毛利、大概的附加价值等），分配销售目标。

（3）分配销售目标时，要考虑各部门、个人的能力及特点等。

### 2. 尽量朝着目标管理的方向努力

（1）要将上级分配的销售目标，当做自己（或者是科、股长）的挑战目标，努力实行。

（2）个人的销售额总计，最好能符合公司的销售目标。

（3）销售经理应教导下属，使之具有完成目标的信念。

（4）管理者应努力提高下属的信念，这是欲完成目标所需的最重要的工作。

### 3. 分配额的调整与检讨

（1）公司内、外的情况发生重大变化时，要慎重地调整分配目标。

（2）不可忽略实绩与结果的检查，以作为再挑战的参考。

## （十）减价退货的实施要诀

### 1. 决定实施标准

（1）不可让推销员依个人的判断，随意决定减价或退货。

（2）应列出减价及退货的限度及其标准。

（3）减价及退货均应获得销售经理同意才可实行。

### 2. 把握实际的情况

（1）减价、退货时，一定要开发票，以保留确切的记录。

（2）把握全体及个别（经办人类别、客户类别、商品类别、季节类别及其他）减价、退货的金额、比率、件数等。

（3）需和财务部门（或负责账务者）保持业务上的密切联系。

### 3. 减价、退货的减少及预防政策

（1）应加强指示及提醒相关者有关减少、防止减价与退货方面的问题。

（2）彻底分析减价、退货的原因，从主要原因着手处理。

（3）切莫强迫推销员必须完成一定的销售额，以免招致退货。

## （十一）推销员的活动管理要诀

### 1. 推销活动的特征

（1）推销员必须离开公司，远离上级，依自己的责任行动。

（2）推销活动的管理以自我管理为主体，故提高推销员的道德心及责任感为最重要的事。

### 2. 行动报告制

（1）各推销员的行动预定表，应由他们自己制作，自己提出，以一个月或一个时期为单位，记录每天访问地点及事项。

（2）按日报告（或按周报告）不仅可以达到行动管理的目的，同时也是情报管理上的重要事项。

（3）每日（早晨或黄昏）开会需以上级为中心，作必要的指示及正确的指导。

### 3. 出差管理

（1）近距离或住宿、出差，要让职工提出申请（预定），并审阅出差内容。

（2）长期性出差，有关情况包括经过与成绩应让职工作定期报告，并及时汇报（利用文书、电话等）。

（3）应在规定期限内，完成旅费的清算。

## （十二）销售会议的处理要诀

### 1. 必要时才开会

（1）必不可缺的洽商讨论时，才召开会议。

（2）销售部门的主要会议为：

①销售干部会议。

②各科、股的洽商会议。

③与制造部门（或提供货源的厂商）的协调会议等。

### 2. 会议的进行法

（1）议题要在事前通知参加者。

（2）要严守时间（开始与结束的时间）。

（3）理该参加者，均应出席。

（4）设一司仪，依程序进行会议。

（5）不可变成特定者或个人的讲演会。

（6）尽量让多数人发言。

（7）最后应将决议事项整理好，让参加者确认。

（8）应在短时间内完成会议。

### 3. 销售经理的注意事项

（1）不要随便开会，不要变成喜欢开会的人。

（2）不要变成销售经理个人的演讲会。

（3）会议中所决定的事情，要确实地施行。

## （十三）销售统计的处理要诀

### 1. 统计内容的决定

（1）只做必要的统计。

（2）应以销售经理为中心，与有关人员共同研究，确定何种统计才是必要的。

（3）适时审核统计内容，把不必要的统计删除。

### 2. 统计的方法

（1）尽量节省手续及时间。

（2）有效地利用计算机。

（3）利用其他部门（如财务、企划、制造部门）所作的统计资料。

（4）当同一销售部门的各单位做同样的统计时，应由一个单位做好后，再送给有关的单位。

### 3. 统计资料的有效运用

（1）统计的结果往往与经验或直觉不尽相符，故不可轻视统计。

（2）有效运用统计在促进销售方面最为重要。销售经理与全体有关人员应对统计资料予以重视，并运用于销售的业务上。

## （十四）管理者的基本条件

管理者本身应努力加强各种素质的培养，以求得进步。下面列举管理者所需的基本条件。

（1）统率力。管理者要不能掌握及统率下属，就没有管理者存在的意义。

（2）指导力。身为管理者要能指导、培训下属。

（3）洞察力、判断力。要洞察各事项的本质，才能作正确的判断。

（4）创造力。除了利用下属的创造力外，管理者本身应具备优秀的创造力。

（5）体力、意志力。若身体虚弱、意志薄弱，是没有资格当管理者的，因为有很多事情需要管理者亲力亲为。

（6）交际力。即交涉方面的能力。

（7）个人的吸引力。最低限度不要让他人对自己生厌，获得下属的好感及尊敬，这是管理者应有的条件。

## （十五）销售经理命令部属的方法

### 1. 命令方法

销售经理应将命令依序下达，若有特殊情况，需直接命令时，应将命令告诉受命者的直属上级。

### 2. 命令的内容

（1）命令的内容应具体、简洁、易于了解。

（2）下达命令时，切勿加上希望、注意事项或抱怨等。

### 3. 要确定受命者是否完全了解

（1）最好让对方复述一次，以确认他是否了解。

（2）一定要让受命者带着备忘录，以便把内容记下来。

### 4. 经过结果的追踪

对受命者执行命令的结果要进行了解，若受命者未提出报告，应主动地追踪、观察其结果。

## （十六）销售人员的报告制度

### 1. 报告制度的确立

为了及时了解和掌握销售人员的销售情况，销售经理应制订销售人员报告制度，规定销售人员在规定的时间以口头或书面形式向销售经理报告自己的销售情况，销售经理事前决定提出报告的人员、时间及报告方式，销售人员必须严格遵守定期报告制度，不得无故推拖。

**2. 接受报告时**

（1）应让提出报告者先说出结论，若有时间，应尽量听其说明经过。

（2）口头报告时，接受者需保持热心倾听的表情及态度。

（3）对于书面报告，应审阅。

（4）要指导部属做好口头或书面报告。

（十七）销售业务的改善与合理化

**1. 改善与合理化的手续**

（1）决定改善合理化的对象（尽量把重点放在效果大的事项上）。

（2）相关业务的实态与调查分析（调查越广泛，越能清楚地了解）。

（3）改善合理化的案件的检讨与决定，需有充分的人员和时间。

（4）案件的实施与修正应迅速地执行（使用新方法，发生障碍时，应除去障碍，修正案件）。

**2. 改善与合理化的范围**

（1）对全公司的事务或特定的事项，若有专门负责合理化的部门时，除了此一部门应处理的事务外，其余的问题均归自己所管的部门负责。

（2）只要是销售经理的责任权限内的事务，均不可忽视。

# 十二、项目负责人管理制度

（1）项目负责人指在营销工作中指定的对某项工作拥有权力和责任的人员，全面负责（指定的）所管项目的整个工作，是该项目的重要责任人。

（2）项目负责人由部门经理安排指定，重大项目由销售分公司经理指定。

（3）项目负责人应及时掌握项目进展状况，积极主动与用户及公司内有关部门进行资料、数据、文件等相关信息交流和沟通。

（4）项目负责人负责制定编制项目周期和计划表，根据周期和计划表进行项目实施和跟踪。

（5）项目负责人要严格按 ISO9000 质量管理体系规定的程序，组织合同评审。

（6）项目负责人负责组织合作方的技术、商务谈判，负责按双方达成的各项协议规定签订合同。

（7）项目负责人在合同生效后，主动代表用户监督合同的执行情况，了解掌握合同的执行状态，发现问题及时协调、沟通和督促有关部门严格执行合同。

（8）项目负责人负责用户来函、来电的回复工作。

（9）项目负责人负责用户的来人、来访接待工作，积极主动去解决用户在合同执行过程中提出的有关要求并为用户提供必要的资料。

## 十三、销售人员管理方案

### （一）销售人员管理的含义

作为一名优秀的销售人员，不仅要求自身在道德品质、工作能力等方面具有较高的基本素质，而且企业必须对其进行业务培训与技巧指导，使之能对企业产品有非常准确的了解，对销售技巧也有确实有效的把握。

一个综合素质高，业务能力强的销售人员群体不仅可以提高企业产品的知名度与市场占有率，扩大销售额，而且可以改变企业在销售者心目中的形象，从而为企业的发展创造良好的社会环境。

### （二）销售人员素质要求

（1）真诚。

（2）踏实。

（3）机敏。

（4）富有创造力。

（5）博学多识。

（6）充满热情。

（7）礼貌。

（8）乐观、自信。

（9）有进取心。

## （三）销售人员业务要求

### 1. 一般勤务要求

销售人员要爱岗敬业，热爱自己的本职工作，熟悉精通业务。

（1）遵守作息时间，不迟到，不早退，作息时间不得擅自外出，更不得做与工作无关的事。

（2）外出联系业务时，要按规定手续提出申请，填制"外出申请表"。

（3）外出时，必须严格要求自己，不能假公济私，公款私用；应节约交通、通信和住宿费用。

（4）外出使用本企业的商品或物品时，必须说明使用理由，并办理借用或使用手续。

（5）本企业与客户达成的意向或协议，销售人员无权擅自更改，特殊情况的处理必须征得有关部门的同意。

（6）在处理合同、收付款时，必须恪守法律和业务上的各项制度，避免出现失误。

（7）外出时，应及时向上级汇报业务进展情况，听取上级工作布置。

（8）外出归来后，要将业务情况详细向上级报告，并请示上级对下一步工作作出指示。

### 2. 外勤安排

（1）合理安排时间。销售人员外出的主要目的是与客户洽谈，所以在时间安排上，应尽量减少往返时间，而应把更多的时间用于客户洽谈，提高出差的时间价值。

（2）事先与客户联系。在外出之前，应尽量与客户取得联系，以免客户外出，造成无谓的浪费。在联系时，应向对方通报此行的主要业务内容。

### 3. 洽谈生意

（1）洽谈前准备。销售人员到达目的地后，与客户正式洽谈前，还必须仔细核查客户货款支付情况，确定与客户洽谈的要点、谈话策略、推销要领、洽谈时间等准备工作。

（2）洽谈技巧：

①与客户洽谈时，应依照事前确定的访问计划行事，将平时演练的洽谈技巧充分地发挥出来。

②与对方洽谈时，应用语恰当，思路清晰，表达完整，条理清楚，语调要适中，不能给人以油腔滑调、强买强卖的感觉，努力创造一个良好的洽谈气氛。

③洽谈时，应开门见山，直接说明来意，不能过多地游离于主题之外，以免浪费双方时间，引起对方反感。

④洽谈时要察言观色，注意客户的心理变化，抓住时机，循循善诱，引发客户购买欲望。

⑤在征求订单时，应以客户急需的商品为突破口，以重点商品带动一般商品。

### 4. 推销人员情况反应

推销人员应将出差时所见所闻，包括市场供求状况、客户需求趋势与要求，以及竞争对手的营销动态、价格变化动态、新产品开发情况等及时地向上级反映。

### 5. 售后注意事项

（1）销售人员出差归来后，应写正式的业务报告，将业务进展情况反映给上级。

（2）业务报告的内容包括：出差时间、客户名称、接待人、对方业务状况、业务进展情况、业绩与问题、差旅费使用情况。

（3）对出差中发现的重要事项，如竞争对手的动态、市场供求走势、客户信用状况的变化等，应及时向上级及有关部门进行汇报。

（4）出差直接收回的货款，应立即交付财务部。

（5）差旅费应在一周内与财务部进行结算。

## 十四、销售人员奖励制度

### （一）奖励标准

（1）严格遵守公司、部门、项目组各项管理制度、条例、规定、文件等。

（2）行业基础知识扎实，专业技能强，专业技巧高。

（3）工作认真负责、兢兢业业。

（4）服务态度优秀、服务水准高，并受客户表扬。

（5）团结互助、乐于助人。

（6）个人素质高，职业形象佳。

（7）钻研业务，参加并通过相关考试。

（8）月、季、年等阶段销售业绩名列前茅或个人业务发展快。

（9）对项目、部门、公司提出合理化建议并被采纳。

### （二）奖励类型

#### 1. 公开表扬

（1）口头表扬。销售经理、代理部经理、公司领导在销售日会、周会、公司项目例会及公司大会等会议上口头表扬。

（2）书面表扬。公司以文件形式下发到各部门、各项目组，并存入个人档案。重要表扬刊登在公司对外刊物、公司网站上。

#### 2. 给予优先发展机会

（1）优先补偿接待客户的机会。

（2）优先考虑晋升的机会。

（3）优先参加公司出资的各种社会培训或外地考察学习。

## 十五、销售人员奖惩办法

**第一条**　奖惩架构

1. 奖励

（1）小功。

（2）大功。

2. 惩罚

（1）小过。

（2）大过。

（3）解职。

（4）解雇。

3. 全年度累计三大过者解雇

4. 功过与考核的折算

（1）记小功一次加当月考核3分。

（2）记大功一次加当月考核9分。

（3）记小过一次扣当月考核3分。

（4）记大过一次扣当月考核9分。

**第二条**　奖励办法

（1）提供公司"行销新构想"，而为公司采用，即记小功一次；该"行销新构想"一年内使公司获利××万元以上者，再记大功一次，年终表扬。

（2）业务员主动反映可开发的"新产品"而被公司采用，即记小功一次；该"新产品"一年内使公司获利××万元以上者，再记大功一次，年终表扬。

（3）提供竞争品牌动态，被公司采用，记小功一次。

（4）客户信用调查属实，事先防范得宜，使公司避免蒙受损失者（即：呆账），记小功一次。

（5）开拓"新地区"、"新产品"、"新客户"，成效卓著者，记小功一次。

（6）达成上半年业绩目标者，记小功一次；完成全年度业绩目标者，记小功一次；超越年度目标20%（含）以上者，再记小功一次。

（7）凡公司列为"滞销品"，业务员在规定期限内出清者，记小功一次。

（8）其他表现优异者，视贡献程度予以奖励。

**第三条　惩罚办法**

（1）挪用公款者，一律解雇。

（2）与客户串通勾结者，一经查证属实，一律解雇。

（3）做私人生意者，一经查证属实，一律解雇；直属主管若有呈报，免受连带惩罚；若未呈报，不论是否知情，记小过两次。

（4）凡利用公务外出时，无故不执行任务者（含：上班时间不许喝酒），一经查证属实，以旷工处理（按日不发给薪资），并记大过一次。若是干部协同部属者，该干部解职。

（5）挑拨公司与员工的感情，或泄露职务机密者，一经查证属实，记大过一次，情节严重者解雇。

（6）涉足赌场或与客户赌博者，记大过一次。

（7）上半年销售未完成销售目标的70%者，记小过一次；全年度销售未完成销售目标的80%者，记小过一次。

（8）未按规定建立客户资料者，记小过一次。

（9）不服从领导指挥者，言语顶撞领导者，记小过一次；不遵照领导命令行事者，记大过一次。

（10）私自使用营业车辆者，记小过一次。

（11）公司规定填写的报表，未交者每次记小过一次。


# 十六、销售人员工资管理规定


**（一）一般规定**

**第一条**　公司销售人员，包括营销总部、营销中心、销售中心、办事处所有员工的工资待遇，除有特殊规定外，均应依照本规定办理。

**第二条**　本规定由人力资源部制订，并呈报总经理核准后实施，如有未尽事宜，由主管销售的副总及各销售部门经理提出，与人力资源部共同协商后修正，再公布实施。

**第三条**　本规定在每年年底根据公司的经营情况重新修订一次。

## （二）工资制度

**第四条**　营销总部、营销中心、销售中心、办事处负责人的工资收入实行年薪制。（见本规定（三）年薪制）

**第五条**　一般销售人员的工资收入实行月薪（基础工资）加绩效奖金制。（见本规定基础工资和绩效奖金）

## （三）年薪制

**第六条**　营销总部、营销中心、销售中心、办事处负责人的年薪标准由公司经理会确定。

**第七条**　年薪由基薪和风险收入两个部分构成，其中：基薪占年薪的60%，按月度发放；风险收入占年薪的40%，按年度发放。

**第八条**　基薪月度发放标准按下列公式计算：基本月薪 = （年薪 × 60%）÷12；基本月薪一经确定，年度内不再变动。

**第九条**　风险收入按年度公司销售指标完成情况和个人负责区域销售指标完成情况考核浮动发放。

**第十条**　风险收入年度发放标准按下列公式计算：风险收入 = 年薪 × 40% × 风险收入发放比例。

**第十一条**　各销售部门负责人按规定领取应得年薪外，不再另外享受一般销售人员的基础工资和绩效奖金。

## （四）基础工资

**第十二条**　一般销售人员的月工资为基础工资，基础工资分为四个等级标准，各等级内级差相同。

**第十三条**　公司根据各销售员的营业能力、工作实绩、劳动态度等要素，确定不同的基础工资标准。

**第十四条**　新进销售人员根据本人的技能、销售经历、销售年限确定基础工资标准。试用期两个月，试用期工资按基础工资的70%发放。

（五）绩效奖金

**第十五条**　绩效奖金根据各销售员的综合业绩，每季度发放一次。

# 十七、销售人员士气调查管理办法

（一）总则

### 1. 制定目的

为激励公司销售人员工作士气，以提升销售绩效，完成销售目标，特制定本办法。

### 2. 适用范围

公司销售人员，均应依照本办法的规定接受士气调查。

### 3. 权责单位

（1）销售部负责办法制定、修改、废止的起草工作。

（2）总经理负责办法制定、修改、废止的核准工作。

（二）士气调查规定

### 1. 调查主旨

（1）销售绩效成果，除了公司的组织运作外，最重要的在于销售人员的工作士气。

（2）完成公司所设定的销售目标，销售人员的工作士气是否高昂。

（3）在销售主管指导下，一致合作，愉快而积极地完成职责内的工作。

（4）公司的销售人员士气调查，亦即销售工作情绪调查，其用意在于了解销售人员中有多少人热诚服务于工作目标，并探讨销售组织运作上的问题点，作为相关单位改进的指标。

### 2. 调查重点

销售人员士气调查重点如下：

（1）本公司是否具有向心力。

（2）组织运作是否合理且有效率。

（3）对主管的领导方式，统筹规划是否具有信心。

（4）同事间相处是否和谐。

（5）销售人员精神上的建设是否健全。

**3. 调查时间**

公司每年一月及七月，定期调查一次。

**4. 调查方式**

（1）公司销售人员士气调查应以无记名方式进行。

（2）以各销售单位为调查单位。

**5. 调查程序**

（1）总经理室应排定各销售单位接受调查的预定时间，并事前行文通知。

（2）总经理室在预定时间派员至各销售单位，集合全体销售人员，分发《士气调查问卷》，请大家填写。

（3）接受调查人员应翔实填写"士气调查表"，以提供有效信息，作为公司制定政策的参考。

（4）总经理室应于调查完后一周内，将"士气调查表"统计分析并作成报告，报告应包括解决对策。对策内容应包括下列各项：

①提出具体而明确的改善方针。

②销售人员适应性调整组合建议。

③对产生的问题点提出分析与检讨。

④提出如何增进组织运作与检讨。

（5）报告应呈总经理审核，副本转销售部各有关主管参考；必要时应召开会议，以商讨解决问题的方案和对策。

## （三）士气调查问卷

**1. 调查编制**

总经理室应将每次的销售人员士气调查作成"士气调查问卷"，"士气调查问卷"应针对本办法的调查重点编制。

**2. 问卷内容**

总经理室编制"士气调查问卷"，除了应考虑本办法的调查重点外，原则上仍应考虑下列各项调查内容：

（1）公司的方针或指示，是否都能彻底实施？

（2）你对自己目前的工作是否感到满意？

（3）是否有因为指挥工作的人过多，而感到无所适从的情形？

（4）职务或工作上的分配有没有偏颇现象，或感到不满？

（5）直接领导在工作上的指导是否适当？

（6）在工作上，是否需要学习更多的知识或技术？

（7）对于每天的工作，是否觉得倦累？

（8）休息时间是否能够充分利用？

（9）现有的设施，若运用得法，是否还能进一步提高效率？

（10）你认为薪资、奖金的分配公平吗？

（11）你知道你的薪资计算明细吗？

（12）你认为你的薪资计算方法是否太过琐碎？

（13）你觉得工作环境中，哪个地方最不方便？

（14）你工作的周围，有没有危险有害的地方？

（15）你认为改善什么地方最能提高工作效率？

（16）你认为公司的领导者是否十分了解员工的心情或思想？

（17）你认为公司的气氛很好吗？

（18）你是否打算一直在这家公司工作？

（19）你为工作上的事情常与领导商量吗？

（20）你曾为私人的事情常与领导商量吗？

（21）你是否希望常常有与公司领导聚集谈话的机会？

## 十八、销售人员的客户拜访管理办法

### （一）总则

#### 1. 制定目的

为规范客户拜访作业，以提升工作业绩及效率，特制定本办法。

### 2. 适用范围

公司销售部门的客户拜访，均依照本办法管理。

### 3. 权责单位

（1）销售部负责办法的制定、修改、废止的起草工作。

（2）总经理负责办法制定、修改、废止的核准。

## （二）实施办法

### 1. 拜访目的

（1）市场调查、研究市场。

（2）了解竞争对手。

（3）客户沟通：

①强化感情联系，建立核心客户。

②推动业务量。

③结清货款。

（4）开发新客户。

（5）新产品推广。

（6）提高本公司产品的覆盖率。

### 2. 拜访对象

（1）业务往来之客户。

（2）目标客户。

（3）潜在客户。

（4）同行业。

### 3. 拜访次数

根据各销售岗位制定相应的拜访次数。

## （三）拜访作业

### 1. 拜访计划

销售人员每月底提出次月拜访计划书，呈部门主管审核。

### 2. 客户拜访的准备

（1）每月底应提出下月客户拜访计划书。

（2）确定拜访对象。

（3）拜访前应事先与拜访单位取得联系。

（4）拜访时应携带物品的申请及准备。

（5）拜访时相关费用的申请。

### 3. 拜访注意事项

（1）服装仪容、言行举止要体现本公司一流的形象。

（2）尽可能地建立一定程度的私谊，成为核心客户。

（3）拜访过程可以视需要赠送物品及进行一些应酬活动（提前申请）。

（4）拜访时发生的公出、出差行为依相关规定管理。

### 4. 拜访后续作业

（1）拜访应于两天内提出客户拜访报告，呈主管审核。

（2）拜访过程中答应的事项或后续处理的工作应即时进行跟踪处理。

（3）拜访后续作业之结果列入员工考核项目，具体依相关规定。

## 十九、商店销售人员管理规定

### （一）宗旨

**第一条　经营方针**

商店奉行的经营方针是：

（1）客户第一。

（2）一切服从于商店的繁荣发达。

（3）实现员工的劳动目的。

以适宜的价格，向每一位客户提供其所需要的商品，是商店义不容辞的责任。顾客光临商店，是对商店的信任和支持。

**第二条　规定的要旨**

规定旨在为销售人员业务工作提供规范。各销售人员必须严格地按照规定的要求开展销售工作，以保证销售人员个人目的实现和本店经营目标的完成。

### （二）销售准备

**第三条　店内外清扫**

在营业开始前与营业结束时，全体员工都要参加清扫店内外的工作。

（1）清扫商店外周围及道路。

（2）清理店内杂物，清扫地面。

（3）清扫柜台、货架、楼梯、电梯等处。

（4）擦拭门窗玻璃。

（5）清扫店内各种通道等。

**第四条　设施检修**

（1）检查店内各种照明用具，如有故障应迅速报告有关部门，以便及时更换检修。

（2）检查店内外各种装置的情况。

（3）检查各种售货设施的运转情况。

（4）检查各种备用品和销售用品是否到位。

## （三）出勤规定

**第五条　严守出勤时间**

（1）员工必须严格依照出勤时间，提前到达商店。

（2）如无特别通知，员工要提前15分钟进入商店参加例会。

**第六条　正确着装**

（1）进入商店后，销售人员应更换统一工作服。

（2）正确佩戴胸卡。

**第七条　例会内容**

（1）例会在正式营业前15分钟召开。

（2）例会由主管人员轮流主持。

（3）领导布置工作，提出注意事项。

## （四）销售实务

**第八条　销售场所**

（1）努力在销售场所内营造一种积极向上的工作气氛和融洽的购物气氛。

（2）销售场所一定要清洁、舒适、自然、美观。

（3）销售场所的大小一定要依据所在位置、服务半径、客流量等加以设定。

（4）根据市场需求状况确定店铺的业务构成、部门构成、商品构成及业务规模和人员设置。

（5）根据客流量和顾客购买心理，确定柜台的设置与面积、各楼层的经营品种，以及各种商品的陈列方式和陈列数量。

（6）听取顾客意见，适时调整销售场所。

**第九条　店内设置**

**1. 基本要求**

（1）在出口处设置收款台。

（2）购物通道应宽阔，尽量减少阻碍。

（3）在入口处放置购物车、物品存放架，以吸引携带物品的顾客进入。

（4）商品的摆放应以便于顾客察看和选择为原则。

**2. 确定畅销商品的摆放位置**

为了使顾客在销售区域内停留更长的时间，必须将畅销商品（指有特殊吸引力的商品，如特卖品、优惠价商品、有奖销售商品等）放于恰当位置。

**第十条　商品摆放**

**1. 商品摆放的基本原则**

（1）显而易见。

（2）易于寻找。

（3）易于选择。

（4）富有吸引力。

**2. 商品摆放要点**

（1）摆放必须美观清洁。

为此必须认真研究各类商品的色彩和形态，确定不同排列组合方案，从中选择视觉效果最佳的方案；同时应经常清洁摆放的物品。

（2）摆放要体现出商品的丰富感和立体感。

（3）摆放要有季节性和流动感。

不同的季节有不同的摆放内容和摆放方式。各类商品的摆放不能千篇一律，在保持整体风格一致的前提下，不同的销售区域要有自己的特色。

（4）配以醒目的销售广告和装饰品，强化摆放的效果。

**第十一条　顾客接待**

**1. 了解顾客心理**

顾客在一次具体的购买行为中，一般要经过：注目→兴趣→联想→欲望→比较→信任→行动→满足八个阶段的心理变化，销售人员要对此加以认真分析，了解和掌握顾客心理，适时介绍商品，激发顾客购买欲。

**2. 端正服务态度**

（1）永远从顾客的角度考虑问题。

（2）从内心感谢顾客光临本店。

（3）认识自我的服务价值。

**3. 规范服务用语**

（1）注意服务用语与态度、动作的协调统一。

（2）面带微笑。

（3）强调要点，注意语序。

（4）注意顾客反映，认真听取顾客意见。

（5）语言尽量通俗易懂。

（6）精神集中，不得东张西望。

（7）不得与顾客发生争论。

**4. 商品包装**

（1）商品包装的目的：

①便于顾客携带。

②利用包装物宣传企业。

③保护商品。

（2）包装总体要求：

①牢固。

②美观。

③便于携带。

④易于打开。

⑤顾客满意。

（3）包装纸包装：

①根据商品的大小和体积选择不同大小的包装纸。

②注意包装纸的正反面，不得使用破损或有皱折的包装纸。

③不规则的商品，应先装入纸盒中再包装。

④对商品合装还是分装，须征求顾客意见。

⑤包装要求熟练快捷，不得令顾客久候。

（4）包装袋包装：

①依据顾客所购买商品的重量和体积选择适用的包装袋。

②重物应放于底部。

③易损毁商品应放于上部。

④小物品应插入空隙。

**第十二条　广告宣传**

（1）广告内容要以切合消费者的心理为原则。

（2）广告内容要有针对性，依据顾客可能关注的问题逐一说明。

（3）不得使用晦涩难懂的语言。

（4）行文要凝练概括，要点突出。

**第十三条　促销活动**

促销活动是指利用各种庆典、节假日、换季等有利时机，实行优惠价销售。

**1. 制订详细的促销计划**

对每次的促销活动，都要制订详细的计划，控制财务预算，协调各部门的活动。

**2. 确定具体的业务安排**

（1）促销活动的具体时间安排。

（2）降价销售的范围与幅度。

（3）广告的制作。

（4）广告商品的摆放布置。

**第十四条　店内检查整理**

保持良好的购物环境，是店内检查整理的目的，销售人员要充分认识其重要性，认真对待，合理安排。

**1. 商品检查整理**

（1）商品上是否积满灰尘。

（2）某些商品是否已经脱销。

（3）商品上是否贴有标签，标签是否混乱或是否会引起顾客误解。

（4）对破损商品是否已做处理。

（5）在通道内是否放有商品。

### 2. 通道和销售区检查整理

（1）通道内是否清洁。

（2）通道是否畅行无阻。

（3）店内装饰物、灯具等是否有损坏。

（4）店铺的天棚、墙壁是否有污损。

（5）店内的广告、装饰物是否有碍顾客通行。

（6）包装纸、购物袋是否准备充足。

（7）收款台是否干净整洁，收款机是否运转正常。

### 3. 仓储检查整理

（1）商品存放是否整齐、安全。

（2）存货量是否适度。

（3）污损商品是否妥善处理。

（4）仓储商品是否物账相符。

### 4. 商品摆放整理

（1）商品摆放数量是否适度。

（2）商品摆放是否美观、整齐。

（3）商品摆放是否稳固安全。

### 5. 防火防盗检查

（1）销售人员是否具备防火、防盗知识。

（2）消防器械是否安放于固定场所。

（3）危险之处是否有易燃杂物。

（4）空调、照明设备是否运转良好。

（5）电器开关是否能正常操作。

（6）楼梯、通道、仓库及店铺周围是否有障碍物。

（7）保险柜、收款台是否上锁。

（8）门窗是否关好。

（9）贵重物品的数量是否已经清点。

（10）商店关门后是否尚有无关人员滞留。

### 6. 广告宣传用品的检查整理

（1）广告张贴是否整齐美观。

（2）广告宣传品是否污损。

（3）广告宣传与实际销售是否相符。

（4）购物指南、商品分布图等是否清楚。

（5）各类宣传广告中文字是否有误。

**7. 商店周围环境检查整理**

（1）商店周围是否能保持整洁卫生。

（2）商店外部设施是否运转正常。

（3）外部装饰有无损坏。

## （五）销售要求

**第十五条　商品整理**

商品整理是将商品物归原位、各适其所。为此要将经销商品分类，确定放置场所，并记录备案。

**第十六条　商品标签**

（1）销售人员要认识到商品标签的重要作用，它能够向顾客传播商品主体信息。

（2）标签上应标明商品名称、规格、价格、颜色、产地等。

（3）一件商品必须对应一个标签，可以按照商品的种类，使用不同颜色的标签。

（4）对标签应经常加以检查，防止出现错误的情况。

**第十七条　商品供销动向把握**

（1）所谓商品供销动向的把握，是指对一定期间内的商品销售和采购状况具有准确的了解，其中最重要的是对各类商品销售状态的把握，其目的是为了更全面准确地向顾客介绍推荐商品，从而扩大商品销售。

（2）把握商品供销动向的主要方法

①全面观察法。在销售活动中，应随时随地观察各种商品的需求状况和销售状况，随时观察，随时积累，随时分析。

②销售额分析法。分析各类商品销售额的增减变化，以确定何种商品畅销、何种持平、何种滞销。

③销售量分析法。依据进货记录，结合存货情况，定期盘点，以把握某一期

间内各种商品的销售情况。

**第十八条　减少工作失误**

销售人员应严格要求自己，将工作失误减少到最小。以下失误均要避免：

**1. 事务**

（1）账目不清，标签价格填错。

（2）成本、销价核算有误，定价不准确。

（3）采购、退货等账目处理失误。

（4）销售商品与销售凭证不符。

（5）记账时出现错记、漏记、重记。

**2. 收款结账**

（1）看错标签，收款错误。

（2）计算有误，款额不符。

**3. 检验**

（1）商品数量盘点不准确。

（2）对于质量不合格商品把关不严。

**4. 商品管理**

（1）因方法不当或疏忽造成商品的破损。

（2）由于疏忽而致商品被盗。

（3）因排水、防雨不及时而使商品受损失。

（4）因防暑、防寒措施不当造成商品损坏。

（5）因超量进货造成积压。

**5. 其他**

（1）由顾客责任出现商品退换。

（2）因顾客责任造成商品污损。

（3）发生商品被盗。

**（六）勤务管理**

**第十九条　休假**

（1）休假必须在五日前向有关负责人提出申请，经批准后方可进行。

（2）因生病等特殊原因需要休息时，要在当日营业前请有关负责人核准。

（3）原则上非节假日不准休假，特殊情况应事先申请，经上级批准后施行。

**第二十条　迟到和早退**

（1）所有员工均要严守劳动纪律，不得任意迟到、早退。

（2）迟到、早退确有原因者，应提前通知和请示上级，否则即视为违反纪律。

**第二十一条　休息时间**

休息时间内，销售人员可用于就餐、店内购物、化妆、休息等。一般情况下应在专用休息室休息。

**第二十二条　外出**

在休息时间一般不得擅自离开商店，如果确实属需要外出，应将理由、去向、所需时间向有关负责人说明。如果在工作时间暂时离开工作岗位，须与同事说明，以免影响工作。

**第二十三条　员工购物**

（1）购物时间应利用非工作时间，如休息时间、上班前或下班后。

（2）严禁在购物高峰时间同顾客一同购物。在营业时间内，严守顾客优先原则。

（3）对限量销售商品，应礼让顾客。

（4）对已经购买的商品，应保存好发票，以供携商品外出时核查之用。

**第二十四条　私人电话**

私人电话要尽量不占用办公用电话，特殊情况要经上级同意方可使用，但只限市内电话，否则应交纳长途话费。

## （七）关门准备与关门

**第二十五条　店内外扫除**

在关门前三十分钟清扫店内外，方法是由外到里。店内清扫要等顾客全部走后方可进行。

**第二十六条　例会**

待店面扫除结束、主要出入口门窗关好后，应到指定场所集合，听取主管总结本日工作、布置明日工作，然后离店。

**第二十七条**　自我总结

销售人员结束一天工作后，应对自己一天的工作情况进行总结反省：

（1）今天工作态度、服务质量、勤务状况如何。

（2）今天的销售业绩如何，是否完成预定任务。

（3）工作过程中与同事和主管是否保持了良好的人际关系。

（4）对明日的工作是否明确。

## 二十、营销员守则

（1）每位销售人员应遵守国家法律法规，遵守公司各项规章制度。热爱公司，热爱本职工作。维护公司利益，保守公司机密。

（2）上级应对下级一视同仁，指导关心下级。下级应尊重上级。各同仁团结协作，完成工作任务，实现个人发展。充分体现公司理念。

（3）销售人员应注意自己的穿着。公务时应穿职业装，注意个人卫生，保持衣着鞋袜的整洁，不要蓬头垢面。男士头发宁短勿长，女士勿浓妆艳抹。

（4）销售人员需注意个人形象，严禁在公共场合做出不文明的举动，如抠鼻挖耳、随地吐痰、乱丢果皮纸屑等。

（5）我们与客户的关系不是简单的商品买卖关系，而是互利互惠的伙伴，应该相互合作、共同发展。

（6）作为一名专业的销售人员，应该非常了解产品的功能、效用和质量指标以及相关产品知识背景等，尽量准确回答有关产品方面的问题；对于不清楚的问题，应委婉巧妙地解决，切忌信口开河。

（7）每次公务前，需明确自己的任务、目的，对访问过程进行预演。准备好此次访问所需的物品，如名片、样品资料、各种证照等。

（8）访问客户时应充分考虑到客户是否方便。访问前事先与客户打招呼，讲明来意，约定时间。访问后与客户保持联系。

（9）与客户交谈时要态度诚恳，表情自然，不要惊慌失措，畏畏缩缩。做一名聆听者，仔细分析对方意图。不要高谈阔论、打断他人说话、左顾右盼、随意看表。回答问题时，声音不宜过大，以对方听清楚为宜，表达简洁明了。

（10）吸烟的销售人员在访问客户时不要吸烟，除非对方给您敬烟。

（11）会谈结束后应礼貌地与客户握手道别，哪怕未能成交。

（12）您没有把握的事情一定不要做出承诺。

（13）务必记住每位客户的称谓，以表明他的重要。

（14）每天务必做好每日工作笔记。

（15）经常反思准备、计划、访问、洽谈、订货、交货、回款、自我评价及改善等活动的全过程，以便提高自己与人交流的能力。

## 二十一、营销人员薪酬管理制度

### （一）营销人员素质要求

分公司聘用热爱市场营销工作，诚实敬业的大中专毕业生和有实践经验的专业人士作为公司的市场营销人员。

### （二）营销分公司员工岗位

（1）营销分公司总经理。

（2）营销分公司区域经理。

（3）特级营销工程师。

（4）高级营销工程师。

（5）中级营销师。

（6）营销员（根据不同区域和考核分级别）。

### （三）营销人员销售指标

根据营销总公司未来发展战略要求和实际状况，要求营销人员每月每人均保质保量销售人民币××万～××万元的产品。

### （四）营销分公司员工薪酬组成

基本工资＋职务工资＋技术津贴＋考核工资＋年终考核奖励

## （五）营销人员福利组成

保险金：每人每月人民币××元作为公司应该代缴的保险金部分与工资同时发放。

年假：在公司服务满一年者可享受一定天数的带薪年假，年假不累计。

食宿：公司提供集体宿舍和工作餐，驻外市场部员工无集体食堂的，可享受一定数额的餐费补助，以实际出勤为准。

培训：公司进行定期的免费业务培训。

## （六）外聘人员工资按聘用协议执行

## （七）说明：考核工资组成

销售业绩考核工资＋订单下浮点考核奖励＋合同的签订提成金额－所报销金额。

### 1. 销售业绩考核

以销售合同回款（包括首期款）到账额为销售实际业绩考核营销人员（如所签合同无回款，不计销售业绩考核工资）。

### 2. 下浮点考核奖励

所签合同如遇有上、下浮点时，则以此合同标准标价的50％考核上、下浮点，其下浮点超过50％的无下浮点考核奖励，所签合同有特别费用的，计入下浮点。在核算上、下浮点奖励时应该减去质量保证金和特别费用后予以计算。即有销售业绩（指有回款）时，所提取的费用才予以兑付，如无销售业绩时，其销售费用登记在个人名下，三个月后必须清账。

### 3. 业绩考核奖励

（1）营销分公司总经理的考核，以全公司业绩为基数，按月考核，年终完成公司全年任务的100％，将给予奖励。

（2）分公司区域经理的考核，以实际完成任务百分比提取考核工资，连续6个月完成任务50％以下，进行岗位重新确认，全年完成分公司任务100％以上的，将给予奖励。

### 4. 考核制度

（1）营销人员均实行试用期考核制度，其试用期为三个月，对于不适合岗位的人员将进行重新定位或者辞退。

（2）对于营销分公司总经理、区域经理的考核均实行考核团队业绩的形式进行。

（3）每月进行一次考评，其考评结果作为核算工资的依据。

**5. 本月工资的考核**

基本工资考核包括：

（1）考勤考核。

（2）合同签署质量考核。

（3）员工纪律考核。

（4）参照公司《薪酬管理及保险福利制度》、《员工守则》和营销分公司相关规定执行。

# 二十二、公司营销人员培训制度

**第一条　目　的**

为了达到合适的岗位有合适的人才，提高人力资源整体水平，特制定本制度。

**第二条　适用范围**

本制度适用于××营销公司。

**第三条　主要内容**

**1. 培训分类**

（1）上岗引导培训：使新员工掌握关于企业的基本背景信息（发展历程、公司制度等），熟悉工作环境，了解工作基本要求，从而达到企业所期望的个人态度、工作规范、价值观和行为模式，完成新员工的企业化过程。

（2）在职培训：使员工熟练掌握本职位所必需的专业技能和技巧，提高工作效率，顺利开展工作，达到工作目标。

（3）职业培训：根据员工个人的可塑性和个人意愿，将员工看做公司增值的资源，为员工制订职业生涯计划，进行相关的职业培训，以适应公司未来的需求，同时提高员工自身价值。

（4）目标培训：为实施某些整体目标管理下的组织体系的员工学习活动。

（5）支持培训：随着社会科技与管理理论的发展，作为营销管理和业务人员应不断掌握新的思维方法、新的管理方法、新的信息处理手段、新的办公系统等，因此，要对他们进行支持性培训，使公司员工紧跟时代步伐，及时应用新的技术手段为工作服务。

**2. 培训计划的实施程序**

（1）相关部门确立培训目标和与专业相关的培训需求。

（2）营销办公室制订营销公司培训计划。

（3）根据不同的培训层次和培训内容，选择培训手段和制订培训教案。

（4）培训计划的实施。

（5）培训效果的评估。

**3. 培训记录**

（1）所有的培训须做好记录（签到、考试成绩情况登记等）。

（2）培训记录作为员工升职、工作转换及其他人事工作目标的重要基础依据。

**第四条**　营销公司人员专业技能培训参考表（略）


# 二十三、导购代表管理规定


**第一条**　目　的

为适应市场激烈竞争，提高企业零销的力量，以及加强导购人员的综合素质水平，特定本规定。

**第二条**　适用范围

本规定适用于××营销公司各分公司、办事处导购代表的管理。

**第三条**　导购管理职责

**1. 导购管理组织架构（附表略）**

**2. 导购代表管理职责**

（1）营销公司市场推广部是导购代表的归口管理部门，负责导购代表管理制度的制订，分公司导购管理的考核，导购培训计划的制定，导购代表的工资核查、统计，档案的管理工作。

（2）分公司、办事处负责导购代表的招聘工作。

（3）分公司、办事处负责导购代表的工作表现与日常促销实绩的考核管理工作。

（4）分公司、办事处负责对导购代表日常培训的指导。分公司、办事处负责导购代表月度工资的核实及申报工作。

（5）营销公司市场推广部做好全国各省导购代表的综合考评、筛选工作，同时做好月度导购代表工资的核查，以及工资发放工作。

（6）营销公司将对所有在岗的导购代表进行电话或者现场督查，并做好每月的登记入册工作。如发现不在岗，即可解聘当事的导购代表。

（7）营销公司市场推广部有权对虚报销量的导购代表予以处罚，同时对玩忽职守的相关人员予以处罚。

**第四条** 管理内容

**1. 导购代表设置条件**

各分公司、办事处根据总部有关规定和各省实际情况，按照影响力足以达到可支撑公司品牌形象或者具有一定的销售能力为原则进行导购设置。

（1）根据年度各分公司、办事处网点设置及销售任务，对 A、B 类网点派驻导购代表，原则上 A 类网点 2 名，B 类网点 1 名，公司首先把考核的重点放到 A、B 类网点上。

（2）××××年销售目标在××万元以上并在 2 月底以前完成××万元的客户。

（3）营业面积不少于××平方米的商店。

（4）导购代表淡、旺季分配计划见表。（略）

（5）属于以下几种情况之一的网点，不予以派驻导购代表：

①没有××营销专柜的网点。

②营业面积小于××平方米的专业店。

③每一天提货量少的网点。

④可以不派驻导购代表的专卖店。

⑤不大于××万元容量的城市。

⑥销售量虽大，但其他竞争品牌并没派驻导购代表，并且上年度也没派驻导

购代表。

### 2. 导购代表聘用条件

（1）性别不限，女性为主。年龄在20～35岁之间为佳，女性身高在1.55米以上，男性身高在1.65米以上。

（2）条件：

①学历：原则上需具备高中以上学历；

②仪表：相貌端正，仪态稳重大方；

③谈吐：语言表达能力强；

④性格：外向活泼，善于与人沟通；

⑤作风：热爱促销工作，对工作尽职尽责，吃苦耐劳。

（3）严禁聘用商家的亲属员工，一经发现，将严格查办。

### 3. 导购代表聘用形式

（1）公开、公平、公正。

（2）原则上，在原导购人员中进行招聘、筛选。

（3）为提高招聘工作质量，各省可在当地打出报纸广告，公开、公正地招聘导购代表，择优录取。分公司、办事处对导购代表的招聘结果负全部责任。

（4）挖掘售点竞争品牌优秀的导购人员或有营业经验售点的销售人员。

（5）利用各省市人才市场、媒体、网上招聘。

### 4. 导购代表聘用程序

（1）分公司市场推广经理（或办事处经理）根据公司制定的《导购代表考评标准》，编制省、区域导购代表考评计划，并根据《导购代表淡、旺季分配计划》中导购代表数量、区域分布情况，分配各区域聘用人数，统一进行阅卷考试。分公司经理负责总体监控及把关工作。

（2）分公司、办事处将考评合格的导购代表资料（要求交个人工作简历、身份证复印件、照片2张、学历证复印件；导购代表聘用表、试卷、面试成绩、银行存折复印件各式一份）汇总、审核后，报营销公司市场推广部部长审批备案，方可上岗。

（3）未经分公司、办事处经理同意，严禁擅自安排导购代表上岗，否则其工资由责任人支付，导购代表工资从分公司、办事处经理审批之日起计算。

（4）被录用的导购代表由分公司、办事处经理（或分公司市场推广经理）

对其进行统一的工作安排,不服从安排的视其自动离职,不予发放工资。

(5)导购代表必须认真填写聘用登记表,并务必将银行存折的复印件附在表后。

(6)要求各分公司、办事处对在编的每位导购代表签订劳动合同,并购买社会保险。同时对聘用的导购代表进行上岗前培训。

导购代表聘用流程(附表略)

**第五条　导购代表工资发放程序**

**1.　导购代表工资结算标准**

(1)导购代表工资结算的标准为:基本底薪+奖金提成两部分组成。

(2)公司销售季节的促销商品(降低商品)不计提成。

**2.　导购工资计算标准**

营销公司市场推广部统一调配导购员费用资源,并核算出各省分公司全年导购员聘任名额和工资总额,同时提供分公司导购员工资核算的参考标准。若分公司对核算标准无异议,可参照执行。也可根据各省实际情况制定当地执行标准,在执行前必须报市场推广部审核确定后,送财务科备案后方可生效。

(1)各省导购员名额可根据当地开拓的实际情况,进行调配。

(2)各省导购员工资总额为该省导购员工资的最高额度,不能超支,超支部分在公司包干费中列支。

(3)市场推广部提供的导购员工资标准为参考标准,为该省商场的最高标准,分公司的参考标准应体现地区消费水平、差异,允许浮动±20%。

(4)调整原则为降低保底工资,提高销售提成。

(5)确定每类商场的保底销售数量,若完成或超额完成当月保底销量时,导购代表的当月薪酬计算公式是:

薪酬 = 底薪 + 提成

(6)连续三个月不能完成销售目标的立即撤换。

**3.　导购代表工资发放程序**

(1)导购代表当月工资计发办法为:隔月发放。

(2)导购代表提成计发日期从每月的 26 日至下月的 25 日,各分公司、办事处将导购代表零售情况统一汇总后,在每月的 30 日前将"导购代表工资汇总表"传真给营销公司市场推广部。

（3）当月的原始工资月报表如"导购代表销售日累计报表"、"导购代表零售月报表"、"导购代表工资汇总表"在下个月的 15 日前邮寄给市场推广部，以备核查，同时将新增加的导购代表档案邮寄给市场推广部。

（4）导购代表的各类报表必须由所在商场经理签字盖章，分公司、办事处经理签字后，方可计发工资。

（5）每月的 1 日至 5 日前，营销公司市场推广部将导购代表的提成进行核算、汇总、报批，每月的 10 日至 25 日前由财务科将导购代表的工资发放到位。如因报表审批手续不全，耽误工资发放的，由当事人自行负责。

（6）营销公司市场推广部每月的 15 日至 25 日前，根据导购代表销售报表对销量进行检查，如查出有虚报数量或填报不实者，将追究当事人及分公司、办事处经理责任。

（7）严禁任何形式的兼职，一旦发现，当场辞退。

（8）导购代表试用期两个月，试用期连续无销量的，予以解聘。

**第六条　导购代表培训**

**1. 岗前培训**

分公司、办事处组织对新招聘导购代表上岗前集中培训，主要让导购代表认识企业和产品，熟悉各项规章制度。

**2. 例会培训**

分公司、办事处利用每周或每月的例会，对导购代表进行培训，以帮助解决导购代表工作中存在的问题和困难，互相交流、学习，提高导购技巧。

# 二十四、业务员教育训练办法

**1. 针对"新进业务员"（含：刚升为业务员者）**

（1）分公司经理应立即呈报营业部经理，由营业部经理安排"新进业务员"到总公司受训。

（2）讲师：营业部经理。

（3）受训的最后一节课由总经理讲话。

**2. 针对"分公司全体业务员"**

分公司全体业务员每年到总公司集训两次，每次两天。总公司安排课程和讲师（含：内聘、外聘）。

**3. 分公司下列人员可以参加企管顾问公司的讲习课程**

（1）表现良好的业务员和表现良好的其他人员即将升为业务员者，可参加"业务员训练课程"。

（2）分公司经理和主任可参加"营业主管"、"行销"、"会计、财务"、"法务"、"领导统筹"等课程。

**4. 其他**

（1）请各分公司经理随时将表现良好的业务员和即将升为业务员的其他人员名单，呈报营业部经理，并安排参加企管顾问公司的讲习课程。

（2）分公司人员参加企管顾问公司的讲习课程，"学费"由总公司负担，其他"交通费、膳宿费"等由分公司自理。

（3）参加企管顾问公司讲习课程的人员，将书面教材复印一份交总公司，供总公司今后有关人员进修研习。


# 二十五、业务员开拓新客户奖励办法

**第一条　奖励主旨**

1. 开拓新经销店，强化销售渠道

2. 提高利润

**第二条　具体办法**

1. **期间**

×××年××月××日至×××年××月××日。

2. **奖励对象**

营业部全体业务员。

3. **奖励名额**

××名。

## 4. 奖励条件

依下列评审标准核计每一位业务员的"总点数"，前××名者入围。

（1）平均进货点数

### 经销商进货点数统计表

| 新经销店每月平均进货金额 | 点数 |
|---|---|
| ××万元 | ×× |
| ××万元 | ×× |
| ××万元 | ×× |
| ××万元 | ×× |
| ××万元 | ×× |

核计方式：

计算每一个新经销店每月平均进货金额，核定点数。

（2）完成率点数

### 销售完成点数统计表

| 完成百分比 | 销售点数 |
|---|---|
| 120%及以上 | ×× |
| 110%及以上 | ×× |
| 100%及以上 | ×× |
| 90%及以上 | ×× |
| 80%及以上 | ×× |
| 70%及以上 | ×× |
| 60%及以上 | ×× |
| 50%及以上 | ×× |
| 40%及以上 | ×× |
| 30%及以上 | ×× |
| 20%及以上 | ×× |

核计方式：

①（该业务员×××年××月××日总店数）－（×××年××月×
×日总店数）＝净增销售点。

②$\dfrac{净增销售点}{规定开拓店数}$＝完成率。

③以完成率核定销售点。

（3）月份开拓的网点

**开拓网点进度表**

| 开拓月份 | 销售网点 |
| --- | --- |
| 1 月 | ×× |
| 2 月 | ×× |
| 3 月 | ×× |
| 4 月 | ×× |
| 5 月 | ×× |
| 6 月 | ×× |

核计方式：

业务员每一新经销店按其开始进货月份核定销售网点数。

## 二十六、经销店技术服务奖励办法

（一）奖励对象

凡公司经销店，已办好抵押，并签有年度销售目标者。

（二）奖励办法

## 1. 名额设定

按各店签约目标级别设定标准技术服务人员名额如下：

**标准技术服务人员名额设定表**

| 年度目标 | 经鉴定合格的标准服务人员名额 |
|---|---|
| ××万~××万 | 1人 |
| ××万~××万 | 2人 |
| ××万~××万 | 3人 |
| ××万~××万 | 4人 |
| ××万以上 | 5人 |

## 2. 奖金发放

各店应按标准技术服务人员名额推荐人选，经公司技术鉴定合格，从当日起核发该店应得奖金。

## 3. 各店推荐技术服务人选的资格标准

（1）本科以上或相关专业毕业者。

（2）本科以上毕业且有一年以上的技术服务经验者。

以上人员均为男性，并有资格证书。

## 4. 本公司每月定期举办技术服务人员技术鉴定考试

各店要在每月5日以前备齐有关证件并提出申请，经核准后通知各店人选参加考试。

## 5. 举办讲座

本公司视实际需要，不定期举办技术服务人员技术讲座，各店推荐人选参加培训。

（三）奖励内容

凡经公司技术服务鉴定合格的经销店可获下列奖励

（1）服务奖励金为每季进货净额的 0.5%，季度完成率 90% 以上未达 100%

者按0.4%发给，80%以上未达90%者按0.3%发给，80%者以下不发。

其计算方式：季度进货净额×0.5%×$\dfrac{合格服务人数}{基准服务人员名额}$×$\dfrac{季服务鉴定合格月数}{3}$

（2）免费发给员工工具箱及制服各一套。

（3）优先参加技术服务讲解。

（4）优先发给技术服务资料。

（5）免费代为宣传、广告及推广服务。

（6）发给服务技术鉴定合格证明。

（7）优先享受本公司业务辅导。

（四）经销店的义务

（1）对本公司产品给予全面优先、便捷的售后服务，不论该产品是否由该店售出。

（2）诚意接受本公司的服务收费标准。

（3）严格遵守本公司的服务收费标准。

（4）严格遵守商业道德，不得中伤同业者。

（5）确保顾客利益，保证一定免费服务。

（6）负担技术人员一切薪资津贴等费用。

（7）各店技术人员每日填写"服务日报表"，并逐日传真给公司，以便本公司凭其核发奖励金。

（8）遵守本公司其他规定事项。

（五）奖金发放日期

每季度一次。经销商要凭印有本公司名头的发票，以进货折让名义领取。

（六）奖金资格审核

若经销商或其技术服务人员未能确实履行其所应尽的义务者，被公司发现，第一次给予警告，第二次减半发给全季度的服务奖励金，第三次取消全年度服务奖励。

（七）实施时间

本办法经核准后实施，并暂定××××年度内有效。

## 二十七、经销店分期付款奖励办法

**第一条**　奖励宗旨

（1）激励经销商推行分期付款销售业务。

（2）拓展公司产品的销售渠道。

（3）引导未能以现金购买的客户，以分期付款的方式购买。

（4）吸引欲对其他品牌分期购买的顾客。

**第二条**　奖励对象

本公司品牌所属经销店。

**第三条**　奖励内容

凡推行分期付款的客户，于成交后（以收到第一期款为准），按分期总价款给予××%佣金。

**第四条**　奖金核算

（1）经销商推行分期付款按每季累积依下列标准核发佣金。

### 季度佣金核算表

| 奖励% | 每季推行情况 | | |
| --- | --- | --- | --- |
| | A 级区域 | B 级区域 | C 级区域 |
| 2.0% | 100 万元以上 | 75 万元以上 | 50 万元以上 |
| 1.8% | 75 万元以上 | 50 万元以上 | 40 万元以上 |
| 1.6% | 50 万元以上 | 40 万元以上 | 30 万元以上 |
| 1.4% | 40 万元以上 | 30 万元以上 | 20 万元以上 |
| 1.3% | 30 万元以上 | 20 万元以上 | 15 万元以上 |
| 1.2% | 20 万元以上 | 15 万元以上 | 10 万元以上 |
| 1.1% | 15 万元以上 | 10 万元以上 | 7 万元以上 |
| 1.0% | 10 万元以上 | 7 万元以上 | 5 万元以上 |

（2）效益奖金，每季核发一次。

（3）经销商需凭本公司名头发票，以"分期付款佣金"、"奖励金"等名义领取。

**第五条**　奖励期间

本办法实施于××××年××月××日至××××年××月××日。


# 二十八、经销店店面陈列奖励办法

## （一）奖励对象

本公司所有经销店。

## （二）奖励期间

××××年××月××日起至××××年××月××日止。

## （三）陈列标准

（1）陈列本公司品牌产品，其陈列面积要占全店总陈列面积2/3以上。

（2）需陈列或悬挂本公司宣传海报。

（3）新经销店至少有3个月以上的创收。

## （四）评核方式

（1）印制经销店陈列状况检评表。

（2）由业务员每半个月评分一次。经分公司最高主管签字确认后，于每月2日、16日前将评分表寄交企划部。

（3）另由市场推广人员每月评分一次，经市场部经理签章确认后，于每月2日前将评分表寄交企划部。

（4）企划部人员不定期分赴各经销店抽查评分。

（5）业务员或市场推广人员评分不实者，酌情处理。

（6）凡于××××年12月份以前，对有一次评分（含：业务员、市场推广组、企划部的评分）不符合规定者予以警告，并应立即改正。若两次评分不符合规定或×××年的评分不符规定，取消本经销店奖励金。

（五）奖励方式

（1）合乎陈列奖励条件的公司经销店，按奖励期间的累积进货净额1%发给陈列奖金。

（2）经销店如设有分公司或分店者，其分公司或分店也应按规定陈列布置，否则根据其合乎陈列奖励标准的店数占总店数的比例发给奖金。

$$陈列奖金 = 进货净额 \times 1\% \times \frac{合乎陈列奖励的店数}{总店数}$$

（3）奖金预定×××年2月底发放。

## 二十九、经销商年度奖励办法

（一）总　则

**第一条　奖励期间**
自×××年××月××日至×××年××月××日止。

**第二条　奖励对象**
凡从本公司进货的立约经销商，均属于奖励预备对象。

**第三条　奖励种类（略）**

**第四条　奖励计算标准**
（1）以各制品批发价总金额（不包括保证金）综合计算。
（2）特价销售制品，不适用本办法。

（二）奖励项目

**第五条　年度进货完成奖励**
（1）奖励期间：×××年××月××日起至×××年××月××日止。
（2）奖励规定（如下表所示）：

**奖励规定表**

| 级别 | 年度进货完成金额 | 应得奖金 |
|---|---|---|
| 特级 | 36 万元 | 3600 元 |
| A 级 | 60 万元 | 7200 元 |
| B 级 | 120 万元 | 16800 元 |
| C 级 | 180 万元 | 28800 元 |
| D 级 | 240 万元 | 43200 元 |
| E 级 | 300 万元 | 60000 元 |
| F 级 | 360 万元 | 79200 元 |
| G 级 | 420 万元 | 100800 元 |
| H 级 | 480 万元 | 124800 元 |
| I 级 | 600 万元 | 168000 元 |
| J 级 | 720 万元 | 208800 元 |
| K 级 | 960 万元 | 288000 元 |
| L 级 | 1200 万元 | 360000 元 |

（3）发放日期：××××年××月××日。

**第六条　进货促销奖励**

（1）奖励日期：××××年××月××日至××××年××月××日止。

（2）奖励办法（如下表所示）：

**奖励核算表**

| 级别 | 全年度批发价进货完成利润 | 奖励率 | 应得奖金 |
|---|---|---|---|
| A 级 | $B1 = M1 \times 100\%$ 以上 | X1 | $B1 \times x1$ |
| B 级 | $B1 = M1 \times 115\%$ 以上 | X2 | $B1 \times x2$ |
| C 级 | $B1 = M1 \times 125\%$ 以上 | X3 | $B1 \times x3$ |
| D 级 | $B1 = M1 \times 135\%$ 以上 | X4 | $B1 \times x4$ |
| E 级 | $B1 = M1 \times 150\%$ 以上 | X5 | $B1 \times x5$ |

①以×××年××月××日起至×××年××月××日止的进货金额为 M1。

②以×××年××月××日起至×××年××月××日止的进货金额为 B1。

③B1 = M1×150% 以上者，一律以 E 级计算。

④若为新开发经销商一律以 A 级奖励率乘以全年度进货金额计算。

⑤各级奖励率：暂不公布。

（3）发放日期：×××年××月××日。

**第七条　专售奖励**

（1）凡向本公司进货，且不经销其他厂品牌制品者给予各商品批发价进货总金额××% 的奖励，但公司无生产的制品不在此列。

（2）非专售者，给予进货金额××% 的奖励。

（3）发放日期：×××年××月××日。

**第八条　月份增长奖励**

（1）本年当月进货金额较去年当月进货金额，其增长率增加 10% 以上者，给予××% 的奖励金。

（2）本年当月进货金额较去年当月进货金额，其增长率增加 15% 以上者，给予××% 的奖励金。增长率计算公式：

$$增长率 = \frac{×××年当月进货金额 - 上年当月进货金额}{×××年当月进货金额} \times 100\%$$

（3）新经销商（无去年当月进货金额）按每月进货金额给予××% 的奖励金。

（4）当月进货逾期付款或当月未进货而预付款者，不予奖励。

**第九条　奖金的发放**

（1）各商店应得奖金应根据上列公式计算。

（2）奖金分两期发放：

第一期：×××年××月××日

第二期：×××年××月××日

**第十条　付款奖励**

（1）付款日期：每月底应结清当月份全部货款。

（2）奖励率：参见下列"付款奖励率表"。

（3）奖金的发放：于当月货款结算之日从中扣除。

**付款奖励率表**

| 票期 | 奖励率 | 票期 | 奖励率 |
|------|--------|------|--------|
| 1 天 ~ 10 天 | × ×% | 26 天 ~ 30 天 | × ×% |
| 11 天 ~ 15 天 | × ×% | 31 天 ~ 35 天 | × ×% |
| 16 天 ~ 20 天 | × ×% | 36 天 ~ 40 天 | × ×% |
| 21 天 ~ 25 天 | × ×% | 41 天 ~ 45 天 | × ×% |

**第十一条　不动产抵押奖励**

（1）奖励对象：向本公司提供不动产担保的经销商。

（2）奖励方式：

①每年最高可得担保额 3% 的奖金。

②月份平均进货金额不得低于担保额的 1/3，如低于此标准者，则以平均月份进货金额乘 3 倍为计算标准。

③发放日期：××××年××月××日。

**第十二条　同类价保证金**

（1）凡本公司制品按批发价加收保证金为收款价格，其保证金列为同类价保证金。

（2）发放日期：分两期。

第一期：××××年××月××日

第二期：××××年××月××日

**第十三条　其他季节性奖励另行公布。**

（三）附　则

**第十四条　**本奖励办法内奖金发放时须以统一发票或合法收据领取。

**第十五条　**本奖励办法内的特级，限定于交通不便、人口在 5 万人以下的区域。

**第十六条**　本奖励办法内的进货，是指向本公司进货，依批发价金额（不包括保证金）为计算标准。

## 三十、鼓励员工提出建议的实施办法

**第一条**　本公司为倡导员工参与管理，并激励员工就其平时工作经验或研究心得，对公司业务、管理及技术，提供建设性的改善意见，借以提高经营绩效，特制定本办法。

**第二条**　本公司各级员工对本公司的经营，不论在技术上或管理上，如有改进或革新意见，均可向人事部索取建议书，将拟建议事项内容认真填写。如建议人缺乏良好的文字表达能力者，可洽请人事部经理或单位主管协助填列之。

**第三条**　建议书内应列的主要项目如下

（1）建议事由：简要说明建议改进的具体事项。

（2）原有缺失：详细说明在建议案未提出前，原有情形之未尽妥善处以及应予改进或革新意见。

（3）改进意见或办法：详细说明建议改善的具体办法，包括方法、程序及步骤等项。

（4）预期效果：应详细说明该建议案经采纳后，可能获致的成效，包括提高效率、简化作业、增加销售、创造利润或节省开支等项目。

**第四条**　建议书填妥后，应以邮寄或面递方式，送交人事部经理亲收。

**第五条**　建议书内容如无具体的改进或革新实施办法，或不具真实姓名者，人事部经理得以内容不全，不予交付审议；其有真实姓名者，应由人事部经理据实委婉签注理由，将原件秘密退还原建议人。

**第六条**　本公司为审议员工建议案件，设置员工建议审议委员会（以下简称审委会），由各单位主管为当然审议委员，经营会议经理为召集人，必要时，人事部经理可与召集人洽商后邀请与建议案内容有关的主办单位主管出席之。

**第七条**　审委会的职责如下

（1）关于员工建议案件的审议事项。

（2）关于员工建议案件评审标准的研究制订事项。

（3）关于建议案件奖金金额的研究事项。

（4）关于建议案件实施成果的检讨事项。

（5）其他有关建议制度的研究改进事项。

**第八条**　人事部收受建议书后，认为完全者，应即于收件三日内编号密封送交审委会召集人，提交审委会审议。如因案情特殊，得由审委会另行洽请与该建议案内容有关的人员先行评核，提供审委会作为审议依据。

前项审委会的审议除因案件特殊者得延长至 30 天外，应于审委会召集人收件日起 15 天内完成审议工作。

**第九条**　本公司员工所提建议，具有下列情事之一者，应予奖励：

（1）对于公司组织研究提出调整意见，能收精简或强化组织功能效果者。

（2）对于公司商品销售或售后服务，研究提出具体改进方案，具有重大价值或增进收益者。

（3）对于商品修护的技术，提出改进方法，值得实行的。

（4）对于公司各项规章、制度、办法提供具体改善建议，有助于经营效能提高者。

（5）对于公司各项作业方法、程序、报表等，提供改善意见，具有降低成本、简化作业、提高工作效率的功效者。

（6）对于公司未来经营的研究发展等事项，提出研究报告，具有采纳价值或效果者。

**第十条**　前条奖励的标准，由审委会各委员依员工建议案评核表各个评核项目分别逐项研讨并评定分数后，以总平均分数依下表（略）拟定等级及其奖金金额。

**第十一条**　建议案经审委会审定认为不宜采纳施行者，应交由人事部经理据实委婉签注理由通知原建议人。

**第十二条**　建议案经审委会审定认为可以采纳并施行于本公司者，应由审委会召集人会同人事部经理于审委会审定后三日内，以书面详细注明建议人姓名、建议案内容及该建议案施行后对公司的可能贡献、核定等级及奖金数额与理由，连同审委会各委员的评核表，一并报请经营会议复议后由总经理核定。

经审委会定其等级在第四等以下者，得由审委会决议后即按等级发给奖金。经经营会议复议后认为可列为十等者，应呈请董事长核定。

**第十三条**　为避免审委会各委员对建议人的主观印象，影响评核结果的公平，人事部经理在建议案未经审委会评定前，对建议人的姓名应予保密，不得泄露。

**第十四条**　建议的案件如系由两人以上共同提出者，其所得的奖金，按人数平均发给。

**第十五条**　有下列各情形之一者，不得申请核奖：

（1）各级主管人员对其本身职权范围内所作的建议。

（2）被指派或聘用为专门研究工作而提出与该工作有关的建议方案者。

（3）由主管指定为业务、管理、技术的改进或工作方法、程序、表报的改善或简化等作业，而获致的改进建议者。

（4）同一建议事项经他人提出并已获得奖金者。

**第十六条**　本公司各单位如有任何问题或困难，需求解决或改进时，经呈请总经理核准后得公开向员工征求意见，所得建议的审议与奖励，得依本办法办理。

**第十七条**　员工建议案的最后处理情形，应由人事部通知原建议人，员工所提建议，不论采纳与否均应由人事部负责归档。经核定给奖的建议案，应在公司公布栏及第二部分月刊中表扬。

**第十八条**　本办法经呈请总经理核准后公布施行。


## 三十一、鼓励员工提出创意提案的管理制度


（一）目　　的

**第一条**　为启发全体员工的想象力，集结全体员工的智慧与经验，提出有利于本公司生产的改善及业务的发展，以便达到降低成本，提高质量，增进公司经营、激励同仁士气，特制定本办法。

（二）范　　围

**第二条**　提案内容针对本公司生产、经营范围、具有建设性及具体可行的改

善方法。

（1）各种操作方法、制造方法、生产程序、销售方法、行政效率等的改善。

（2）有关机器设备、维护保养的改善。

（3）有关提高原料的使用效率，改用替代品原料，节约能源等。

（4）新产品的设计、制造、包装及新市场的开发等。

（5）废料、废弃能源的回收利用。

（6）促进作业安全，预防灾害发生等。

**第三条**　提案内容如属于下列各项范围，则认为是不适当的提案不予受理：

（1）攻击团体或个人的提案。

（2）诉苦或要求改善待遇的提案。

（3）与曾被提出或被采用过的提案内容相同的提案。

（4）与专利法抵触的提案。

（三）提　案

**第四条**　提案人或单位，应填写规定的提案表，必要时另加书面或图表说明，投入提案箱。每周六开箱一次。

（四）审　查

**第五条**　审查组织

（1）各厂成立"提案审查小组"由有关主管组成。

（2）公司成立"提案审查委员会"由各厂长及公司有关部门主管组成并设执行秘书。

**第六条**　审查程序

（1）各提案表均要先经各厂提案"审查小组"初审并经评分通过后，汇报"提案审查委员会"。

（2）"提案审查委员会"每月视提案需要，以召开 1～2 次委员会，审查核定各小组汇送的提案表及评分表，必要时并请提案人或有关人员列席说明。

**第七条**　审查准则

（1）提案审查项目及配合

①动机 20%。

②创造性 15%。

③可行性 25% 。

④回收期投资 30% 。

⑤应用范围 10% 。

（2）成果审查项目及配合

①动机 15% 。

②创造性 20% 。

③努力程度 15% 。

④投资收回期 25% 。

⑤同效益 25% 。

（五）处　理

**第八条**　采用的提案：交由有关部门实施，除通知原提案人外，并予列管及实施成效检查。

**第九条**　不采用的提案：将原件发还原提案人。

**第十条**　保留的提案：需要经较长时间考虑者，先将保留理由通知原提案人（一般期限以三个月为限，但经委员会同意可延长至六个月）。

**第十一条**　成果检查

（1）实施的提案、各实施部门，应认真执行，每月应填具成果报告表呈直属主管核定后，转呈各厂"提案审查小组"经三个月的考核，并予评分后，再呈提案审查委员会。

（2）"提案审查委员会"依"审查小组"所报的成果报告表及评分表详作审查核定。

（六）奖　励

**第十二条**　提案奖励：改善提案经"审查委员会"评定，凡采用者发给××～××元的提案奖金，未采用者发给××元的奖金。

**第十三条**　成果奖励："审查委员会"依提案改善成果评分表，可核给××～××元的奖金。

**第十四条**　特殊奖励：提案采用实施后，经定期追踪效益，成果显著绩效卓越者，由委员会核计实际效益后，报请核发××～××元的奖金。

**第十五条** 团体特别奖：

以科为单位，六个月内，每人平均有采用四件提案以上发给前三名特别奖：

第一名：锦旗及奖金××元。

第二名：锦旗及奖金××元。

第三名：锦旗及奖金××元。

（七）附　则

**第十六条** 提案内容如涉及国家专利法者，其权益属本公司所有。

**第十七条** 本办法经呈董事长核定后公布实施，修改时亦同。

# 三十二、销售人员管理制度

## 1. 目的

为加强本公司销售管理，完成销售目标，提升经营绩效，将销售人员的业务活动予以制度化。

（1）适用范围。公司销售人员的管理，除另有规定外，均依照本办法进行管理。

（2）权责单位

①销售部负责本办法制定、修改、废止的起草工作。

②总经理负责本办法制定、修改、废止的核准工作。

## 2. 一般规定

（1）出勤管理。销售人员应依照本公司《员工管理办法》的规定，进行各项出勤考核。但基于工作之需要，其出勤打卡按下列规定办理：

①在总部的销售部人员上下班应按规定打卡。

②在总部以外的销售部人员应按规定的出勤时间上下班。

（2）工作职责。销售人员除应遵守本公司各项管理办法的规定外，应努力承担下列的工作职责：

①负责推动完成所辖区域之销售目标。

②执行公司所交付之各种事项。

## 三十三、出差管理制度

**第一条** 为实现本公司经营目标，并培养员工廉洁、勤勉、守纪、高效的精神，特制定员工出差管理办法。

**第二条** 员工出差按如下程序办理：

（1）出差前填写"出差申请单"，期限由派遣主管按需予以核定，并按程序审核。

（2）凭"出差申请单"向财务部预支一定数额的差旅费。返回后一周内填具"出差旅费报告单"并结清暂付款，在一周以外报销者，财务部应于当月薪金中先予扣回，待报销时一并核付。

（3）差旅费中"实报"部分不得超出合理数额，对特殊情况应由出差人出具证明。否则财会人员有权拒绝受理。

**第三条** 出差审批程序和权限如下：

（1）国内出差：一日以内由经理核准，超过一日由总经理核准。经理（含副经理和相同级别的技术人员）以上人员一律由总经理核准。

（2）国外出差：一律需由总经理核准。

**第四条** 出差应遵守的事项

（1）必须按计划前往目的地，无特殊原因必须在规定时间内返回。如有变动需事先请示并获批准。

（2）乘坐火车必须按正常路线，不得无故绕道。出差途中，因私事绕道者，需事先由领导批准，其绕道部分的车船费由本人承担。

（3）乘坐飞机人员要从严控制，出差路途较远或出差任务紧急的，经领导特许方可乘坐飞机。

**第五条** 其他各项，如住宿标准、出差标准等，按有关规定执行。按照规定，除经理外，市内不准乘坐出租车，特殊情况（如夜间没有公共汽车等）可酌情处理。

**第六条** 出差结束，应写出详细的出差汇报，送有关领导审阅。

**第七条** 出差回来上班后4天内向财务部办理报销手续。逾期不报者，如无特殊理由，按动用公款处理，财务部有责任检查。报销前须由经理审核签字。原借款未报账时，一般不再办新借款。

**第八条**　出差期间，严禁用公费游山玩水、请客送礼，严禁收受礼品，不得请求代购紧俏商品、土特产、优惠商品。对违反者各级领导有责任给以批评教育，所需费用一律由本人承担。

## 三十四、差旅费报销制度

**第一条**　公出人员交通费

（1）公司各部门经理可乘坐火车软席、轮船二等舱、飞机普通舱，其他人员可乘坐火车硬席、轮船三等舱，长途汽车凭据报销。

（2）严格控制公出人员乘坐飞机，需乘坐飞机的应事先经总经理同意批准。

（3）乘火车从晚八点至次日早晨七点之间，在火车上过夜六小时以上或连续乘坐超过十二小时，可购买同席卧铺票。符合本规定而不买卧铺票，可依据实际乘坐火车票价按以下比例发给个人补贴：直快的按票价××%；特快以及新型空调直达特快列车分别按其硬坐席位票价的××%发给个人，另外加收的空调费不计入座位票价之内。

**第二条**　公出人员往返旅程期间按实际天数每日补助××元。

**第三条**　在本市区公出需在外就餐者，每日补助××元（含交通费），其他城市当日往返补助××元。

**第四条**　公司外派的技术服务人员，食宿由公司负责解决，补助费每人每天××元。

**第五条**　公司员工陪同部门经理外出的，随部门经理的标准报销。

**第六条**　旅途期间，在非工作地不许滞留。

**第七条**　财务严格按照公出人员申请公出目的地及合理的行车线路予以审核报销。如中途有变化的需事先请示领导批准，否则发生费用自理。

**第八条**　公出人员报销票据必须符合国家有关票据报销规定，否则不予报销，各种票据丢失一律不予报销。

**第九条**　公出人员回来后一周之内，到财务部门报销，如有故意拖欠不及时报销的，视情节给予××元以上的处罚。

## 三十五、差旅费、工作餐等费用开支标准的规定

为了加强财务管理，节约开支，特就差旅费和工作餐开支制定以下规定。

**第一条　差旅费**

**1. 住宿费**

（1）公司领导和副高级职称者住宿标准为××元（一般地区）或××元（特区）、其他人员住宿标准为××元（一般地区）或××元（特区）。

（2）住宿费按实际住宿天数计算，实际住宿费超过以上限额部分原则上由个人负担，特殊情况下需经公司领导特批方可报销，低于规定的节约部分奖励个人××%。

（3）开会统一安排住宿时，有会议证明者，可按实报销。

（4）住宿费一律凭单据报销。

（5）住宿费已由接待方提供的，一律不再报销。

**2. 交通费**

（1）公司领导和有高级职称者出差可乘飞机一等舱、火车软席、轮船二等舱；其他人员出差一般坐火车硬席、轮船三等舱，因工作需要乘飞机的，需事先经公司主管财务的领导批准。

（2）出差外地的市内交通费实行包干使用，每人每天××元，不再报销车票；在国内出差一般不准乘出租车，情况特殊时可由部门领导在出租车票据背面签字特批，方可报销，但不再发给市内交通费。

（3）乘火车过夜或时间超过12小时的，可购同席卧铺，未购卧票的，按实际乘坐的火车硬座票价的一定比例（特快××%、慢车或直快××%）发给个人。

按规定能乘飞机而改乘火车的，可将差价的××%发给个人。

（4）陪外宾出差，因工作原因需要与外宾同乘车（船、飞机）、同住饭店的，经总经理批准，可按实报销。

### 3. 伙食补助费

（1）出差每人每天的伙食补助标准一律为一般地区××元，特区××元。参加会议、培训班等，已有伙食补助的不再计发伙食补助费，如没有，可凭证明领取伙食补助。

（2）长期（一个月以上）驻外省市人员，每人每天伙食补助标准为××元。

（3）出差人员一律不发夜餐费、加班费。

### 4. 职工探亲路费

（1）职工探亲须事前填写探亲申请单，经部门领导签字、公司领导审批、办公室备案，方可办理借款和报销。

（2）年满50岁以上，并途中连续乘车超过48小时的探亲职工，可乘硬席卧铺，如未乘卧铺，可比照差旅费报销办法给予补助。不具备以上条件的职工探亲报硬座票价。乘船报四等舱位票价。

（3）享受一年一次探亲假的职工，报销一次往返路费。享受四年一次探亲假的职工，探亲路费在本人标准工资（岗位工资＋工龄工资）××%以内的，由本人自理，超过部分单位报销。

### 5. 其他费用

（1）火车空调费、订票手续费、电话费等凭单据按实报销，出差期间的游览和非工作需要的参观所开支的一切费用均由个人自理。

（2）工作人员到远郊区、县出差，按到外地出差的规定办理。

**第二条**　宴请与工作午餐费开支规定

（1）严格控制宴请，确实需要的，经单位领导批准后方可安排。

（2）宴请外宾5人以内，我方人员最多不得超过一比一，超过5人的，我方人员酌减，宴请标准为每人××元。

（3）宴请内宾标准为每人每次××元，陪同人员不得超过2人。

（4）宴请后，由经办人填写宴请报销单，经部门领导审核、财务主管经理签字后方可报销。

## 三十六、差旅费支付制度

**第一条**　本制度除适用于本公司正式员工外，还适用于：

（1）顾问（原则上适用于公司高级主管的有关规定）。

（2）特约人员（依具体职位确定）。

（3）试用人员。

（4）退休人员（如为处理遗留业务而出差）。

（5）为公司业务而出差的其他人员。

**第二条**　车费包括：

（1）确定路线的车费。

（2）特殊认可的汽车费。

**第三条**　出差需经批准：

（1）部门负责人三日以上的出差，需经公司总裁批准。但依照公司指示，参加会议不在此限。

（2）一般员工出差，需经直属部门主管批准，并上报相关部门。

（3）工厂、分公司、驻外机构人员出差，需经公司总裁批准。

**第四条**　私人旅行需办理以下手续：

（1）事先填报申请，并经直属部门主管批准。

（2）旅行过程中，需与直属部门主管保持联系。

**第五条**　利用飞机出差，必须在出差申请书上明确说明。

**第六条**　在下列情况下，可乘坐卧铺出差：

（1）同行者乘坐卧铺。

（2）出差途中患病。

乘坐卧铺时，不支付住宿费。

**第七条**　原则上长距离出差可乘坐快速列车。

**第八条**　对长期滞留出差地的处理是，在同一地区连续滞留10日以上时，对超过日数，减付××%的出差补贴和住宿费合计额。

**第九条**　特例出差是指按照出差地单位的习惯，由对方提供住宿条件或提供住宿费。

**第十条**　差旅费超支是指：

（1）超出差旅费基准的规定。

（2）实际费用超支。

**第十一条**　出差出发时间为上午，出差归来时间为下午时，支付当日全额差旅费。计算基准为交通工具的票根。

**第十二条**　预支手续

（1）从概算额中扣除预付额，预付额不得超出对客户收款额。

（2）超出预付额部分，凭有关凭证报账结算。

（3）特殊情况下，需经财务主管批准，凭出差日报领取和结算。

**第十三条**　出差报告原则上应包括：

（1）出差地、日程和出差单位。

（2）出差处理事项。

（3）出差条件及意见。

**第十四条**　休息日在外地出差时，公司发给两天的休息出差补贴。

**第十五条**　交通费按审定路线实报实销。

**第十六条**　经常出差包括以下人员：

（1）推销员。

（2）宣传人员。

（3）其他特殊人员。

**第十七条**　当出差者在同一城市出差，或公司认为没有必要支付时，不向其支付补助。

**第十八条**　申请赴任补助时，必须通过直属部门主管向总务部门申请。如家属同行时，亦可通过同样手续申请家属补贴和家庭财产转移补贴。后者按实际费用报销。

**第十九条**　近距离出差的支付办法是区分经常出差者和非经常出差者，然后按实际出差时间长短（分为4~6小时、6~8小时和8小时以上）分别支付不同数额的出差费。

## 三十七、集团公司考核管理制度

为了构建科学有效的考核体系，创造良好的工作环境，定期检查和改善员工工作的积极性，最大限度地发挥其潜能，引导员工走向企业认同的模式及价值标准，特制定本办法。

本办法适用于集团公司考核管理工作。

1. **绩效考核的目的**

科学、客观地反映员工实际工作表现，促进员工发挥专长和改善工作，监督个人工作目标的实现，为薪资调整和员工的能力提升与发展提供可靠的依据。

2. **绩效考核的原则**

（1）公开化的原则：明确规定绩效考核的标准、程序和责任，并在执行中严格遵守，按期公开考核结果。

（2）客观、公正评价的原则：在尊重客观事实的基础上，将被考核者的工作实绩与既定标准比较，客观、公正地进行评价。

（3）反馈的原则：将考评结果和改进意见直接反馈给被考核人，通过沟通肯定成绩，指出不足，提出今后改进工作的意见。

（4）沟通的原则：通过对话和合作的方法，平和地解决问题，激发员工的工作积极性，有效地挖掘潜能。

（5）审计的原则：所有指标的完成数据以财务审计结果为最终依据。

3. **管理职责**

集团公司设考核委员会，定期召开考核会，对集团公司副总经理、总经济师、总工程师、总会计师，集团公司中层管理人员进行考核评价。考核委员会由7~9名成员组成，包括：集团公司董事长、总经理、常务副总经理、副总经理和集团公司的各部门正职。

集团公司人力资源部全面负责集团公司考核管理工作，设独立考核人，独立考核人在考核管理工作中不受任何管理层级的约束和授意，有权依据考核管理办法，严格实施对集团公司考核全过程中的管理和监督。有权处置考核全过程中出现的各种问题，有权越级向集团公司最高级领导报告考核工作。

**4. 考核级次**

集团公司实行逐级考核。

集团公司总经理由董事会考核。

集团公司部门正职由该部门主管领导考核。

集团公司常务副总经理、副总经理、总经济师、总工程师、总会计师由总经理考核。

部门正职以下人员由本部门领导考核。

各分公司总经理由集团公司常务副总经理考核，集团公司人力资源部和财务会计部协助收集、整理考核资料，考核结果报集团公司总经理审批后确定。

对各级人员的特殊奖励，均由其直接上级提出奖励建议，报上一级领导批准后执行。

**5. 考核形式**

对集团公司总经理实行直接上级考核的形式。

对集团副总经理、总经济师、总工程师、总会计师和部门正职领导实行以直接上级考核为主、考评会评价结果为辅的形式，多方面收集考核信息，最大限度地实现考核公正性。

对部门正职以下员工实行直接上级考核，集团公司人力资源部督导、确定考核结果的形式。

**6. 考核周期**

（1）按照不同职位（或岗位）分别实行月、季、半年、年度绩效考核。

（2）对集团公司总经理实行半年考核。

（3）对集团公司常务副总经理实行季考核、年终考核。

（4）对集团公司副总经理、三总师实行季考核。

（5）对分公司、子公司行政正职实行月考核、年终考核。

（6）对集团公司部室工人岗位人员实行日考核、月考核。

**7. 考核内容及时间**

（1）对集团公司总经理的考核按集团公司《总经理目标承包责任书》及其附表进行考核，于当年7月15日和次年1月15日前完成。

（2）对集团公司常务副总经理的考核按集团公司《常务副总经理目标承包责任书》及其附表进行考核，每季首月10日前完成（节假日顺延）。

（3）集团公司副总经理、总经济师、总工程师、总会计师根据目标责任书分别确定考核内容，编制考核表，包括：个人述职、考核会评价结果和直接上级考核等内容。

每季首月 10 日前召开集团公司季度考核会（节假日顺延），首先由本人对上季度工作完成情况进行自我评价（述职），然后由考核委员会成员按绩效考核互评表内容对其进行评价，其结果占当季考核结果的××%；直接上级在参考上述评价结查的同时，按考核表内容实行考核，其结果占当季考核结果的××%。

（4）公司、子公司总经理按照目标承包责任书内容及其考核表进行月度考核、年终考核。包括个人述职、公司、子公司经营状况、考核会评价结果和集团总公司直接考核等内容。

（5）集团公司部室中层管理人员根据岗位描述分别确定考核内容，编制考核表，包括：个人述职，考核会评价和直接上级考核等内容。

每月 10 日前召开集团公司月季考核会（节假日顺延）。首先由本人对上月工作完成情况进行自我评价（述职），然后由考核委员会按绩效考核互评表内容对其进行评价，其结果占当月考核结果的××%；直接上级在参考上述考核结果的同时，按考核表内容进行考核，其结果占当月考核结果的××%。

（6）集团公司部室中层以下管理人员、工人岗位人员由集团公司人力资源部提出具体要求，各部门经理根据各岗位工作性质及岗位描述分别制定每个人的考核内容，报集团公司人力资源部同意后备案。每月 5 日前由直接上级完成考核工作，并将考核结果报集团公司人力资源部审查。

对工人岗位的考核由其直接上级根据每人每天出现的问题进行记录和考核，并将加减分情况及时在考核结果表上进行登记。

### 8. 考核结果的计算

各种考核结果均实行百分制。

为避免同级人员由不同上级考核所造成的考核结果不平衡，对同级人员的考核结果必须符合正态分布，分别是 95～100 分占××%；80～95 分占××%；80 分以下占××%。

### 9. 考核结果的兑现

（1）集团公司总经理、常务副总经理、分公司、子公司总经理的考核结果按集团公司薪酬福利管理办法兑现考核期收入；其他人员的考核结果按集团公司薪酬福利管理办法兑现当期奖励工资。

（2）非按承包形式兑现年度收入的人员，其集团公司全体人员累计平均考核结果即为年终绩效考核结果，是年终奖励和下年度晋级的依据。

（3）考核结果出现以下情况时，按集团公司《中高级管理人员管理权限及任免程序的规定》对有关人员进行相应处理。

①集团公司常务副总经理，分公司、子公司总经理连续三个月完不成主要承包指标的，解聘其现任职务。

②集团公司副总经理、三总师、中层干部连续三个月考核结果 70 分以下的，解聘其现任职务，待岗培训。

③一般管理人员、工人岗位人员连续三个月考核结果 70 分以下的或累计六个月考核结果排名末位的，调离现岗位，待岗培训。

**10. 考核工作管理与监督**

（1）集团公司考核工作由集团公司人力资源部统一管理，负责收集、汇总各层次考核资料、考核结果，监督考核工作程序，并建立员工绩效考核档案。

（2）考核结果逐期在公司公开栏公布。

**11. 集团公司党委系统人员的考核参照本办法执行。**

本办法由集团公司考核委员会负责解释。

# 三十八、营销系统绩效考核管理制度

**1. 职责与责任**

（1）营销管理委员会

①本绩效考核制度的制定、解释、修改的责任和权限在营销管理委员会。

②违反本制度的处罚的决定权在营销管理委员会。

③所有考核的解释、最终评定权在营销管理委员会。

（2）营销系统各级管理者

①在考核中要以目标为导向，对员工进行合理、公平的评价。

②各级管理者要认真履行对员工完成目标的支持和辅导责任。

③各级管理者要不断提高管理技能，有效与员工沟通。

（3）下属员工

①员工有权对考核过程中不公平、不全面的操作投诉。

②员工可以对本制度提出积极的建议。

（4）营销管理部

①营销系统绩效考核执行机构是营销管理部。

②每个季度及时组织自上而下的"季度目标承诺、绩效记分表"的制定和检查，及时归档。

③检查各级管理者对绩效目标完成过程和辅导情况。

④每个季度及时组织自下而上绩效评估、提成计算。

⑤负责完成每个季度营销系统考核汇总和分析，及时提交营销管理委员会审核，及时反馈和沟通审核结果。

⑥受理考核投诉，并跟踪处理。

⑦负责回答在制度执行过程中的问题。

**2. 考核的指标设计**

（1）考核指标是根据公司业务的目标和执行情况、被考核人职责范围、外部条件等因素进行设计，并在上述各种因素发生变化时进行适时的调整与变更。

（2）考核指标和权重的设置应该体现公司的营销目标和市场战略政策。指标设置应尽量客观与可量化。

（3）根据公司整体业务状况及被考核人的实际情况，目标完成应该切实可行。

（4）对一线的销售人员，考核指标应以销售业绩为主，管理目标为辅。随着管理责任的增加，各级管理者的管理责任的指标权重相应增加。

（5）目标的设定，考核人与被考核人应进行充分沟通，并对目标达成共识。被考核人承诺目标后，原则上不能在考核期间内更改指标及其数值。

## 三十九、销售人员考核办法

### （一）总则

（1）每月评分一次。

（2）公司于次年元月核算每一位业务员该年度考核得分：

业务员该年度考核得分＝（业务员该年度元月～12月考核总分）÷12

（3）业务员的考核得分将作为"每月薪资的奖金"、"年终奖金"、"调职"的依据。

### （二）考核办法

（1）销售人员当月的销售业绩占总评分的60%。

销售人员当月完成的销售数额占销售目标100%及以上者得60分；90%者得50分；80%者得40分；70%者得30分；60%者得20分。

（2）纪律及管理配合度：占40%

考核内容包括：

①出勤。

②是否遵守本公司营业管理办法。

③收款绩效。

④开拓新客户数量。

⑤既有客户的升级幅度。

⑥对主管交付的任务，例如市场资料收集等，是否尽心尽力完成。

⑦其他。

（3）"奖惩办法"的加分或扣分。

（4）考核评分

①业务员的考核，由分公司主任评分，分公司经理初审，营业部经理复审。

②分公司主任的考核，按照所管辖业务员的平均分数计算。

③分公司经理的考核，按照该分公司全体业务员的平均分数计算。

④营业部经理的考核，按照本公司全体业务员的平均分数计算。

## 四十、业务员佣酬及考核晋升制度

（一）佣酬：（核实业绩）

（1）固定薪资

（2）交通补助

（3）手机补助

（4）业务奖金：当月业绩完成基本责任额时，可领取业务奖金××元人民币

（5）餐费补助金：每月补助餐费为××元人民币

（6）达成奖金：当月业绩额超过规定指标人民币时，开始领取达成奖金。奖金比例可按不同企业不同要求而定。

（7）持续奖金：每周业绩达到一定数额以上，连续3周，发放持续奖金。

（8）杰出奖金：当月业绩超过较高数额，且为上海及北京两地业务人员业绩评比的第一名时，加发杰出奖金。

（9）年终分红：当次年农历春节仍然在职者，可领取年终分红。

年终分红的额度为个人全年业绩额的一定比例。

（10）业绩定义：

①当成交价等于定价时，业绩以成交价的百分之百计算。

②当成交价不等于定价时，业绩的计算方式由市场部主管会同总公司财务部算后决定。

③开拓经销商及代理商业务，不列入业绩计算，酬佣办法另订。

④受理业绩：当财务部接到客户订金——"整笔订单业绩额"。

⑤核实业绩：当财务部接到客的尾款——"整笔订单业绩额"。

（11）酬佣的计算均以核实业绩计算。

（二）考核：（核实业绩）

（1）业绩考核：每月基本业绩考核额度为××万元。

（2）工作考核：

①差勤考核：要按公司规定办理。

②活动量考核：

每周拜访量不低于××个（拜访量是指与客户面对面的销售约会的次数）。

每日电话拜访数不低于××个。

③行政工作考核：业务人员要按时且确实填写业务报表（含：活动管理表、客户资料表、电话记录表、潜在客户名单）。

（3）合同的维持：

考核期三个月。

评估时间每月月底。

考核标准须同时通过业绩及工作考核。

业绩考核连续 2 个月业绩为零合同终止。

工作考核由主管裁量。

（三）晋升：（核实业绩）

（1）晋升前六个月个人业绩总额达××万元以上，其中连续 3 个月每月核实业绩达到××万元以上。

（2）无重大违规记录。

（3）由直属主管推荐，经市场部主管批准，得晋升为客户经理。

（四）附则

本制度自××××年××月××日起实行。

## 四十一、营销公司驻外分公司、办事处管理制度

（一）编制设置

分公司：驻外分公司设营销经理、市场推广经理、用户中心主任、财务专员，其中财务专员由营销公司委派；可设导购代表、营销代表若干人（由分公

司根据实际情况确定，有关费用按分公司费用分解及目标协议书约定执行）。

办事处：驻外分公司设营销经理、用户中心主任、综合管理员，其中综合管理员工资由营销公司负责；可设营销代表若干人。

## （二）分公司、办事处工作职能

各分公司、办事处是营销公司的驻外销售机构，是企业向市场延伸的重要窗口，其管理直属于营销公司。

分公司、办事处代表公司的利益履行如下职能：

（1）分公司、办事处根据公司的年度营销方案，承担公司下达的年度销售任务，并组织销售人员的二次任务分配。

（2）分公司、办事处根据公司的任务指标，可按要求报招聘营销代表计划，经审批后，由分公司、办事处负责组织、招聘、培训所需要的营销代表。

（3）分公司、办事处负责当地市场的开拓、客户资源开发和管理。

（4）分公司、办事处代表公司负责与当地客户的联系协调和销售业务的往来。

（5）分公司、办事处负责对所辖区域产品的售前、售中、售后服务，处理客户的投诉。

（6）分公司、办事处负责组织、策划、执行公司在当地市场的产品宣传、品牌宣传、企业形象宣传，提升品牌和企业在当地的知名度。

（7）分公司、办事处负责对当地职能部门的联系、协调，处理好公司在当地的公共关系，确保销售业务工作的顺利进行。

（8）分公司、办事处行使对公司在当地的财产的保护管理权，确保公司的财产安全。

（9）负责收集、整理、反馈当地市场信息及同行竞争品牌的营销动态。

（10）根据公司的有关规定，执行和负责各项资金回笼、费用结算工作。

## （三）分公司、办事处经理的职责

### 1. 对本区域销售工作的管理

（1）代表分公司、办事处，接受公司分配给该区域的全年销售任务，并确保如期完成。

（2）分公司、办事处经理在接受公司分配的任务后，要认真分析研究市场，并对所负责区域进行合理细分。

（3）负责作出全年销售工作计划，并对本区域的销售任务进行二次分配。将本区域的营销代表分区域、定任务，以书面形式呈交营销管理部作为全年工作考核依据。落实二次承包方案，作为工资核算依据。

（4）各分公司、办事处经理负责公司有关政策精神的传达和安排执行，督促本区域营销代表的工作，定期完成公司下达的各项工作指标，同时指导、帮助营销代表提高业务水平。

（5）各分公司、办事处经理行使对该分公司、办事处的管理权，按有关规定统筹好分公司、办事处的营销代表的工作，负责分公司、办事处人员的工作安排调动。对该区域的促销费用进行区域和阶段合理计划分配。

（6）管理、监控、指导分公司、办事处所有人员对公司规定的各项管理办法的执行，杜绝违反公司规定及损害公司利益的违法行为发生，如有违反公司管理规定造成公司利益蒙受损失的，经理要承担直接管理责任和经济处罚。

（7）负责对分公司、办事处的各项费用的计划、分配、监控；合理、公开、公平地开支各项费用。

（8）负责对分公司、办事处各项固定资产办公用品管理和保护，保证公司财产不受损失。

（9）每月根据分公司、办事处人员的工作表现，进行工作成绩和业务能力的考核，填写"月度评分表"，配合公司对分公司、办事处人员的工资核算及定级考核工作。

（10）负责建立分公司、办事处的销售台账，对各经销单位的投款和提货情况随时检查，严格执行现款现货的政策。

（11）每月必须组织驻外人员召开一次业务会议，并负责组织营销代表按时完成"本月工作总结、下月工作计划"，以及所有公司要求反馈的各项报表。

**2. 与各部门的协调管理**

（1）分公司、办事处经理要与公司市场、营销管理、用户服务等部门密切配合，确保销售工作的顺利开展。

（2）协同用户服务中心主任处理好与当地各职能部门的关系。

（3）协助代表公司的广告员、广告执行人员，合理进行广告投放，配合经销单位共同策划促销活动，并监督形象广告的执行情况。

（4）协同用户服务中心主任，组织营销代表加强对本区域的安装维修服务网点的建设和管理工作，处理好客户的投诉以及与商业单位的关系。

（5）协助营销管理部，监督和管理好中转仓的货物进、出、存，每月督促中转仓保管员做出当月的进、出、存月报表，发现问题及时追查处理。

### 3. 分公司、办事处经理的权限

（1）行使分公司、办事处的销售任务的计划分配权。

（2）行使分公司、办事处人员的定岗分区，调动权。

（3）行使分公司、办事处聘用人员的招聘权。

（4）行使分公司、办事处人员的考核和解聘、建议调离权。

（5）行使分公司、办事处的各项费用计划、开支、监督使用权。

（6）行使分公司、办事处人员的工资考核、分配建议权。

（7）行使促销方案的计划、审核权，品牌广告建设执行权。

（8）行使售后、售前服务的处理和建议处理权。

（9）行使分公司、办事处财产的管理、控制保护权。

（10）行使分公司、办事处所需货源的计划调度权。

## 四十二、员工打卡管理规定

**第一条**　本公司员工上下班打卡，均依照本办法办理。

**第二条**　本公司内勤员工上午上下班，下午上下班应打卡，住在市区内的业务人员，上午及下午到公司打进卡，外出工作时打退卡。

**第三条**　本公司员工下午加班者，普通下班时间不必打卡，待加班完毕才予打卡。

**第四条**　本公司员工因事早退或出差需要离开公司，且当天不再返回公司者，应打退卡后才能离开公司。

**第五条**　员工上下班，必须亲自打卡，若替人打卡，打卡者及被打卡者，均给予各记大过一次处分。

**第六条**　上班中因事外出者，其出入均不必打卡，但需要向主管领导或指定人员提出外出申请并填单，经核准后转交文员，文员将其出入时间填妥，于下班之前交人事部备查。

　　**第七条**　上下班忘记打卡者，持记录卡请直属主管领导证明上下班时间，并签名后，卡片放回原处。

　　**第八条**　本公司上下班时间，公司由文员（或由人事部派人）看守打卡情况及调整打卡钟。

　　**第九条**　在公司用餐时，内勤人员中午可免打卡（仅上下班打卡即可），在外面用餐时，则按规定每日打卡四次。

## 四十三、产品供应渠道表

| 商品名称 | 供应渠道 | | | | | | |
|---|---|---|---|---|---|---|---|
| | 直接从海外进口 | 由当地代理商供应 | 由当地批发商供应 | 由当地生产商供应 | 上级商业单位供应 | 由其他零售商供应 | 其他 |
| A₁ | | | | | | | |
| A₂ | | | | | | | |
| B₁ | | | | | | | |
| B₂ | | | | | | | |
| C₁ | | | | | | | |
| C₂ | | | | | | | |
| D₁ | | | | | | | |
| D₂ | | | | | | | |
| E₁ | | | | | | | |
| E₂ | | | | | | | |
| F₁ | | | | | | | |
| F₂ | | | | | | | |
| 合计 | | | | | | | |

## 四十四、供应商对供货渠道反映表

| | 最差 | 差 | 可以 | 满意 | 很好 |
|---|---|---|---|---|---|
| 批零差价 | | | | | |
| 订货方法 | | | | | |
| 所提供的市场信息 | | | | | |
| 订货所需时间 | | | | | |
| 送货服务 | | | | | |
| 退货安排 | | | | | |
| 赊账安排 | | | | | |
| 产品品质 | | | | | |
| 产品品牌的知名度 | | | | | |
| 广告支持 | | | | | |
| 促销活动 | | | | | |
| 准时送货的稳定性 | | | | | |
| 交付货品的破坏品的比率 | | | | | |
| 处理订货准确无误 | | | | | |
| 存货资料及时准确 | | | | | |
| 员工的服务态度 | | | | | |
| 售后服务 | | | | | |
| 产品组合 | | | | | |
| 对投诉的处理 | | | | | |
| 所提供的销售诱因 | | | | | |

## 四十五、供应商订货方式表

| | 海外供应商 | 当地代理商 | 当地批发商 | 当地生产商 | 上级商业单位 | 其他零售商 |
|---|---|---|---|---|---|---|
| 需要提前多少天向供应商订货 | | | | | | |
| 电话订货或必须先发出订货单 | | | | | | |
| 是否需要先支付现金,若是请说明要先付多少钱 | | | | | | |
| 是否要亲自上门提货 | | | | | | |
| 是否可以退回销售不出的货品 | | | | | | |
| 是否可以退回次品 | | | | | | |

# 第三章　市场营销信息与策划管理制度

## 一、信息管理办法

### 1. 总则

信息管理是本公司的基本管理制度，是公司正确决策的前提和依据。为使公司的信息管理规范化、系统化，特制定本办法。

### 2. 管理原则和体制

（1）公司按集中与分散结合、纵向与横向结合的原则建立信息管理系统。

（2）公司级信息管理由公司信息部统筹和协调。各部门负责各职责范围内的信息管理工作。

### 3. 管理分工和内容

（1）综合信息系统由信息部负责。主要范围为国家、地方法律法规、政策文件，国家、地方社会经济、科技发展动态、本公司及上级企业经营管理规划，公司整体规划、计划及有关综合统计汇总信息、材料，公司订阅的图书、报纸、杂志资料。

（2）行政信息系统。由行政部负责，主要范围为地方政府、上级企业文件、指示，公司各类公文、来函、来电记录，办公用品功能和市场价格，车辆运行、维修及消耗情况。

（3）人事信息系统。由人事部负责，主要范围为国家、地方劳动人事，工资福利，社会保障政策，人才市场信息，人事、工资档案，以及人员培训、考核、考勤等人事执行情况。

（4）财务信息系统。由财务部负责，主要范围为国家财务、会计、税收、利率、汇率制度、政策。上级、本公司和下属企业财务报表，资金使用状况，国家通用的会计、审计、税收惯例、准则，公司融资、社会资金走向，金融、货币、财政信息。

（5）其他信息系统。根据实际情况可由各部门建立。

### 4. 信息处理程序

信息处理流程包括信息的收集、加工、传递、贮存、使用等几个环节。

### 5. 信息收集来源

（1）公司内部各部门已有的生产、经营、管理活动所记载的信息。

（2）公司外部公共图书、情报信息机构收集的信息。

（3）通过社会调查、外出考察获得的专题信息。

### 6. 信息收集的媒体

（1）统计报表；

（2）报纸、期刊；

（3）年鉴；

（4）书籍；

（5）论文与报告；

（6）原始记录和文件；

（7）互联网与局域网。

### 7. 信息收集方式

（1）原件；

（2）剪贴复印；

（3）文摘卡片；

（4）简录。

### 8. 信息的加工

（1）筛选。围绕公司的中心工作、对参考价值大、有前瞻性和启发作用的信息进行选择。

（2）鉴别。核实和查证，去伪存真，衡量效用。

（3）分类。按单位需要分类。

（4）综合。对信息进行定性定量分析，对其进行编辑和研究。

### 9. 信息加工的媒体

（1）文字。

（2）表格。

（3）图式。

（4）影像、录音。

## 10. 信息传递

传递方式：

（1）空间传递。通过阅读、宣传、会议、电话、邮政网络等传递信息。

（2）时间传递。通过写字、印刷、影像、录音等媒体随时间流逝而传递。

传递方向：

（1）公司内部传递。在公司内自上而下、自下而上、平行、交叉传递信息。

（2）公司外传递。

传递时间：

各种信息传递可规定其时限。

## 11. 信息的存储

（1）建立信息档案。

（2）信息存储电子化，即运用计算机信息管理系统技术。

## 12. 信息的使用

（1）为领导决策服务，即信息自下而上的传递，提供决策依据、素材。

（2）为贯彻公司各部门日常经营管理事务服务，即信息自上而下的传递。

（3）为公司各部门日常经营管理事务服务，由各个信息系统自行使用信息或上下传递。

（4）为公司协调工作服务，即信息平行传递。

（5）为特定的咨询问题服务。

（6）为适应上级领导部门和有关部门需要服务。

（7）为公共关系目的服务。

## 13. 信息的反馈

建立信息反馈机制，评估信息管理效果、效率，改进信息管理作业。

（1）建立信息管理保密制度，制定信息管理流程的权限和责任体制。

（2）信息系统需要投资，耗费人力，公司建立信息系统需要在完备性、先进性、现代性、适用性、效果性间权衡。

（3）信息系统建立本着一次规划、分步实施原则，高起点计划，逐步由小到大实现现代化、正规化。

14. 附则

（1）本制度未尽事项，依其他办法、规定配套使用。

（2）本制度由信息部门解释、补充、执行，经公司领导办公会议批准颁行。

## 二、市场营销情报报告制度

第一条　本公司业务人员应对"客户情报报告书"的各个项目深入理解，搜集有效情报及时向上级报告

第二条　报告的种类

报告的种类有日常报告、紧急报告、定期报告三种。

第三条　报告的方法

报告的方法有当面口述或用电话，或依照"客户情报报告书"的有关规定进行。

第四条　将客户的类别分为甲、乙、丙三个等级。

第五条　客户的信用状况以公司的"信用"划分，即甲等级的为较佳的信用状态；乙等级的为普通的信用状态；丙等级的为信用状况较差。主要包括以下几类：

（1）尚欠账款（达××万元以上）并在甲等级以外的公司。

（2）尚欠账款达××万元或以下的公司。

（3）从业人员 20 人以下的小公司。

（4）曾经有信用问题的公司。

（5）业界评判不佳的公司。

（6）新开发客户。

甲等级"业界的一流公司"及乙等级"大多数的优良客户"，不由业务人员来做判断，而由营业主管来进行分级。

第六条　日常报告

日常报告要以"客户情报报告书"的各项准则实行。

第七条　紧急报告

公司业务员要依据情况尽可能以最迅速的方法对拒付或支票的延期要求等紧

急情报向公司报告。

**第八条　定期报告**

业务员要依照甲、乙、丙各等级的分类，及"客户情报报告书"向营销主管定期报告。

定期报告的时间规定为：每半年对甲等级客户报告一次；每季度对乙等级客户报告一次；每月对丙等级客户报告一次。

## 三、业务单、订单情报管理制度

为了加强管理，便于开展工作，特制定本制度。

**第一条　总则**

（1）要按照制度所定条例对有关业务单、订单情报的获得、整理、报告等有关事项进行实施。

（2）本制度主要包括获取业务单、订单情报的方针；采用最佳调查方法；情报报告的记录；报告的整理及账目记录；业务单、订单获得的促成及联络；提供情报的奖励制度。

（3）营销企划部门要依照本制度来实施和管理工作。

**第二条　订立获取情报的方针**

（1）由部门经理负责订立获取业务单、订单情报的方针，全体员工应遵照执行。营业人员要在固定的期间每月汇报一次。

（2）方针实施的要领另行订立，并对营业人员进行培训。

**第三条　调查的整理**

（1）在进行调查时，要把重要事项记录在一个本上，汇总整理后写作情报报告给销售企划部门。

（2）调查所得资料送交企划部门进行整理。

**第四条　调查的处理**

（1）企划部门应对各营业单位交来的调查报告认真核查，并要评估报告价值。如果认定其有价值，应据此制订各种销售计划给经营单位。

（2）营业单位在接到销售计划的目标指示时，需要订立日程表并通知其计划日程，以此作为活动基准，而其结果也要经常向销售企划部门报告。

　　**第五条**　调查的管理

　　（1）企划部门要对营业单位的预定日程和实际业绩进行经常性的评估管理工作。

　　（2）经过审查后，如果对于获得的情报确认其适宜有效，应支付相应费用。

## 四、综合信息中心负责人工作责任制度

### （一）职务

　　（1）贯彻关于"开发信息资源，服务社会建设"的精神，有目的地组织收集、整理、分析、传递、研究、处理、贮存企业内外有关改革和经营管理、科技进步、群众生活、思想工作等方面的综合信息，为领导决策和各部门应用服务。

　　（2）根据《工业企业档案管理暂行规定》要求，负责归口管理企业计划统计、经营销售、生产调度、物资供应、财务管理、劳动人事、教育卫生和工会工作等各方面工作所形成的档案，并积极组织档案编研，主动为领导和群众提供服务。

　　（3）负责组织开展经济技术情报工作，为企业制定经营决策和产品开发方案提供依据。

　　（4）组织搞好科技资料图书选购、收藏、介绍工作，为提高企业科学技术素质服务。

　　（5）归口管理企业照相器材。

　　（6）负责组织协调企业信息（通讯）网络的工作。

　　（7）负责组织制（修）订综合信息管理制度。

　　（8）积极组织开展重大信息的调研活动，努力办好信息刊物，不定期召开信息发布会，及时向企业内外传递、发布有关信息。

　　（9）积极参加行业、地区及国家经济技术信息网络活动，搞好信息的协作和交流，不断提高企业信息管理水平。

　　（10）逐步开展对外有偿信息咨询服务活动。

（11）逐步发展与国际上的信息联系。

（12）完成企业领导交办的其他工作。

## （二）职权

（1）有权组织信息员收集企业内外各方面的信息。

（2）对所辖信息工作岗位有检查督促权。

（3）有权代表企业参加行业和地区经济技术信息网络活动。

（4）有权组织开展综合信息调研活动，组织召开企业内信息发表会，主持编撰《××信息》刊物。

（5）有权向企业各单位索取有关信息资料，督促按期整理交缴档案。

## （三）职责

（1）对收集、整理、传递、贮存、发布的信息的准确性、及时性负责。

（2）对所辖信息岗位工作的质量和安全负责。

（3）对照相器材管理不善，造成丢失、损坏、影响工作负责。

（4）对档案信息资料保管不善，造成丢失、损坏和失、泄密现象负责。

## 五、业务接洽追踪办法

为充分了解本部门产品的推销情况，分析业务绩效，以及增强各经营部门间横向联系，特制定本办法。

## （一）营业目标

（1）各经营部门应按照年度营业计划目标，逐月订立每位营业人员销货目标，并加以控制。

（2）营业人员应将每日接洽业务情况详细填入"业务接洽追踪记录卡"，于次日呈副经理阅。如当日无订货实绩或接洽时，亦必须于三日内呈交一次。

（3）各经营部门的副经理应于每日固定时间，召集营业主管及营业人员依据"业务接洽追踪记录卡"所列情况，开会检讨当日营业情况并加以研究与裁定。

（4）公司各经营部门的营业人员，应同时对有关客户推销公司所有的产品，并联合争取，以达到整体目标。

## （二）填写记录卡注意事项

（1）客户的姓名、地址、电话等均应详细填入。

（2）工程或货品内容（规格）尽可能详细填入，必要时可附简图或样品，以便研讨。

（3）工程开工、完工或交货日期应注明，以便配合争取业务。

（4）为便于分析及配合争取业务，依工程或产品成交可能性分为 A、B、C、D 四级。

①A 级为成交可能性在 80% 以上者。

②B 级为成交可能性在 60% 以上，并需再加努力及上级主管协助可能成交者。

③C 级为成交可能性在 60% 以下，并需长期努力追踪或上级主管协助始能成交者。

④D 级为各种原因的影响，不能成交者，但需具体分析，可作为改进及研究的参考。

（5）各经营部门所填的记录卡为机密文件，应慎重保管。

## （三）联络及追踪

（1）营业人员应按记录卡所登记内容，采取持续追踪方式直到争取到业务为止。

（2）营业人员对所接的业务应设法了解已有或可能已与客户发生关系之同一目标竞争者，设法防止其先声夺人，还应探听其人事关系，以备采取策略时作参考。

（3）各级主管除随时指导其所属营业人员采取各种方法获得业务外，每日应按卡上记载情形督促营业人员如期与业主联系。

（4）营业人员外出时应委托同事或主管如有客户外来电话，请代为接听并予记录，以便继续联络。

（5）检讨记录卡内容时，务必商得策划结果。

（四）奖惩

（1）按照"责任奖金的计算及分配办法"的规定，发给营业人员责任奖金。计算方法因各企业营业性质不同而分别制定，各部门应公布奖金标准，使营业人员明了，以示激励。

（2）营业人员如销售成绩优异，应按"职工核薪及升迁细则"规定办理，再由各部门主管签报总经理核定从优加薪及升迁，以示鼓励。

（3）如甲部推销乙部的产品，或外界人士及公司同事（不含业务人员）推销公司产品，成交后应照规定发给奖金，其奖金标准由各部门制定核准后公布，以鼓励共同努力开拓业务。

（4）如营业人员连续六个月不能达到营业责任额，应及时调换职务。

（五）实施

本办法经呈报总经理办公会议核定后公布实施，修改时亦同。

## 六、新产品宣传规定

（一）通　则

**第一条**　为充分宣传和推广新产品，保证新产品顺利进入市场，特制定本规定。

**第二条**　本规定以外的事项，要按《广告管理规定》中相关规定办理。

**第三条**　新产品的宣传方针，由产品部主管负责制订，并向全体人员讲解，使每一位工作人员都能确实把握基本方针的要点。

**第四条**　产品部主管需以本月及长期销售计划为基础，制订新产品宣传计划方案，并落实到每一个具体方面。宣传计划内容包括：

（1）选择与确定宣传对象。

（2）确定宣传媒体。

（3）新产品样品的选择、确定与分配。

（二）宣传实施方法

**第五条**　产品部主管刚开发成功的新产品的宣传工作，需要企业各部门与各机构的支持与协作。

**第六条**　产品部在宣传实施期中，销售部与各营业分店须向产品部提供宣传活动所需的必要资料、样品等。

**第七条**　各营业分店要协助宣传工作顺利进行，诸如张贴宣传画、印发传单、布置展示厅等等。

**第八条**　要求各分支机构在指定的时间和地点，配合展开广告宣传活动。

**第九条**　广告宣传要把握节奏，事先确定步骤。逐渐加强攻势和广告宣传的渗透力，以达到预期目的。

**第十条**　对大企业尚未控制的地区，应该展开大力宣传，以谋求在该区域内增强影响力。

**第十一条**　综合运用各种宣传媒介，包括报纸杂志的广告、商店销售现场的宣传、电台电视的广告，必要时还可利用批发商的宣传能力，强化新产品的普及宣传工作。

**第十二条**　产品进入成长期后，其广告宣传工作可转给广告宣传部执行；但对竞争激烈的产品，则仍需要产品部负责监控，一旦销售收入下降，立即进行广告宣传攻势，以保持在一定的销售水平上。

**第十三条**　对大宗交易以及大宗交易伙伴，产品部仍有责任作出努力，予以维持。

**第十四条**　为了提高广告宣传工作的综合效益，产品部应该经常开展下列活动：

（1）以出差方式，巡回各地，与当地老客户保持联系。

（2）不间断地以部门名义和个人名义，诸如寄挂历、送贺年卡、发信等，与客户保持广泛而经常性的联系。

（3）定期不定期开展或参与各种宣传活动，如展示会、博览会、交易会、展销会等。

（4）举办橱窗展示，选择宣传对象，对宣传费用进行预算，对每天的展示成果进行总结，观察顾客在商店行走路线，观察顾客在商店中停留时间，把握本公司商品被询问或打听的频率，听取顾客对广告宣传的反应等。

### （三）内勤业务

**第十五条**　内勤要协助第一线新产品宣传活动，以使其顺利开展。内勤工作包括文书工作、保管产品样本工作、保管物品工作、报告书的处理和归档工作以及客户、名单的管理等。

**第十六条**　内勤组长须按产品部主管的指示，整理新产品业务日报、询问记录，并把结果反馈给各位业务员，以促使他们在工作中反省有无疏漏之处。

**第十七条**　宣传物品的保管工作。

（1）内勤组对领取与保管各种与新产品宣传有关的物品负有直接责任。

（2）内勤组长必须保证宣传物品的库存供应量，并每月月末向产品部主管报告一次。

（3）内勤组长必须根据库存报表以及季度或月度宣传品需求量预测，向产品部主管提出建议。

（4）内勤组有责任保管和整理账目，包括库存明细账，收发领用台账，分配记录簿，以及宣传品报废台账等。

**第十八条**　产品样品出纳保管工作。

（1）内勤组对产品样品的出纳保管工作负有直接责任。

（2）内勤组长须每月末向产品部主管报告新的样品库存情况。

（3）内勤组长须根据库存情况及月、季度预测用量，向产品部主管提出新的样品进货建议。

（4）内勤组长必须对新样品明细账、收发领用台账和分配记录簿进行整理与保管。

**第十九条**　报告书的整理与保管工作。

（1）内勤组长应及时安排和督促部下，处理新产品业务员在报告书中记载的有关事项。

（2）内勤组长应及时从报告书中寻找重要事项，以及应该作出报告的事项，并将其整理为规范文书，向产品部主管及有关各部主管作出报告。

（3）内勤组应把各报告书汇编成册，加以妥善保管。

**第二十条**　客户名单编辑工作。内勤组应根据相关文件，以及新产品业务员的报告书,整理汇编客户名单。

**第二十一条**　其他业务工作。内勤组除了以上规定的业务工作外,还应对新产品有关联络业务妥善处理,如应酬、记录、传达和帮助联系等等。

## (四) 宣传物品、产品样品处理

**第二十二条**　产品部主管在每月末经内勤组长向总公司提出下月度进行新产品宣传所需宣传物品及数量。

**第二十三条**　产品部主管每月一次,向总公司报告本部门月末各类宣传物品库存情况。

**第二十四条**　制作的宣传物品办理所规定的手续后,可从各营业分支机构的仓库,转存入本公司的仓库,并由内勤组负责保管。

**第二十五条**　宣传物品如何在各地区、各业务员之间进行分配,由产品部主管决定。

**第二十六条**　在紧急状态下,产品部主管如果认为确有必要,可与营业分支机构负责人商议,由分支机构来制作宣传所需要的物品。

**第二十七条**　其他扩大宣传所必需的物品,也可由产品部主管决定,由营业分支机构制作。

**第二十八条**　每月所需要的试用品、试销品及其数量,也必须事先向总公司请示。

## (五) 附　　则

**第二十九条**　本规定的修改与废除由总裁办公室负责,由总裁决定。

**第三十条**　本规定于×××年××月××日起实施。

## 七、广告策划业务规定

## (一) 编拟广告方案的五大原则

(1) 质量并重,胸有成竹。

（2）建议要项，一目了然。

（3）创意突出（企划与创作），建立差异。

（4）词句精练，编排严谨，树立风格。

（5）简洁确实，避免冗繁多余的内容。

## （二）编拟广告方案要注意的事项

### 1. 广告客户说明会的参与目的

（1）确实了解客户的需求重点。

（2）确实把握客户问题症结之所在。

（3）确实了解客户的主要竞争对象。

（4）熟悉客户的广告计划批准者。

（5）确实了解编拟广告计划的基本要素（广告目标、预算、期间、地区、诉求对象）等等。

（6）除业务单位外，创作及企划部门的有关人员也应参与 ORIENTATION。

（7）ORIENTATION 所表明的意向或提供的资料并非完全可以利用，应再向客户的其他有关部门索取资料。

### 2. 广告计划编拟小组的设置

（1）组合具有专长的有关人员。

（2）尽量归集第三者的客观意见。

（3）使全组人员了解工作目标。

（4）指派小组负责人，明确划分个人职责。

（5）组员的选任，以能力为其基准。

### 3. 资料的归集及运用

### 4. 优劣的发掘

（1）以长远的眼光：

①试以冷静态度判断商品的优劣点。

②试将商品印象置于消费者心目中。

（2）以客户的负责人眼光及以商品市场占有率的观点，加以考虑。

（3）以广告对象的眼光及以记忆及了解程度，予以考虑。

### 5. 商品概述的确定

（1）没有商品概述的商品，无法销售。

（2）概述可利用语句或图案予以表示：

①以任何人都可以了解的语句或图案表示。

②因人有不同解释的语句或图案，不得称之为"概述"。

（3）概述应以消费者的语气表示。

（4）概述与目标为一体的两面，应随消费对象而改变。

### 6. 媒体选择的要点

广告目标（性别、年龄……）：所接触媒体及其质与量。

地区：是否到达应涵盖的地区。

期间：长期签约的可能性。

广告目的：知名度、理解度、印象度及购买意向等的形成。

预算：金额是否恰当？

信息：信息是否过多？是否能以减少的量来达到预定目的？有效的传达方法是什么？

竞争条件：竞争对象所采用的类别、数量及其成功的程度。

过去的实绩：以往的广告实绩是否构成对签约的有利性。

广告媒体的确保：有无"画饼充饥"的现象。

效果测定：事先预测及事后测定的可能性。

### 7. 年度广告计划的编拟

（1）尽量参照前年度的检讨资料。

（2）由长期广告目标中明确制定本年度广告目标。

（3）由现有商品中将今年度预定上市的新产品予以明确区分。

（4）充分检讨前年度的优劣点。

（5）把握客户的意图，使本广告计划无懈可击。

## 八、广告宣传管理规定

（1）了使本公司的广告宣传工作能够顺利进行，特制定本规定。

（2）除新产品的广告宣传工作由产品部主管外，其余产品的广告宣传工作由广告宣传部长主管。

（3）广告宣传业务工作内容由以下几个方面构成：

①起草广告宣传方案。

②制作各种广告张贴宣传画。

③与广告公司进行交涉、联系广告制作业务。

④广告效果的测定与检验。

⑤市场调查。

⑥向公司内部征集广告创意，并对各种创意进行评价和选择。

⑦各种用于有奖销售、展示会、庆典的纪念品、赠品和礼品的设计、制作、选择与购买。

⑧对销售部门的业务工作提供帮助，协助销售部门开展推销工作。

（4）广告宣传必须有计划地进行；广告的实施分为两种：

①定期广告，每年一次。

②不定期广告，根据特殊需要而定。

（5）原则上采用下列广告媒体。另外，在征得主管认可的情况下，可采用其他媒体。

①信封、明信片等邮寄广告。

②挂历、毛巾、火柴盒、扇子。

③公共交通工具广告、广告牌、霓虹灯。

④宣传单、张贴画、报纸、杂志。

⑤广播、电视等媒体广告。

（6）广告宣传费原则上不得超过经费预算委员会规定的范围，在特殊情况下广告宣传费的超支必须事先经董事会决议。

为了控制预算，必须事先对广告宣传的各项可能的开支（包括媒体的选择、宣传对象选择、宣传频率确定）精打细算。

（7）市场调查每年2次；调查结果或所获情报资料送交销售部门参考；同时作为广告宣传部制定新广告宣传计划的依据。

（8）广告效果主要反映在销售收入上，但销售收入的增减不一定与广告宣传直接相关。因此，对广告效果的测定，除了"销售收入"指标外，还必须进行多方面测评。

（9）努力与外部广告业者搞好关系，增进相互间的了解。外部广告业者主要是：

①印刷业者。

②广告代理商。

③纸张和其他材料供应者。

④纪念品、赠品和奖品生产者。

⑤各种展示会、展销会组织者。

⑥其他关系者。

（10）广告宣传部每位成员应努力收集各种广告创意和构思，促进本公司广告宣传工作开发展。


## 九、广告宣传业务规定

（1）本规定旨在促进本公司广告宣传业务的发展。

（2）本公司的广告业务由广告宣传部负责推行。

（3）广告宣传部负责的业务内容如下：

①制订广告宣传计划方案，包括选择广告宣传的对象、商品、方法、时间与费用等。

②制作广告宣传用品，包括广告张贴画、广告牌、传单等。

③实施广告宣传计划，与广告代理商接洽与交涉。

④为有效地开展广告宣传，进行市场调查。

⑤测定广告宣传的效果。

⑥对制造部和销售部提供广告宣传效果方面的资料。

（4）由广告宣传部长负责广告宣传计划的制订工作。

①在制定广告宣传计划过程中，要倾听各相关部门的意见。

②计划方案在实施之前，要再次送交各有关部门听取建议。

（5）在制造广告宣传用品时，要选择更为合适的合作对象和宣传用品。

同样，在广告宣传过程中，要注意选择富有效果的广告宣传形式，包括奖品交换方法、提供旅游、影剧招待等等。

还要注意交际费开支的大小，以及有关税法对交际费开支的限制。

（6）广告宣传分定期和不定期两种，但都必须在广告预算开支内进行。

同时，实施广告宣传之前，要多听听广告业务机构的意见，并根据业务情况委托广告业务机构实施广告宣传。

（7）广告媒介原则上规定如下：

①报纸、杂志、广告张贴画和传单。

②邮寄广告。

③电视和广播。

④广告牌与广告设施。

⑤其他被宣传部长认为合适的、董事会认可的广告媒介。

（8）为了有效地进行广告宣传，必须定期和不定期地进行市场调查。

广告宣传部长在认为必要而适宜的时候展开对外部市场的调查。市场调查的结果，需有助于改进广告宣传工作。

（9）尽可能地对广告宣传效果作出评价与测定。

①广告宣传部长在认为必要的情况下对外部广告宣传的效果作出调查与测评。

②广告宣传效果的测评分为定期和不定期两种。

③把测定的结果写成报告，交各相关部门传阅。在必要的情况下与各相关部门共同商讨。

（10）广告宣传部有义务对销售部门和制造部门提出忠告，积极协助相关部门的工作，并收集与提供有利于促销的各种创意与构思。

（11）本规定的修改与废除，须经董事会同意。

## 十、广告业务管理廉洁规定

**第一条**　广告业务要有广告投放计划，经公司主管领导批准方可进行。

**第二条**　××万元以上的广告牌广告须有效果预测报告。

**第三条**　要在办公场所进行广告合同的签订，并有二人以上共同参与。

**第四条**　要在对同类公司进行询价筛选的基础上，确定广告价格。

**第五条**　与广告商交往，不得收受红包、有价证券、贵重物品，拒收不成则上交纪委处理。

**第六条**　所有广告商的资料、广告合同原件、广告完成的证据以及广告费用的支付情况、发票复印件等须建立档案备查。

**第七条**　审计室每月对广告审计一次，并于次月 5 日前将结果报总经理，同时报纪委、监事会备查。

## 十一、对外宣传运营规则

### （一）指南

企业对外宣传既是一种公共关系行为，也是一种有效的促销手段。在市场营销实践中，它往往被忽视。但成功的企业经验证明，运用好企业对外宣传，可以事半功倍，其作用并不亚于策划大型的广告。

### （二）对外宣传的基本宗旨

（1）力求企业与社会共存共荣、相互理解、相互合作、共同进步。

（2）尽量避免社会成员对企业的误解、不满和攻击。

（3）在不影响本企业正常业务的前提下，向居民通报企业发生的一些事件。

（4）树立企业良好形象，展示企业时代风貌，宣传企业辉煌业绩。

### （三）对外宣传的素材

（1）企业举行的各种活动。

（2）企业经营活动的业绩和成果，如决算和财务状况。

（3）企业确定的新的经营方针、经营计划，推出的新产品、新服务项目。

（4）企业新工厂、新店铺、新设施的状况。

（5）企业人事组织制度的变化和高层经营者调动情况。

（6）企业的社会公益活动（如募捐、社会自愿活动）。

### （四）对外宣传的程序

（1）在通常情况下，应在每月一次的对外宣传会议上提出不同的对外宣传策划，报主管部门负责人同意后组织实施。

（2）在特殊情况下，有关部门可不经过对外宣传会议，直接报主管负责人批准实施。

（3）每一次对外宣传活动结束后应提出专门报告，对其内容、效果及反应作出分析评价。

（五）对外宣传素材的选择基准

（1）必须更好地融会贯通企业的经营方针、经营观念，为企业的总体发展服务。

（2）应当考虑对外宣传的正面作用和副面作用，有利于维护和提高企业形象。

（3）在对外宣传活动时，考虑与本企业保持良好关系的左邻右舍的利益与反响。

包括：

①股东。

②企业职工和退休工人。

③客户。

④潜在客户。

⑤同行企业。

⑥有合作关系的企业。

⑦供应商。

⑧特约店、代理店。

⑨有关地方政府机构。

⑩相关的金融机构。

⑪舆论宣传机构。

⑫宗教团体。

⑬政党。

⑭工会和其他行业协会。

⑮外国企业办事处。

（六）对外宣传活动须知

**1. 与企业领导决策接轨**

对外宣传必须保持宣传口径的统一，必须紧紧围绕企业经营决策展开，真正体现经营决策者的经营观念和经营方针。

**2. 讲求效果**

应准确把握对外宣传接受者的反应，不断地总结经验，吸取教训，加强反馈，提高宣传效果。

**3. 符合社会的价值判断**

决不能为宣传而宣传，更不能随意拔高，夸大其词。在考虑自身效果的同时，更应注重社会效果。

**4. 强化全体职工的对外宣传意识**

企业个别职工的无知和失误都会影响企业形象，同样也会葬送一次精心策划的对外宣传。所以应强化每一个职工的公关意识，让每一个职工都加入对外宣传行列。

**5. 尊重事实**

对外宣传应以事实为根据，向公众展示企业的真实面貌。

（七）对外宣传组织

（1）负责对外宣传活动的是广告宣传部。

（2）必要时另设对外宣传委员会。

（3）广告宣传部部长及科长由对外宣传委员会主任任命。

（4）对外宣传委员会设秘书处，附属于广告宣传部，秘书长由广告宣传部长兼任。

（5）对外宣传委员会定期召开会议，负责审议对外宣传计划。

（6）特殊情况下，广告宣传部长可根据实际情况的变化或接受总经理的指示，组织实施有关活动。

（八）对外宣传的形式

在组织对外宣传活动时，要对下列各种宣传形式的优缺点及费用、效果进行综合比较，择优而行。

### 1. 本企业媒体

（1）邮政广告。

（2）宣传品

（3）印刷品。

（4）张贴物。

### 2. 企业外媒体

（1）公开宣传。

（2）广告。

### 3. 各种活动

（1）冠以企业名称的大会、音乐会等。

（2）时装表演、产品展示等。

（3）演讲会、座谈会、专题讨论会等。

（4）社会公益活动。

①募捐。

②奖学金、奖教金、捐款助学等。

### （九）费用预算

同其他促销活动一样，对外宣传活动，不仅要考虑其效果，而且要核算其成本，力求少花钱、多办事、高效果。一般来讲，对外宣传活动所需的费用支出包括以下几个方面。

### 1. 人工费

### 2. 经营费用

（1）旅费。

（2）住宿费。

（3）编辑费。

（4）会议费。

（5）资料费。

（6）通信资。

（7）交际费。

（8）杂费。

## （十）对外宣传人员必备素质

（1）具备熟练、圆通地处理各种关系的能力。

（2）勇于创新、敢于探索，具有很强的企划能力。

（3）具有较强的语言表达能力和文字写作能力。

（4）有敏锐的观察能力。

（5）有非常强的组织活动能力和驾驭能力。

# 十二、营销业务员成绩追踪表

1. 单独拜访大客户，推销本公司产品。

表1

| 客　　户 | 推销的产品及数量 |
|---|---|
| | |
| | |
| | |

2. 单独拜访客户，催收逾期货款。

表2

| 客　　户 | 明　　细 |
|---|---|
| | |
| | |
| | |

3. 单独拜访大客户，与客户培养感情（兼卖货）。

4. 单独拜访客户，向客户打听业务员最近何时来、几点来，以便知道是否太早回家，太晚出门。

5. 单独替业务员开拓新的乡镇经销商。

表3

| 店　　名 | 地　　址 |
|---|---|
|  |  |
|  |  |
|  |  |

6. 陪同业务员拜访辖区客户（三个月一次）。

7. 业务员拟发展新客户成为本公司乡镇经销商，营业干部前往鉴定。

表4

| 店　　名 | 地　　址 |
|---|---|
|  |  |
|  |  |
|  |  |

8. 协助业务员推销新产品。

9. 协助业务员筹划促销活动。

10. 收集被乡镇经销商质问的问题，增列入"标准推销术"。

11. 与业务员开会，指导下列事项：

（1）本月迄今甲类产品销售种类太少。

（2）本月迄今忽略哪几种产品。

（3）本月迄今业绩太差。

（4）本月迄今各产品订货件数太少，可见无大量货。

（5）与业务员一起分析客户数量不足等问题。

12. 其他。

## 十三、营销广告预算表

| 项　　目 | 开支内容 | 费　　用 | 执行时间 |
|---|---|---|---|
| 市场调研费<br>　1. 文献调查<br>　2. 实地调查<br>　3. 研究分析 | | | |
| 广告设计费<br>　1. 报纸<br>　2. 杂志<br>　3. 电视<br>　4. 电台广播<br>　5. 网络 | | | |
| 广告制作费<br>　1. 印刷费<br>　2. 摄制费<br>　3. 工程费 | | | |
| 广告媒介租金<br>　1. 报纸<br>　2. 电视<br>　3. 电台<br>　4. 杂志<br>　5. 网络 | | | |
| 服务费<br>　1.<br>　2.<br>　3. | | | |
| 促销与公关费<br>　1. 促销<br>　（1）市场 A<br>　（2）市场 B<br>　（3）市场 C<br>　2. 公关 | | | |
| 机动费用 | | | |
| 其他杂费开支 | | | |
| 管理费用 | | | |
| 总　计 | | | |

## 十四、售后损失金额核算基准表

| 损失项目 | 损失金额计算方法 |
|---|---|
| 索赔 | 依实际赔偿金额计算损失 |
| 折让 | 依实际折让金额计算损失 |
| 退回 | 依实际退回数量以实际售价的15%核算损失金额 |
| 补送 | 依甲级品售价核算补送制品的金额核算损失 |
| 重修 | 依重新处理的工缴费用加搬运费核算损失 |

# 第四章　市场营销调查与计划管理制度

## 一、市场调查要则

### 1. 计划与策略必须详尽

（1）不管调查的目的和规模如何，实施的方法一定要有细密的计划。

（2）尽量以最少的费用、时间、人数来完成调查。

（3）在预备调查或正式调查期间，如发觉没有继续调查下去的必要时，应即停止调查，不要碍于面子而拖延。

（4）尽量利用既有资料和实地调查的资料。

### 2. 调查结果的有效运用

（1）认真整理调查的内容与严守提出报告的日期。

（2）负责调查者应使调查的结果能够有效地运用。

（3）调查结果应尽量予以运用，不可随便否定或忽视。

### 3. 公司外专门机构的调查

（1）不要轻易地完全相信对方所说的话，必须先调查该机构的能力、实绩、信用等情况；负责市场调查的销售经理，应亲自前往。

（2）调查前的商讨要能充分协调。本身的要求及希望应据实提出；调查结果不完整时，应重新调查。

## 二、市场调查管理办法

**第一条　目的**

为加强本公司市场调查工作，确切把握市场动态，为确定营销政策提供依据，提高营销效率，特制定本办法。

**第二条　主管**

公司市场调查由广告宣传部市场调查室主管，有关部门应予以通力合作。

**第三条　决策**

由市场调查室制订市场调查实施方案，上报广告宣传部计划委员会决定。

**第四条　调查方法**

（1）定期调查。每年7月底和1月底前确定下半年度的调查项目和具体方案。

（2）临时调查。新产品推出后或临时需了解市场动态和反应时，随时拟定调查方案。

（3）资料收集。企划室会同有关营业部门搜集国内外有关统计资料和文献报道。

**第五条　报告书**

市场调查报告书不得擅自向其他公司公开和透露。市场调查报告书由市场调查室起草或撰写。

**第六条　报告书附件**

由市场调查室撰写或编辑附件，附件内容不限。一式若干份，分送各分部门或分公司，作为研究资料。

**第七条　销售记录分析**

在过去的销售记录的基础上，对商品的需求变动趋势进行比较分析，以指导未来的经营。

**第八条　销售活动调查内容**

（1）对本公司在同行业中的地位进行调查。

（2）测定推销能力与效率。

（3）测定各地区市场潜力。

（4）计算各商品的销售量。

（5）计算或测算目标市场与结构容量。

**第九条　产品与包装调查**

（1）寻找或发现商品的新需求或新用途。

（2）对消费者所喜欢的外观包装进行调查。

（3）研究和探索新产品开发方向。

（4）寻找流通中不良品产生的原因。

（5）对消费者的质量评价进行调查。

**第十条　流通渠道调查**

对销售机构，包括零售、批发部门进行详细调查，研究流通渠道以及本公司在流通渠道上的障碍，进而确定本公司流通渠道的覆盖面。

**第十一条　销售费用分析**

在市场调查基础上，计算各项销售开支与费用，并确定合理的费用开支额度。

**第十二条　价格调查**

（1）一般物价的涨落趋势。

（2）与代用商品的价格关系。

（3）竞争商品的价格调整趋势。

**第十三条　消费者调查内容**

（1）消费者地域人口分布。

（2）消费者受教育程度。

（3）消费者购买力情况（收入阶层情况）。

（4）消费者价值倾向调查。

**第十四条　大宗消费者调查项目**

（1）对公司、厂家以及其他企业单位进行调查。

（2）对政府部门、社会团体等事业单位进行调查。

**第十五条　批发部调查**

对批发部门的地理位置、经营方针和政策、经营状况和经营条件、市场占有率或覆盖面进行调查。

**第十六条 舆论调查**

（1）对公司经营的评价。

（2）测评公司的公关工作的效果。

（3）对公司商品销售地域的舆论进行调查。

（4）测评公司与交易伙伴的公关效果。

**第十七条 市场动态分析**

（1）一年以上的长期分析（预测）。

（2）一年以下的短期分析（预测）。

（3）其他必要的财政、金融和贸易市场趋势分析（预测）。

**第十八条 商标地位调查**

（1）系统地对同行或同类商品商标的变化情况、变化地点以及变化时间进行调查。

（2）调查经销单位对商标的意见。

（3）倾听消费者对商标的意见。

**第十九条 批发市场调查范围**

（1）进货（供货）关系。

（2）支付方式，包括预付、现付和其他支付方式的比例；现金支付的比例。

（3）销货（批发）关系。

（4）经营状况。

**第二十条 市场调查计划的内容**

（1）调查问题的准备。

（2）调查用表的种类与形式确定。

（3）调查项目的确定。

（4）调查方法的选择，包括面谈、访问或邮寄调查。

（5）调查对象与调查样本确定。

**第二十一条 一般消费者调查内容**

（1）消费者的实际情况，包括职业、年龄构成、收入等。

（2）消费者的态度、价值观、意识以及舆论倾向。

（3）购买动机和购买方式。

（4）对广告宣传的态度，包括对各种广告宣传媒介，如电视、广播、报纸杂志的态度。

**第二十二条**　通过零售商调查消费情况

（1）在该地区、该商店的销售量。

（2）对本公司商品的质量、价格有何评价与希望。

（3）有关该地区消费者需求倾向，以及广告宣传的问题和消费问题。

**第二十三条**　零售店调查

（1）与批发商的关系，包括从哪家批发商购进商品，与批发商的地理联系如何，对方是否负责运送货物。

（2）零售店所处的地域是住宅用地还是商业用地或者是工业用地。

（3）与生产厂家的直接联系如何，生产厂家提供何种便利，成立何种机构从事这项工作。

（4）零售店的规模大小，是新店还是老店，销售收入是多少，商品周转率和利润率水平是否稳定。

（5）在店面的宣传，包括特价销售、有奖销售和宣传品等，存在什么问题，舆论评价如何。

（6）零售店的有奖销售规模有多大，奖酬有多高，有多少人关注。

**第二十四条**　在实施调查以前，必须根据调查目的和调查内容，组织对调查员的教育与培训。

**第二十五条**　进行调查结果分析应注意的问题

（1）避免做出主观的判断，必须实事求是，以事实为依据。

（2）必须反复验证判断的正确性。

（3）必须注意有无例外情况，对可能存在的主要例外事件做出分析，避免判断失误。

（4）检查调查结果与事先假设是否一致。

（5）调查结果，包括调查资料，是否能对现实做出合理解释，与事实是否相符。

（6）不得以偏概全，随意推断，各结论都必须有可靠的事实支持。

**第二十六条**　市场调查实施程序

市场调查实施程序包括以下要点：

（1）由广告宣传部主管负责市场调查，由市场调查室实施。

（2）由市场调查室起草年度调查方针，董事会讨论，总裁决策。

（3）如果经营部和制订部需要对市场进行调查，必须向广告宣传部提出方案，方案一式两份。

（4）市场调查以年度调查方针为基础，把各项调查工作，包括经营部的调查方案进行整理，分清轻重缓急，制订公司半年市场调查计划草案，上报广告宣传部主管。

（5）市场调查对象为一般消费者、批发商与批发机构、零售店与特约门市部。

（6）根据年度经营方针，由广告宣传部主管对半年市场调查计划草案进行检查或修正，如有必要可以召开有关会议进行讨论，完善调查计划草案，再上报董事会。一旦总裁批准计划草案，由市场调查室全权负责市场调查工作。

（7）根据具体实施程序和计划方案，由市场调查室主任决定具体的调查计划和调查方法，推进市场调查。

（8）市场调查室对市场调查结果进行分析与整理，可按以下程序：

①对调查资料、调查结果或调查用表进行整理和初步分析。

②将调查资料、调查结果或调查用表汇总或编辑成册。

③对所收集的调查资料进行分类、分项目分析研究。

④结合原始记录或历史等数据资料，对所收集的调查资料进行对比研究。

⑤对所收集调查结果或调查资料的真伪、可靠性和误差进行计算和分析。

（9）在征得广告宣传部认可的前提下，市场调查室要撰写调查报告书，并分送给部门负责人。

（10）在必要的情况下，召开调查报告发布会。

## 三、市场调查操作流程

### 1. 市场调查目的与内容

（1）市场需求调查与研究，包括需求量、需求结构、消费者分布与消费者特性调查与研究。

（2）产品研究，包括产品构思、设计、开发与试验性调查，消费者对产品形状、包装、品位的偏好研究，现有产品的改进意见及竞争产品分析研究；产品新市场、新用途研究。

（3）购买行为研究，包括消费者购买动机、购买行为和购买决策过程研究，以及消费者购买特性研究。

（4）广告与促销研究，包括检验与评估商品广告与促销活动的效果，寻求最合适的促销方式与方法之研究。

（5）销售研究，包括检验与评价现有营销方式、方法的效果，如价格、渠道、包装、商标等方面的效果；对企业总体营销战略的研究与评价。

（6）环境研究，包括对人口、经济、社会、政治、科技等环境因素进行研究，研究各种因素的未来变化，以及对企业所选择的市场结构的影响，对企业营销战略的影响。

（7）需求预测，对未来竞争格局及市场结构的前景作出描述，在竞争与市场需求的相互作用下，企业产品的长期与短期需求趋势估算。

**2. 资料来源**

（1）企业内自己汇集的档案资料，主要是来自营销现场的日报、旬报和月报。

（2）企业以外机构公布的资料，如政府机构、学术研究机构公布的资料，以及报纸杂志与书籍中提供的文献资料。

**3. 调查方法**

（1）访问法。又叫询问法。包括登门访问、座谈会、意见征询，信函调查与电话调查。

（2）观察法。包括现场观察、点数观察和客户反映观察。

（3）实验法。包括试销实验、试用实验和展销实验。

（4）研究法。包括趋势分析、相关因素分析，以及其他依据资料进行的分析研究。

**4. 调查机构**

（1）自行调查，即由企业自己组织人员，对市场调查作出安排。

（2）委托调查，由企业委托专业调查机构，按企业的目的与要求，进行市场调查。

**5. 间接市场调查步骤**

（1）确定市场调查目的与内容

①确定调查的目的。调查报告或调查结果的使用者，与调查的执行者之间，

事先必须达成共识，限定调查的范围与调查预期目标，以及调查报告的提交日期。

②确定调查的内容。明确调查的内容，是对经济环境或产业结构变化进行研究，还是对市场需求、市场竞争情况或购买行为进行研究；是对企业营销战略，对广告与促销或渠道选择进行评价，还是对未来需求进行预测等等。

③明确调查的要点，充分发挥想象力，进行积极思考，并与相关人员进行讨论，形成相应的市场调查思路与框架。

（2）拟订调查计划，安排人员培训

①详细列出各调查目标，并排列出优先顺序。

②详细列出各种可能的资料及资料来源。

③详细列出各类调查人员及所需知识、能力与经验；制定相应的培训计划。

④调查费用开支与成本控制计划。

（3）资料收集

①对各种资料的来源进行分析，不要忽视最重要的资料来源，并对各种可能的来源，作出必要的估计。

②资料收集，从广至量，从量至深，逐步由浅入深，由一般性资料到专题性资料。

③注意资料之间的相关关系，寻找和捕捉有价值的资料。

（4）资料整理

①去除不必要的资料，去除不可靠的资料。凡是与调查目的无关的资料，或者缺乏实质性内容的资料，以及过时的、不准确的资料，都应予以去除。

②对有价值的资料进行评价，必要时作出摘要；找出资料中可能存在的错误，找出资料的出处或原始资料。

③将有用的资料整理成统一的形式，即所谓"编辑"，供进一步分析之用。

（5）资料的分析

①对资料作出分析与综合，对各种资料所反映的"本质"与"现象"之间的内在联系，作出合乎逻辑的解释。

②对各资料之间的矛盾或不一致，作出合理的解释。

③运用理论观点，对资料进行逻辑性归纳或推理，从而对资料进行重组与调整。

④形成一系列合乎逻辑、合乎现实的结论或观点。

⑤运用图表，再现结论和观点，再现资料体系与结构。

（6）撰写调查报告

①按照结论的轻重缓急，分章节开列调查报告提纲。

②报告内容力求简明扼要，避免文不对题，以及不必要的修饰之词。

③仔细核实所有数字与统计资料，务必准确。

④注意结论是否客观公正，前后是否一致，是否存在疏漏，论据是否充足，重点是否突出，语言是否准确等等。

（7）调查报告格式

①调查题目：包括市场调查报告题目，报告日期，报告撰写人。

②调查目的：包括调查动机，调查要点，所要解答的问题，以及报告委托部门。

③调查结论：包括对调查目的所作出的贡献，对调查问题所作出的解答，调查所涉及的重大问题、重大发现及其建议。

④调查附录：详细说明资料与文献的来源，以及所使用的统计分析方法。

## 四、市场营销调查内容

### 1. 现有客户

（1）产品是否有一批大宗用户？

（2）这些产品在所有买者中所占比重是多少？

（3）基本的目标市场是在成长，还是较稳定，或者是在下降？

（4）什么情况下客户购买产品？

（5）地理条件受怎样的限制？为什么？

（6）本国客户所占比例是多少？国际客户所占比例是多少？

（7）大多数消费者是新客户还是老客户者？

（8）客户是否是最终用户？如果不是，你能够了解最终用户的哪些情况？

（9）你的客户是激进型的，还是传统型的，或者是被动型的？

（10）客户对过去的价格变化敏感性如何？

（11）客户主要由少数大客户构成，还是由大量小客户构成？

## 2. 产　品

（1）产品能作为品牌吗？

（2）客户认为该种产品最显著的特点是什么？

（3）对每一个特征，问一下"如此怎样？"以弄清给客户带来的利益是什么？

（4）产品是否通过中间商来提供？如果是，特征点利益分析就应当分作两步来进行。

（5）如果对产品质量进行量化评级，你的产品质量评级是多少？客户的评级是否和你一样？

（6）产品线的每个部分向销售和利润各贡献多少？向客户满意度贡献了多少？是否有可能剔除的产品？

（7）产品线的回报率和整个公司回报率相比如何？

（8）产品设计是否便于制造流程有效进行？

（9）产品开发、产品设计和制造设计的成本各是多少？

（10）产品的盈亏平衡销售量是多少？

（11）产品是否具有竞争力？

（12）如果产品更加标准化会怎么样？更加客户导向化会怎么样？

（13）公司对客户意见的态度怎样？

## 3. 销售队伍

（1）现有销售队伍结构是否适合总的产品销售目标？

（2）销售人员是否以最有效的方式去接触目标客户？

（3）产品性质或销售培训的有效性如何？

（4）销售人员实际采用的推销工具是什么？

（5）有没有让销售人员去帮助客户实现产品利益？

## 4. 定　价

（1）是否相当多的生意是由于产品价格不合理而失去的？

（2）定价过程中是否经常犯错误？

（3）购买产品或服务的可见成本是什么？

（4）公司的产品是价格领导者还是价格追随者？

（5）公司的定价政策是什么？

（6）公司提供什么样的折扣？它与竞争对手的折扣相比如何？

### 5. 促销活动

（1）现在客户对产品的认识如何？是否和广告宣传一致？

（2）优先广告策略是否起作用？为什么？

（3）你采用了什么非广告促销手段？其效果怎么样？

### 6. 分销策略

（1）分销渠道是什么？每一类中间商的产品销售额各占多少？

（2）公司和中间商（分销商、代理商、零售商等）关系如何？

（3）分销成本占销售额的比例是多少？

（4）公司对分销商或零售商定价的政策与竞争对手的相比如何？

（5）最近的缺货、替代和撤单情况如何？

### 7. 支持服务

修配业务的价值有没有变化（由于成本上升，修理员效率或其他原因）？

## 五、市场调查及预测工作管理制度

企业提高经济效益十分重要的环节是搞好市场调查及预测工作，并据此确定正确的经营方针。为对广泛的市场信息进行有效的管理，从而作出市场预测，特制定本工作管理制度。

**第一条**　市场调查及预测工作在经营副经理领导下由市场调查室归口主管，全面质量管理办公室（全质办）、生产技术科、计划科、信息中心等有关科室参与共同完成此项工作。

**第二条**　市场调查及预测的主要内容及分工：

（1）调查国内各企业同类产品在国内外全年的销售总量和同行业年生产总量，用以分析同类产品供需饱和程度和本企业产品在市场上的竞争能力。

此项资料每年6月前由企业信息中心提供。

（2）调查同行业同类产品在全国各地区市场占有量以及企业产品所占比重。

此项资料每年6月前由企业信息中心提供。

（3）了解各地区用户对产品质量反映、技术要求和主机配套意见，借以提供高质量产品，开发新品种，满足用户要求。

此项资料由全质办和生技科分别在每年6月前提出。

（4）了解同行业产品更新和改进方面的进展情况，用以分析产品发展新动向。

此项工作由生技科在每年6月前提出。

（5）预测产品全国各地区及外贸销售量。

此项工作由销售科在当年6月前予以整理并作出书面汇报。

（6）搜集国外同行业同类产品更新技术发展情报、外贸对本企业产品销售意向、国外用户对本企业产品的反映及信赖程度，用以确定对外市场开拓方针。

国外技术更新资料由研究所提供，外贸资料由销售科提供。

**第三条**　市场调查方式：

（1）抽样调查：对各类型用户进行抽样书面调查，征询对企业产品质量及销售服务方面的意见，并根据反馈资料写出分析报告。

（2）组织企业领导、设计人员、销售人员进行用户访问，每年进行一次，每次一个月左右。访问结束后填好用户访问登记表并写出书面调查汇报。

（3）销售人员应利用与用户接触的机会，征询用户意见，收集市场信息，写出书面汇报。

（4）搜集日常用户来函来电，进行分类整理，需要处理的问题应及时反馈。

（5）不定期召开重点用户座谈会，交流市场信息，反映质量意见及用户需求等情况，巩固供需关系，发展互利协作，增加本企业产品竞争能力。

（6）建立并逐步完善重点用户档案，掌握重点用户需要的重大变化及各种意见与要求。

**第四条**　市场调查用户预测所提供的各方面资料，销售科应有专人负责管理、综合、传递，并与信息中心密切配合，做好该项工作。

## 六、竞争对手调查操作规则

### （一）从营业状态中获取情报

**第一条**    营业状态是竞争对手经营状况的直接反映，调查员须认真加以观察分析。

**第二条**    判断营业状态的基准有：

（1）营业情况。

（2）与交易户的关系。

（3）与交易银行的关系。

**第三条**    "营业情况"范围较大，要择定重点，不可只从表面上进行判断。

**第四条**    从"交易往来关系"可以判断其进货在质量上、信用上是否有问题。

**第五条**    调查"与交易往来银行的关系"虽然有一定难度，但其情报价值极为突出。

### （二）获取经营者的有关情报

**第六条**    尽管经营者的情报一般很少变化，但是仍须认真分析，以获取其中有价值的信息。

**第七条**    对经营者的评价通常是调查中最困难的一环，因此在情报处理中要有充分的准备。

**第八条**    对经营者的评价有三个基本要素，即经验、能力和性格。

**第九条**    "经验"并不只意味着经历。经营者自身的实绩和风格也是非常重要的评估资料。

**第十条**    能力有许多的要素，行销能力、劳务能力、技术能力、管理能力、金融能力等是主体，可从日常的营业活动中加以认识。

**第十一条**    经营者的性格可以通过其营业员的言行加以判断。

（三）从资产状态中获取情报

**第十二条**　从资产负债表中可以了解对方的资产构成情况和运行状态。

**第十三条**　通过财务报表可以有更为准确的判断。

**第十四条**　通过现金入账、支票付款期等，则可了解竞争对手的财务状况。

**第十五条**　商品的库存量是了解对方的重要情报，不仅要调查出其实际的库存量，还要争取调查到其入货、出货的情况。

**第十六条**　要克服经费和人员问题而尽量对竞争对手全部交易往来客户进行调查。

## 七、个人调查操作规则

（一）个人调查的主要项目

先研究调查时间、调查目的、调查对象、调查方法等问题，然后再将其具体的策略进行检查分析，收集资料的工作完成后再整理资料，形成报告书。

（二）个人调查的开展

对于个人调查的开展，各调查员如果使用不关联的问题，报告者将会进行各种不同的判断，因此问题的规格必须做到统一。

**第一条**　调查监督员和调查员召开协议会议，将调查目的、调查方法、调查事项、报告书回收时间等充分协调，并对各项调查一致行动。

**第二条**　调查员的职责

（1）调查员应对问题内容加以理解并确定问题顺序。

（2）研究要调查地区的地图、交通工具、调查对象等问题，力求投入最少的时间精力收获最大的成效。

（3）准备调查用的资料。

（4）在进行实际调查时，要做到不看问题书也能顺利地提问。

**第三条**　以上各项准备完成后，才能在实际中实行，其方法主要有：

①接近方法：

不得采取审问式的发问方式，要充分尊重回答问题者。

②提前设计初次见面的问候，给人良好的第一印象。

③调查时无论对方配合与否，都要随机应变，将调查工作做好。

（2）提问的方式：

①从第一个问题就可知道回答者对调查的问题有多少的关心度或者多少的知识，因此问题应该尽量平易自然。

②使对方在不知不觉之中，进入调查的主题。

③不对问题的内容进行说明。

④按照问题书的问题顺序发问。

⑤不问与主题无关的问题。

⑥问题书里的问题应全部问完。

**第四条**　当对方的回答太离题时，应将其拉回主题，并注意表达技巧。

**第五条**　不和对方争论。

**第六条**　如果回答者对问题做了不适当的回答，自己应判断其说话的态度、真实性等，然后转向下一个问题。

**第七条**　对于"不知道"的回答，不可轻率加以处理。

**第八条**　如果有模棱两可的回答，应引导其回到"在原则上同意吗"等的回答上来。

**第九条**　如果使用卡片，在对方书写时不可凝视，以便使对方能顺利填写，其时间应定为 10 分钟左右。

（三）调查员

**第十条**　遵照调查监督者的指示，忠实地实行调查事项。

对于回答偏向一方，在无意识的情况下造成的错误，不能完全达成调查目的等事项，要尽量避免。

**第十一条**　有较强的判断力和理解力。

调查员在进行调查时，要随时作出正确的判断和理解。

**第十二条**　具有丰富的常识。

调查员必须要有丰富的常识，如果缺乏常识，就不能得到正确而满意的调查结果。

（四）记录的处理

**第十三条**　要向对方说明对其回答是绝对保密的，以便取得其信任。

**第十四条**　如果因记录而导致对方拒绝回答，就应该放弃记录，而将其谈话内容记在大脑里，离去后再做记录。

**第十五条**　如果对方并不反对记录，可以将问题书面提出，表示调查员并不会加入自己的意见，而是要将回答忠实记录。

**第十六条**　认真听取被调查者所说的话，并迅速确实地记录。

**第十七条**　避免漏掉记录。调查员不可因疏漏而造成调查不准确。

**第十八条**　对于对方的性别、职业种类、年龄、家庭成员、财产状况、教育程度等，均要做好记录，并严守秘密。

**第十九条**　调查结束后，应对被调查者表示谢意。

**第二十条**　依照上列事项，在当天还应进行下述整理工作：

（1）整理问卷。

（2）进行回答者的观察记录。

（3）整理调查对象表。

（4）撰写当日的报告书，向调查监督者报告。

## 八、客户满意度调查办法

### 1. 了解客户要求和期望

（1）通过访问、交谈和其他方式识别细分市场、客户和潜在客户群，包括竞争者的客户及他们的要求和期望。

（2）识别产品和服务的质量特征以及这些质量特征对客户或客户群的相对重要性。

（3）与其他关键数据和信息进行交叉比较。这些数据和信息包括客户的抱怨、损失和收益，以及有助于产生客户要求和期望及关键产品和服务特征信息的绩效数据。

（4）公司如何评价和提高确定客户要求和期望过程的有效性。例如，改进了的访问，接触其他客户，分析，或交叉比较。

### 2. 客户关系管理

（1）公司上下都确保理解客户服务要求并做出答复。

（2）确保客户能通过较方便的途径评价、寻求帮助和抱怨。

（3）追踪客户对产品和服务的满意度，获取改进信息。

（4）授权与客户接触的员工恰当地解决问题，必要时可以采取额外的措施。

（5）客户接触人员的具体雇佣要求、态度及其他方面的培训、认知和态度及道德标准。

（6）为使客户接触人员提供及时有效的客户服务，在技术和后勤方面给予支持。

（7）分析投诉信息、客户的获得和流失、损失的订单，以评估公司政策的成本和市场后果。

（8）评价和改进客户服务过程。

### 3. 客户服务标准

（1）依据客户的要求和期望选择规范的、客观的测量标准。

（2）全员参与制定、评价、改进和改变标准。

（3）公司各部门都要制定要求或标准化的信息，确保有效地支持希望满足客户服务标准的客户接触人员。

（4）跟踪调查，确保关键的服务标准得以满足。

（5）如何评价和改进服务标准。

### 4. 对客户的承诺

（1）产品和服务担保及产品保证：理解、条件和信誉。

（2）公司为提高客户对其产品和服务的信任和信心所做的其他承诺。

（3）公司的产品和服务在过去 3 年中的改进如何体现在担保、保证和其他承诺中。

### 5. 解决质量改进方面的投诉

（1）将对公司不同部的正式和非正式的投诉及批评性的建议汇总，在全公司做整体评价，并适时加以利用。

（2）确保客户接触人员恰当地解决投诉。

（3）汇总客户反映改善的情况。

（4）分析投诉以确定其内在原因，根据这些信息加以改进，如过程、标准及与客户沟通。

（5）评价公司对投诉的处理，以改进公司对投诉的反应和将其转化为预防性措施的能力。

**6. 确定客户满意**

（1）所用方法的类型和频率，包括确保客观性和有效性的程序。

（2）满意度结果和其他表明满意的方面，如投诉、客户的获得与流失的相关性。

（3）从客户满意数据中提取有效的信息，根据这些关键的产品和服务质量特征来决定客户偏好。

（4）客户满意度信息如何运用于质量改进方面。

（5）评价和改进确定客户满意度的方法。

**7. 客户满意度结果**

（1）按客户群体划分产品和服务，找出客户满意度趋势和关键客户的满意度指标。

（2）主要负面指标的趋势，这些负面指标包括抱怨、投诉、退款、打电话责怪、退货、再次服务、调换货、贬低、修理。

**8. 客户满意比较**

（1）与行业一般的、领先的、世界领先的或公司关键市场中其他竞争者比较客户满意度结果。

（2）独立组织（包括客户）做的访问、竞争奖励、认知和评分。

（3）客户的获得或流失趋势。

（4）相对于国内及国际的主要竞争者而言，公司获得或失去的市场份额趋势。

## 九、面谈调查实施细则

**第一条　接近的方法**

（1）不能以审问人的态度进行提问，而应该不卑不亢，保持绅士风度。

（2）注意礼仪，保持自信；尤其在最初接触的一瞬间，给人留下好印象，注意见面时打招呼的方式方法和用语，力求自然得体。

（3）要掌握随机应变的能力，在众多人之中迅速判断出哪些是富有诚意、热情和容易合作者；哪些是不容易对付或难以合作者。

**第二条　提问的方法**

（1）万事开头难，注意提第一个问题的意义和重要性。要从第一问中迅速判断出被调查对象的认知能力和兴趣所在。

（2）逐步引导被调查对象紧紧扣住主题进行回答。

（3）不要代替被调查对象回答或解释所提问题。

（4）不要在调查主题外的事情上兜圈子、浪费时间。

（5）按调查问卷内容和顺序进行提问。

（6）在一些回答不尽如人意时，不要纠缠，要依靠自身的判断力作出合乎客观的修正，以维持良好的面谈气氛。

（7）在遇到对方喋喋不休时，不要显得不耐烦，也不要武断地打断对方说话；而应该机警地把问题引向深入。

（8）不要与对方展开某个问题的讨论。

（9）在答非所问的情况下，可根据对方的语言措辞以及所显示的态度，进行正确判断；不慌不忙地把问题引向深入。

（10）在对方回答说"不知道"时，不要草率从事，简单了之。

（11）如果对方回答问题附带各种假设或条件，一定要努力摘除对方擅自附加的假设条件，让对方谈出真实感受与想法。

（12）在对方说话吞吞吐吐，或者一时回答不上来时，可以暂时让对方回答下一个问题，以免谈话出现冷场或僵持。

**第三条　记录的方法**

（1）一般来说，大家都不希望自己的即席发言被他人记录下来；因此，在必须作记录的情况下，应该十分强调并告诉对方调查的目的是什么，告诉对方严守秘密的原则，打消对方的顾虑。

（2）如果对方依然紧张或拘束，那只能停止记录，在谈话结束之后，立即凭瞬时记忆，追记并记录面谈主要内容。

（3）如果对方并不在意记录的话，调查员可以利用调查问卷，逐字逐句地做好记录。

（4）尽可能采用要点记录的方法，抓住对方回答中的要点和主要内容做好记录。

（5）调查员做好记录的必要前提是，对所提问题的内容、价值和意义十分明确，并能运用尽量少的语言准确地表达出来，让对方听明白，理解所提问题。

（6）避免记录失误或重要遗漏与疏忽。所以好的调查员应该是一位好的听众，能够迅速把握对方的谈话思路，把握对方的表达特点。

（7）调查员必须尊重对方的隐私权，对性别、年龄、收入、家庭成员、文化程度、财产状况、健康状况等记录严守秘密。

（8）面谈结束后，必须表示感谢，并表示对所谈内容严加保密，让对方释疑。

（9）面谈结束，并不意味着调查工作结束，调查员必须在第二天及时对面谈内容进行整理：

①整理调查问卷。

②撰写成文的谈话记录。

③整理被调查对象名录。

④撰写报告书，并于面谈结束后第三日呈交调查监督员。

**第四条　调查员资格**

（1）调查员要能够服从调查监督员的指示与命令，忠诚地实行调查事项，保证做到兢兢业业、集中精力，圆满完成调查任务。

（2）调查员必须是一位能引起他人好感，或者能给人以亲切与热情的人，容易取得被调查对象的信任与合作。

（3）调查员应该具有涵养和忍让精神；调查不是单纯地提问，也不是与对方讨论问题，最重要的在于倾听，要能够容忍对方的傲慢、对方的批评、对方的议论和评头品足，并且能心平气和地引导对方回答问题紧扣主题。

（4）调查员应该善于同各类人打交道，能与各种人真诚相处。

（5）调查员应该具备正确的判断力和理解力。

（6）调查员必须具备丰富的常识，善解人意，懂得人之常情。这样才能不困惑、从容不迫，圆满结束面谈。

**第五条**　调查表填写要点

**1. 调查目的**

企业间竞争日趋激烈，对企业经营管理提出了更为苛刻的要求；为了建立确实可靠的经营方针和措施，需要尽可能详尽而具体地对营销现场作出调查。

**2. 注意事项**

（1）填写尽可能实事求是，力求客观、真实和及时。

（2）注明填写日期和时间，对资料的时效性是十分重要的。

（3）如果没有足够的时间观察并填写，可以采用"瞬时观察法"，事先规定一个观察间隔时间，每一小时或每两小时观察一次，依据概率来推断总体情况。

（4）在填表之前，要把上述具体事项，填写在表头。

**3. 调查项目说明**

（1）关于店铺布局调查表：

①商品陈列格局要经常作出合理调整，现在格局请如实记录下来。

②如果需要作出调整，那么，请把调整的设想画出来，包括柜台的增减和摆法。

（2）关于客户调查表：

①参考一下有关商品分类的规定，然后对现有分类规定作出分析、研究，确定某种适宜的分类办法；对客户购买行为进行调查。

②总有一些商品难以归类，只能作为例外处理。

③对客户购买行为进行观察，以 30 分钟为一个观察期。当然，如果时间和精力允许，一小时或两小时为一个观察期也无妨。

④对客户年龄段的划分，需切合实际，粗细得当。比如以13～18岁为一个年龄段，19～25 岁为一个年龄段等等。

⑤关于客户职业划分，通常划分为"学生"、"女办事员"、"家庭主妇"、

"蓝领阶层"、"白领阶层"、"自由职业者"、"无业者"、"其他"。

⑥以各类客户的总和为100%，计算各类客户的百分率。

⑦另外，再以"一人来买"，"两人来买"，"三人来买"进行分类，计算相应的百分率。

⑧在此基础上，进一步按各类商品计算。

⑨进一步观察记录客户的购买行为，可以与邻近的商店进行对比研究与分析，看一看同样的客户在他店与本店的购买行为有何不同。

⑩顺便再记录一下客户其他方面的情况，譬如客户询问"楼梯在哪"，"厕所在哪"以及"××商品在哪"等等。

（3）关于商品调查表：

请在各种商品分类的有关栏目中，填写商品的特征。


## 十、营销管理制度


### （一）基本目标

本公司××××年度销售目标如下：

**第一条　销售额目标**

（1）部门全体××万元以上。

（2）每一员工每月××千元以上。

（3）每一营业部人员每月××万元以上。

**第二条　利益目标**

××万元以上。

**第三条　新产品的销售目标**

××万元以上。

### （二）基本策略

**第四条**　公司的业务机构应经常变革，使所有人员都能精通业务，有危机意识并能有效地工作。

**第五条**　公司员工都要全力投入工作，使工作向高效率、高收益、高分配（高薪资）的方向发展。

**第六条**　为提高运营的效率，公司将大幅下放权限，使员工能够自主处理各项事务。

**第七条**　为达到责任的目的及确立责任体制，公司将实行重奖重罚政策。

**第八条**　为了规定及规则的完备，公司将加强业务管理。

**第九条**　××股份有限公司与本公司在交易上订有书面协定，彼此应遵守责任与义务，因此本公司应致力于达成预算目标。

**第十条**　为促进零售店的销售，应建立销售方式体制，将原有购买者的市场转移为销售者的市场，使本公司能享有控制代理店、零售店的权利。

**第十一条**　将主要目标放在零售店方面，培养、指导其促销方式，借此进一步刺激需求的增长。

**第十二条**　设立定期联谊会，以进一步加强与零售商的联系。

**第十三条**　利用顾客调查卡的管理体制来规范零售店实绩、销售实绩、需求预测等的统计管理工作。

**第十四条**　除沿袭以往对代理店所采取的销售拓展策略外，再以上述的方法作为强化政策，从两方面着手致力拓展新的销售渠道。

**第十五条**　随着购买者市场转移为销售者市场，应制定长期合同来统一交易的条件。

**第十六条**　检查与代理商的关系，确立具有一贯性的传票会计制度。

**第十七条**　本策略中的计划应做到具体实在，贯彻至所有相关人员。

## （三）零售商的销售

**第十八条**　新产品的销售方式

（1）将全国有影响力的××家零售商店依照区域划分，在各划分区域内采用新产品的销售方式体制。

（2）新产品的销售方式是指每人负责××家左右的店铺，每周或隔周做一次访问，借访问的机会督导、奖励销售，并进行调查、服务及销售指导和技术指导等工作，借此促进销售。

（3）新产品的库存量应努力维持在零售店为一个月库存量、代理店为两个月库存量的界限之上。

（4）销售负责人的职务及处理基准应明确。

**第十九条　新产品协作机构的设立与工作**

（1）为使新产品的销售方式及所推动的促销活动得以顺利展开，还要以全国各主力零售店为中心，依地区设立新产品协作机构。

（2）新产品协作机构的工作内容如下：

①安装各地区协作店的招牌。

②分发商标给市内各协作店。

③分发广告宣传单。

④协作商店之间的销售竞争。

⑤积极支持经销商。

⑥举行讲习会、研讨会。

⑦增设年轻人专柜。

⑧介绍新产品。

（3）协作机构的存在方式属于非正式性。

**第二十条　增强零售店员工的责任意识**

为加强零售商店员工对本公司产品的关心，增强其销售意愿，应加强下列各项实施要点：

（1）采用奖金激励法

零售店员工每次售出本公司产品时都令其寄送销售卡，当销售卡达到15张时，即颁发奖金给本人以提高其销售积极性。

（2）加强人员的辅导工作

①负责人员可利用访问进行教育指导说明，借此提高零售商店店员的销售技术及加强其对产品的认识。

②销售负责人员可亲自接待顾客，对销售行为进行示范说明，让零售商的员工从中获得直接的指导。

（3）提高公司的教育指导

①促使协作机构的员工去参加零售店员工的研讨会，借此提高其销售技巧及对产品认识。

②通过参加研讨会的员工对其他店员传授销售技术及产品知识、技术，借此

提高大家对销售的积极性。

## （四）扩大消费需求

**第二十一条**　明确广告计划

（1）在新产品销售方式体制确立之前，暂时先以人员的访问活动为主，把广告宣传活动作为未来规划活动。

（2）针对广告媒体，再次进行检查，务必使广告计划达到以最小的费用创造出最大成果的目标。

（3）为达成上二项目标，应针对广告、宣传技术进行充分的研究。

**第二十二条**　利用购买调查卡

（1）针对购买调查卡的回收方法、调查方法等进行检查，借此确实掌握顾客的真正购买动机。

（2）利用购买调查卡的调查统计、新产品销售方式体制及顾客调查卡的管理体制等，切实做好需求的预测。

## （五）营业业绩的管理及统计

**第二十三条**　顾客调查卡的管理

利用各零售店店员所返回的顾客调查卡，将销售额的实绩统计出来，或者根据这些来进行新产品销售方式体制及其他的管理。

（1）依据营业部、区域分别统计商店的销售额。

（2）依据营业部分别统计商店以外的销售额。

（3）另外几种销售额统计须以各营业处为单位进行。

**第二十四条**　根据上述统计，观察并掌握各店的销售实绩和各负责人员的活动实绩，以及各商品种类的销售实绩。

## （六）确立及控制营业预算

**第二十五条**　需要确立营业预算与经费预算，经费预算须随营业实绩进行上下调节。

**第二十六条**　预算方面的各种基准、要领等要加以完善并成为范本，营业部与各部门则应交换合同。

**第二十七条**　针对各部门所做的预算与实际额的统计、比较及分析等确立对策。

**第二十八条**　部门经理，应分年、季、月分别制订部门的营业方针及计划，并提交给修改后定案。

## （七）提高部门经理的能力水平

**第二十九条**　营业部与营业所之间的关系

（1）各营业部门负责人应将营业所视为整体，以经营者的角度来推动其运作和管理。

（2）营业经理须就营业、总务、经营管理、采购、设备等各方面，分年、季、月份提出并制作事业部门的方针及计划。

（3）营业经理针对年、季，及每月的活动内容、实绩等规定事项，提出报告。内容除了预算、实绩差异、分析之外，还须提出下一个年度、季、月份的对策。

（4）营业部与营业所之间的业务管理制度应明确并加以完善，使之成为可依循的典范。

**第三十条**　营业所内部

（1）营业经理应根据下列几点，确立营业所内部日常业务运作的管理方式：

①各项账簿、证据资料是否完备。

②各种规则、规定、通告文件资料是否完备。

③业务计划及规定是否完备。

④指示、命令制度是否完备。

⑤业务报告制度是否完备。

⑥书面请示制度是否完备。

⑦指导教育是否完备。

⑧巡视、巡回制度是否完备。

（2）必须在营业所内部贯彻实施此管理制度，以控制预算，促进销售业绩。

## （八）提高主管人员的能力水平

**第三十一条**　经理人员的教育指导

主管人员应对各事务负责人员进行有关情报收集、讨论对策处理等的教育指导。

**第三十二条**　销售应对标准的制作

主管人员应依据下列要点制作销售的应对标准，并利用此标准对各事务负责人员进行培训。

（1）销售应对标准 A。各负责人员对零售店主及店员须采用此标准。

（2）销售应对标准 B。各负责人员或零售商店店员接待顾客须采用此标准。

（3）顾客调查卡的实绩统计。

根据各地区负责人所收集到的顾客调查卡，进行销售实绩的统计、管理及追踪。

# 十一、行销方案规划准则

（1）公司负责人应设法将"行销导向"的观念灌输给所有员工，以提高行销机能在公司经营上的作用。

（2）公司负责人应担当起公司最高行销人员的角色，积极参与公司业务的开拓事宜。

（3）公司现有产品及新投资（或新扩充）计划中产品的销售事宜，皆应准备周全的行销方案，作为其他机能部门拟订工作方案的基础。

（4）行销方案的拟订必须以行销研究为前提，并以公司的既定目标与策略为根据。

（5）负责规划行销方案的责任人员应事前设定规划工作的步骤及时间表，以便及时提出必要的资料，并指引其他机能部门方案的制订。

（6）行销方案的内容可依需要选取下列内容

①资料基础及分析

A. 经济背景指标（过去 4 年以上及未来 6 至 12 年以上）。

B. 市场资料分析（过去 4 年以上，目前及未来 6 至 12 年），包括：每一主要产品的总市场容量及潜力；市场特性（含顾客行为）；本公司的市场占有率；销售潜力及期望销售量；目前产品的一般行销条件（含品质水平、定价、推广及配销渠道等）。

C. 竞争资料与分析（过去、目前及未来），包括：市场占有率的比较

（过去与目前）；产品接受水准的比较（过去与目前）；行销条件的比较（含过去与目前的定价、推广、配销渠道等）；未来可能的变化。

D. 行销成功关键因素的未来变化分析（每一主要产品市场）。

E. 公司所面临行销问题与机会的分析及各部门可用资源的衡量。

F. 摘要及综合结论。

②行销目标（长期、中期、年度、季、月）

A. 总销售量及利润。

B. 各产品及地区的销售量、利润及市场占有率。

③行销策略（长期、中期、年度）

A. 产品发展方面。

B. 配销技术方面。

C. 价格方面。

D. 推广方面。

E. 其他有关方面。

④中长期行动方案关系说明

A. 概略的长期方案关系说明（列表或叙述）。

B. 简明的中期方案关系说明（列表或叙述）。

⑤年度行动方案

A. 行销部门本身应采取的特定行动与步骤及人、时、地、物的需求。

B. 配合其他部门应采取的特定行动与步骤及人、时、地、物的需求。

⑥行销方案的经济评估。

（7）若已进行经营环境系统的分析与预测及市场供需与投入产出系统的分析时，应尽量将所得资料应用在行销方案的规划中，若未进行该项分析时，则应在规划行销方案时一并进行。

（8）为提高行销方案的品质，公司负责人应指示人力发展部门策划各种课程，使有关行销人员了解下列各种知识：

①一般知识：经济学、管理学、心理学、地理学、社会学、数量方法、一般工程学等。

②行销知识：产品发展、品牌、包装、广告、人员推销、推广、展览、布置、实体分配、配销渠道、顾客服务、行销研究、顾客心理、行销组织、地点选

择等。

## 十二、销售目标管理办法

（1）销售目标根据销售方针和销售计划制定。

（2）具体目标管理方案如下：

①每月第 1~5 天应完成当月销售目标的 25%。

②每月第 6~10 天应完成当月销售目标的 20%。

③每月第 11~15 天应完成当月销售目标的 15%。

④每月第 16~20 天应完成当月销售目标的 15%。

⑤每月第 21~25 天应完成当月销售目标的 15%。

⑥每月第 26~30 天应完成当月销售目标的 10%。

（3）当年度计划变动时，需及时调整月度计划。

（4）销售部要加强计划的落实管理，保证目标任务的完成。

（5）营销过程如发生重大变故，要及时报告总经理。

## 十三、营销计划报审制度

为加强营销计划工作，提高营销质量，特制定本制度。

### 1. 营销计划内容

（1）营销计划分年度营销计划和月度营销计划。

（2）年度计划应包括营销环境分析、主要活动主题及活动范围、重点商品等。

（3）月度计划应包括背景分析、活动主题、活动时间、活动范围、活动内容（包括公关活动和业务活动）、媒体宣传计划、费用预算。重大促销活动方案应上报集团审批后实施。重点活动包括：地区集团的区域联动活动，各店的店庆活动、换季活动、黄金周及其他重要活动。

2. **上报时间**

年度计划：于每年 11 月 20 日以前上报第二年的年度计划。

月度计划及重大促销活动方案提前一个月上报。（如实际活动与上报计划不符，应在活动开始前补充上报）

3. **上报方式**

以书面形式送至营销部。

4. **上报程序**

营销计划上报时要附上《营销计划审批表》营销部将评审意见填上后一周内将审批表返还各店。各店要设专人负责计划上报工作，按时或提前上报。

5. **考核总结**

集团对各店执行计划情况予以考核，并将此项工作列为年度营销工作总结评比的重要内容。

## 十四、销售促进管理制度

（1）为刺激现有客户及未来预定客户的购买，以董事长名义寄发慰问函给各客户。

（2）常务董事及经理须拟定日程，拜访、问候主要客户，并借机了解市场情况及投诉问题，加强彼此的联络与友好关系。

①了解顾客的不满、听取意见及设法改善现状。

②访问之前，应先与负责人员作事前的讨论，彻底研究如何与对方对应。

（3）集合主力客户及购买能力可能增加的预定客户，举行恳谈会，恳请赐予交易。

①本会以董事长或常务董事为主体。

②问候方式需巧妙得当，掌握销售计划的主题。

③恳谈会应依地区、产品种类，分别举行。

（4）开拓新交易或提高现有的交易额，除要积极地实行计划外，尤其要致力设置资金雄厚的代理店。

①从名录、电话簿、公司名单及其他地方取得批发商、销售商、加工业者等

等的名簿资料后，应立即制订开拓计划。

②有效地与协会、工业会、交易银行、相关公司往来，借它们的支援来拓展交易。

③对于新开发的客户，应事前做好充分的信用调查。

④确立代理店的交易规定，以完善代理店的体制。代理店体制应按商品种类来建立。

（5）销售另设有特卖制，它采取自主诱导购买的方式。这种方式在交易的清淡时期及产品推出太慢时进行。（略）

（6）对交易客户设立交易奖励制度，以此促进购买。

①实施时，应以一特定地点为主，接着再依顺序逐渐对外扩大。

②将每个客户的平均购买额分等级，再依等级发给奖金或照比例退还部分金额。奖励期以3个月左右为主，每段期间再各自制定截止日期。

③对于特别致力于销售的交易客户，公司将为其负担半额的广告费，或另外赠送其他商品，以示奖励。

（7）对于产品的新闻发布或新产品的推介，公司将举行单独或联合展示会、样品展示会，以扩大宣传。

（8）对于销售人员应依开拓新市场、提高销售额等绩效加以区分，发给奖金，以示奖励。

（9）业务科应根据客户别（或商品别），将销售额、收款、销路不佳商品与畅销商品等等，做成当月份的合计、累计、增减等统计资料，再将此统计数字与过去实绩做一比较，以掌握销售额及入款的预估。预估确定后，发给各负责人并进行督促（在每月例行销售会议上，也应督促、要求）。

（10）业务科需就各地区、客户及业界的需求动向等状况进行调查，以便修正自己的销售计划，并督促销售员拓增销售。

（11）业务科应针对各销售员的活动及实绩，制作有关其能力与实际绩效的比较统计表，同时提出批评与检查，借此提高销售员的效率及业绩。

①根据业务人员所进行的访问、业务开拓、接受的订货、交货、折扣及退货等销售活动，比较其预定与实际的差距，掌握其个人效率。

②将上述资料于营业部会议时提出，以便提出批评、给予指示。

（12）营业部应针对销售活动制定纲领，使相关人员以此为依据来进行其活动。

（13）每月月底举行整体的销售会议，由业务科根据销售人员完成的销售额及开展客户的统计表来检查当月的实绩。另外，各销售员交流自己的情况及市场情报，借此来修正下月应进行的预定活动计划与销售方法。

## 十五、营销人员业绩提成薪资表

单位：元

| 上月及本月实绩总额平均数 | 当月本薪核定 |
|---|---|
| 6 万以下 | 比照试用外务员支给 |
| 6 万以上 | 2000 |
| 8 万以上 | 2200 |
| 10 万以上 | 2400 |
| 12 万以上 | 2600 |
| 14 万以上 | 2800 |
| 16 万以上 | 3200 |
| 18 万以上 | 3600 |
| 20 万以上 | 4000 |
| 22 万以上 | 4400 |
| 24 万以上 | 4800 |
| 26 万以上 | 5200 |
| 28 万以上 | 5600 |
| 30 万以上 | 6000 |

## 十六、部门完成效益目标奖励表

| 效益完成率 | 奖励金额（每辆） |
|---|---|
| 100%以上 | 人民币 2 万元整 |
| 110%以上 | 人民币 3 万元整 |
| 120%以上 | 人民币 4 万元整 |
| 130%以上 | 人民币 5 万元整 |
| 140%以上 | 人民币 6 万元整 |
| 150%以上 | 人民币 7 万元整 |

## 十七、专业营销服务人员名额设定表

| 年度目标 | 经鉴定合格的标准服务人员名额 |
|---|---|
| 240 万～600 万 | 1 人 |
| 600 万～1200 万 | 2 人 |
| 1200 万～2400 万 | 3 人 |
| 2400 万～3600 万 | 4 人 |
| 3600 万以上 | 5 人 |

# 第五章　市场营销产品、价格与财务管理制度

## 一、商标使用管理制度

（1）建立注册商标管理工作小组。小组负责对本公司注册商标的管理使用及有关工作，做到经常检查、总结。

（2）学习《商标法》、《商标法实施条例》及《商标印制管理办法》，严格按商标法要求正确使用注册商标，保证注册商标的专用权。

（3）商标标识印制有专人负责，按《商标印制管理办法》办理。

（4）对所注册的商标在使用过程中做到注册商标与印制商标标识完全一致，不擅自改变其组合与图案。

（5）商标的使用必须按公司下达的计划生产，按规定程序领取，未经批准不得擅自发放。

（6）商标标识有专人保管，并建立出入库台账，对废次商标的销毁要有记录，有分管副总经理签字。

（7）仓库商标专管员对商标标识的入库、出库等实行严格管理，账目清楚，数字准确。

（8）任何人不得擅自拿商标标识，私拿盗窃商标标识者要按公司规定严肃处理，情节严重的，要报请有关部门依法追究其刑事责任。

（9）保护注册商标的专用权，维护本公司商标信誉，对侵犯注册商标专用权的行为按法定程序追究。

## 二、知名商标保护制度

增强对知名商标保护的力度，立足发挥知名商标对促进经济发展的积极作用。特制定本制度。

### 1. 知名商标的范围

在区域内获"中国驰名商标"称号的商标。

在区域内获"××省著名商标"称号的商标。

在区域内的市场中享有较高声誉，并由省工商局备案的商标。

### 2. 知名商标保护原则

对区域内任何一地区的知名商标视为区域内共认，区域内各地工商部门予以重点关注和重点保护。即区域内各地工商部门对知名商标在市场中被侵权实行重点监测，发生侵权案件后依法从快从重查处，对其中驰名商标和著名商标依法予以特别保护。

### 3. 知名商标联保措施

区域内各地工商部门应于××××年××月××日前确定本地的知名商标，将知名商标的基本情况（含商标名称、图形、适用商品（服务）、所获称号、注册（续展）日期、注册人名称、地址等）汇集，发往城市区域信息平台，作区域内联保，加大保护力度。

区域内各地工商部门依靠知名商标名单，在对市场商标动态的日常监管和开展保护注册商标专用权专项行动中列为重点关注对象。发现商标侵权情况及时与商标注册人所在地工商部门联络，确定侵权性质，立即采取行动。除依法从快从严查处本辖区商标侵权当事人外，对涉案的其他异地当事人按有关商标侵权管理规定办理。

### 4. 知名商标被侵权案件查处原则

区域内各地工商部门受理联保案件后，从快从重查处，应于 20 日内基本结案，复杂案件 30 日内结案。

对知名商标侵权人的行政处罚均按《商标法》的规定，除没收侵权商品外，处二倍以上罚款。

## 5. 知名商标信息交流

区域内各地工商部门，应加强信息交流和业务合作，及时将有关动态和工作信息告知各地的工商部门。工商部门应不定期制发联保工作简报。对涉及面广、案情复杂的联保事项，可召开专项工作会议研究和部署。

# 三、企业形象及品牌管理制度

为了合理利用企业资源，进行准确有效的企业宣传，统一企业形象，积累品牌价值，需要认真贯彻和大力推行"企业视觉识别系统"，特制定本制度。

### 1. 品牌管理工作的主要范畴

（1）企业视觉识别系统的建立，推广以及实施监控。

（2）新的产品和服务品牌的设立和审核。

（3）产品和服务品牌的宣传和推广工作的管理。

（4）企业形象和产品服务品牌的公关工作管理。

（5）涉及以上范畴的总公司以及分公司所有印刷品，广告投放等媒体和介质的制作实施前的审核工作。

（6）其他与品牌管理工作相关的工作。

### 2. 品牌管理小组的设立

（1）涉及企业形象，新品牌创立，品牌营销定位等重大事宜的，由公司领导参与讨论，并给出最终决策。

（2）讨论定案后的推广与实施，在既定方案和原则的前提下，本着提高效率，节约成本，保障质量的原则，所有涉及品牌管理和审核的工作，由品牌小组独立负责。

（3）品牌小组的组长设在公司总部，根据需要配置具体组员；在通信，彩讯，炫彩公司的后勤、营销或 HR 等兼管部门设立兼职的组员，负责监督和实施品牌管理工作在各自公司的运作情况，贯彻和传达品牌小组的工作要求，并向品牌小组的领导汇报和负责。

### 3. 品牌小组的常规工作

（1）企业 VIS，产品和服务品牌的培训和推广工作。

（2）总公司所有印刷品，广告投放等媒体和介质的制作实施前的审核工作。

（3）分公司所有印刷品，广告投放等媒体和介质的制作实施前的审批工作以及实施过程中的协调和协助工作。

（4）总公司以及分公司品牌管理制度的执行情况的检查和整改工作。

（5）品牌发展策略和规划。

（6）企业公关活动的组织与策划。

（7）其他涉及品牌管理范畴的工作安排与组织。

## 四、经销商维护企业品牌形象的规定

1. 经销商有维护驰名商标在市场上的信誉以及企业形象规范化服务、销售政策的义务。具体操作方式按公司提供的企业 CI 形象设计方案等其他企业形象规定，包含店面设计、名称、服装、宣传、服务用语等。CI 的形象设计严格按照公司制定的 CI 手册。

2. 无论何种原因，经销商不得擅自更改公司的 CI 规定和品牌管理规定。

3. 为维护品牌在全国市场的驰名商标形象以及维护全体经销商的共同利益，防止因违规、违法行为给整个品牌形象造成损害，本公司将按照具体的违反内容予以处罚。

4. 经销商为增加产品的市场知名度，在通过媒体制作广告、召开市场推介会、赞助各类文体活动时，应将有关情况通知本公司。

5. 经销商为拓展产品的市场占有率，可以筹划各类市场推介活动和广告宣传，将有关计划报告给本公司，本公司审核是否具体实施；有关费用由经销商承担。

## 五、质量管理制度

### (一) 总则

**第一条**　目的

为保证公司质量管理制度的推行，提前发现异常、迅速处理改善，确保提高产品质量符合管理及市场需要，特制定本制度。

**第二条**　范围

本制度包括：

(1) 组织机能与工作职责。

(2) 各项质量标准及检验规范。

(3) 仪器管理。

(4) 质量检验的执行。

(5) 质量异常反应及处理。

(6) 客人投诉处理。

(7) 样品确认。

(8) 质量检查与改善。

**第三条**　质量标准及检验规范的范围包括：

(1) 原物料质量标准及检验规范。

(2) 在制品质量标准及检验规范。

**第四条**　质量标准及检验规范的设定

(1) 各项质量标准。总经理室生产管理组会同质量管理部、制造部、营业部、研发部及有关工作人员依据"操作规范"，并参考：国家标准；同业水准；国外水准；客户需求；本身制造能力；原物料供应商标准，分原物料、在制品、成品填制"质量标准及检验规范设 (修) 定表"一式二份，呈总经理批准后存质量管理部一份，并交有关单位凭此执行。

(2) 质量检验规范。总经理室生产管理组召集质量管理部、制造部、营业部、研发部及有关人员分原物料、在制品、成品将检查项目、料号 (规格)、质量标准、检验频率（取样规定）、检验方法及使用仪器设备、允收规定等填注于"质量标准及检验规范设（修）定表"内，交有关部门主管核签且经总经理核准后分发有关部门凭此执行。

**第五条**　质量标准及检验规范的修订

（1）各项质量标准、检验规范若因：机械设备更新；技术改进；制造程序改变；市场需要；加工条件变更等因素变化，可以予以修订。

（2）总经理室生产管理组每年年底前至少重新校正一次，并参照以往质量实绩会同有关单位检查各料号（规格）各项标准及规范的合理性，酌予修订。

（3）质量标准及检验规范修订时，总经理室生产管理组应填制"质量标准及检验规范设（修）订表"，说明修订原因，并交有关部门会签意见，呈总经理批示后，始可凭此执行。

## （二）仪器管理

**第六条**　仪器校正、维护计划

（1）周期设订。仪器使用部门应依仪器购入时的设备资料、操作说明书等资料，填制"仪器校正、维护基准表"设定定期校正维护周期，作为仪器年度校正、维护计划的拟订及执行的依据。

（2）年度校正计划及维护计划。仪器使用部门应于每年年底依据所设订的校正、维护周期，填制"仪器校正计划实施表"、"仪器维护计划实施表"，作为年度校正及维护计划实施的依据。

**第七条**　校正计划的实施

（1）仪器校正人员应依据"年度校正计划"执行日常校正，精度校正作业，并将校正结果记录于"仪器校正卡"内，一式二份存于使用部门。

（2）仪器外协校正：有关精密仪器每年应定期由使用单位通过质量管理部或研发部申请委托校正，并填立"外协请修单"以确保仪器的精确度。

**第八条**　仪器使用与保养

（1）仪器使用人进行各项检验时，应依"检验规范"内的操作步骤操作，使用后应妥善保管与保养。

（2）特殊精密仪器，使用部门主管应指定专人操作与负责管理，非指定操作人员，不得任意使用（经主管核准者例外）。

（3）使用部门主管应负责检核各使用者操作的正确性、日常保养与维护，如有不当的使用与操作应予以纠正教导，并列入作业检核扣罚。

（4）各生产单位使用的仪器设备由使用部门自行校正与保养，由质量管理部不定期抽检。

（5）仪器保养

①仪器保养人员应依据《年度维护计划》执行保养作业，并将结果记录于"仪器维护卡"内。

②仪器外协修造：仪器保养人员基于设备、技术能力不足时，保养人员应填立"外协请修申请单"并呈主管核准后办理外协修造。

## （三）原物料质量管理

**第九条**　原物料质量检验

（1）原物料进入厂区时，仓库管理单位应依据《资材管理办法》的规定办理收料，对需用仪器检验的原物料，开立"材料验收单"，通知质量管理工程人员检验，且质量管理工程人员于接获单据三日内，依原物料质量标准及检验规范的规定完成检验。

（2）"材料验收单"一式五联检验完成后，第一联送采购，核对无误后送会计整理付款；第二联会计存；第三联仓库存；第四联质量管理存；第五联送保税。且每次把检验结果记录在"供应厂商质量记录卡"，并每月根据原物料品名规格类别的结果统计在"供应商质量统计表"及每月评核供应商的"供应商的评价表"，提供给采购部作为选择供应商的参考资料。

## （四）制造前质量条件复查

**第十条**　制造通知单的审核（新客户、新流程、特殊产品）

质量管理部主管收到《制造通知单》后，应于一日内完成审核。

**1.《制造通知单》的审核**

（1）订制料号。材料类别的特殊要求是否符合公司制造规范。

（2）种类。客户提供的材料种类是否齐全。

（3）材料。材料规格是否符合公司制造规范，使用于特殊要求者有否特别注明。

（4）质量要求。各项质量要求是否明确，并符合本公司的质量规范，如有特殊质量要求是否可接受，是否需要先确认再确定产量。

（5）包装方式。是否符合本公司的包装规范，客户要求的特殊包装方式可否接受，外销订单的Shipping Mark及Side Mark是否明确表示。

（6）是否使用特殊的原物料。

**2.《制造通知单》审核后的处理**

（1）新开发产品，《试制通知单》及特殊物理、化学性质或尺寸外观要求的通知单，应转交研发部提示有关制造条件等并签认，若确认其质量要求超出制造能力时应说明原因后，将《制造通知单》送回制造部办理退单，由营业部向客户说明。

（2）新开发产品若质量标准尚未制定时，应将《制造通知单》交研发部拟订加工条件及暂订质量标准，由研发部记录于《制造规范》上，作为制造部门生产及质量管理的依据。

**第十一条**　生产前制造及质量标准复核

（1）制造部门接到研发部送来的《制造规范》后，须由部长或组长先查核确认下列事项后，才可进行生产：

①该制品是否定有《成品质量标准及检验规范》作为质量标准判定的依据。

②是否定有《标准操作规范》及《加工方法》。

（2）制造部门确认无误后于《制造规范》上签认，作为生产的依据。

**（五）制程质量管理**

**第十二条**　制程质量检验

（1）质检部门对各制程在制品均应依《在制品质量标准及检验规范》的规定实施质量检验，以提早发现异常，迅速处理，确保在制品质量。

（2）在制品质量检验依制程区分，由质量管理部 IPQC 负责检验。

（3）质量管理工程科于制造过程中配合在制品的加工程序、负责加工条件的测试。

（4）各部门在制造过程中发现异常时，组长应即追查原因，并加以处理后将异常原因、处理过程及改进方法等开立"异常处理单"呈（副）经理指示后送质量管理部，责任判定后送有关部门会签，再送总经理室复核。

（5）质检人员于抽验中发现异常时，应反映单位主管处理并开立"异常处理单"呈经（副）理核签后送有关部门处理改善。

（6）各生产部门依自检查及顺次点检发生质量异常时，如属其他部门所发生者以《异常处理单》反映处理。

（7）制造过程间半成品移转，如发现异常时以"异常处理单"反映处理。

**第十三条　制造过程自主检查**

（1）制程中每一位作业人员均应对所生产的制品实施自主检查，遇质量异常时应即予挑出，如系重大或特殊异常应立即报告科长或组长，并开立"异常处理单"一式四联，填列异常说明、原因分析及处理意见，送质量管理部门判定异常原因及责任发生部门后，依实际需要交有关部门会签，再送总经理室拟订责任归属及奖惩，如果有跨部门或责任不明确时送总经理批示。第一联总经理室存，第二联质量管理部门（生产管理）存，第三联会签部门存，第四联经办部门存。

（2）现场各级主管均有督促所属确实实施自主检查的责任，随时抽验所属各制程质量，一旦发现有不良或质量异常时应立即处理外，并追究相关人员疏忽的责任，以确保产品质量水准，降低异常重复发生。

（3）制程自主检查规定依《制程自主检查实施办法》实施。

## （六）成品质量管理

**第十四条　成品质量检验**

成品检验人员应依《成品质量标准及检验规范》的规定实施质量检验，以提早发现问题，迅速处理以确保成品质量。

**第十五条　出货检验**

每批产品出货前，产品检验应依出货检验标示的规定进行检验，并将质量与包装检验结果填报"出货检验记录表"，呈主管批示后执行。

## （七）质量异常反映及处理

**第十六条　原物料质量异常反映**

（1）原物料进厂检验，在各项检验项目中，只要有一项以上异常时，无论其检验结果被判定为"合格"或"不合格"，检验部门的主管均须在说明栏内加以说明，并依据"资材管理办法"的规定呈主管核决与处理。

（2）对于检验异常的原物料经主管核决使用时，质量管理部应依异常项目开立"异常处理单"送制造部经理室生产管理人员，安排生产时通知现场注意使用，并由现场主管填报使用状况、成本影响及意见，经经理核签呈总经理批示后，送采购单位与提供厂商交涉。

**第十七条**　在制品与成品质量异常反映及处理

（1）在制品与成品在各项质量检验的执行过程中或生产过程中有异常时，应填写"异常处理单"，并应立即向有关人员反映质量异常情况，使之能迅速采取措施，处理解决，以确保质量。

（2）制造部门在制程中发现不良品时，除应依正常程序追踪原因外，不良品当即剔除，以杜绝不良品流入下制程（以"废品报告单"提报，并经质量管理部复核才可报废）。

**第十八条**　制程间质量异常反映

收料部门组长在制程自主检查中发现供料部门供应在制品质量不合格时，应填写"异常处理单"详述异常原因，连同样品，经报告科长后送经理室绩效组登记（列入追踪）后送经理室，品保组人员召集收料部门及供料部门人员共同检查在制品异常项目、数量并拟订处理意见及追查责任归属部门（或个人）并呈经理批示，第一联送总经理室催办及督促料品处理及异常改善结果，第二联送生产管理组（质量管理部）做生产安排及调度，第三联送收料部门（会签部门）依批示办理，第四联送回供料部门。制造部门召集机班人员检查改善并依批示办理后，送经理室品保组存，绩效组重新核算生产绩效及督促异常改善结果。

## （八）成品出厂前的质量管理

**第十九条**　成品缴库管理

（1）质量管理部门主管对预定缴库的成品，应逐项依《制造流程卡》、《QAI 进料抽验报告》及有关资料审核确认后始可办理缴库作业。

（2）质量管理部门人员对于缴库前的成品应抽检，若有质量不合格的批号，超过管理范围时，应填写"异常处理单"详述异常情况及附样品并拟订处理方式，呈经理批示后，交有关部门处理及改善。

（3）质量管理人员对复检不合格的批号，如经理无法裁决时，把"异常处理单"呈总经理批示。

**第二十条　检验报告申请作业**

（1）客户要求提供产品检验报告，营业人员应填报"检验报告申请单"一式一联说明理由、检验项目理由、检验项目及质量要求后送总经理室产销组。

（2）总经理室产销组人员接获"检验报告申请单"时，应转经理室生产管理人员（质量要求超出公司成品质量标准者，须交研发部）研究决定是否出具"检验报告"，呈经理核签后把"检验报告申请单"送总经理室产销组，转送质量管理部。

（3）质量管理部接获"检验报告申请单"后，取成品样做成品物理性质实验，并依要求检验项目检验后将检验结果填入"检验报告表"一式二联，经主管核签后，第一联连同"检验报告申请单"送总经理产销组，第二联自存凭以签认成品缴库。

（4）特殊物理、化学性质的检验，质量管理部接获"检验报告申请单"后，会同研发部于制造后取样检验，质量管理部人员将检验结果转填于"检验报告表"一式二联，经主管核签，第一联连同"检验报告申请表"送产销组，第二联自存。

（5）产销组人员在接获质量管理部人员送来的"检验报告表"第一联及"检验报告申请单"后，应依"检验报告表"资料及参酌"检验报告申请单"的客户要求，复印一份呈主管核签，并盖上"产品检验专用章"后送营业部门转客户。

### （九）产品质量确认

**第二十一条　质量确认时机**

经理室生产管理人员在安排"生产进度表"或"制作规范"生产中遇有下列情况时，应将"制作规范"或经理批示送确认的"异常处理单"由质量管理部门人员取样确认并将供确认项目及内容填立于"质量确认表"，连同确认样品送营业部门转交客户确认。

（1）批量生产前的质量确认。

（2）客户要求质量确认。

（3）客户附样与制品材质不同。

（4）生产或质量异常致产品发生规格、物性或其他差异时的质量确认。

（5）经经理或总经理指示送确认的产品。

**第二十二条　确认样品的制作和取样**

（1）确认样品的制作

研发部根据客户要求，负责对样品的制作。

（2）确认样品的取样

质量管理部人员应取样两份，一份存质量管理部，另一份连同"质量确认表"交由业务部送客户确认。

**第二十三条　质量确认表的开立作业**

（1）质量确认表的开立

质量管理部人员在取样后应即填"质量确认表"一式二份，编号连同样品呈经理核签并于"质量确认表"上加盖"质量确认专用章"，转交研发部及生产管理人员，且在"生产进度表"上注明"确认日期"后转交业务部门。

（2）客户进厂确认的作业方式

客户进厂确认需开立"质量确认表"并要求客户于确认表上签认，并呈经理核签后通知生产管理人员生产，客户确认不合格拒收时，由质量管理部人员填报"异常处理单"呈经理批示，并依批示办理。

**第二十四条　质量确认处理期限及追踪**

（1）处理期限

营业部门接获质量管理部或研发部送来确认的样品应于两日内转送客户，质量确认日数规定。为国内客户 5 日，国外客户 10 日，但客户如需装配试验后再确认者，其确认日数为 50 日，设定日数以出厂日为基准。

（2）质量确认追踪

质量管理部人员对于未如期完成确认者，且已逾 2 天以上时，应以便函反映给营业部门，以掌握确认动态及订单生产。

（3）质量确认的结案

质量管理部人员于接获营业部门送回经客户确认的"质量确认表"后，应即会同经理室生产管理人员于"生产进度表"上注明确认完成并以安排生产。

## （十）质量异常分析改善

**第二十五条　制造程序质量异常改善**

"异常处理单"经经理列入改善者，由经理室品保组登记交由改善执行部门依《异常处理单》所拟的改善意见确实执行，并定期提出报告，会同有关部门检查改善结果。

**第二十六条　质量异常统计分析**

（1）质量管理部每日依 IPQC 抽查记录统计异常料号、项目及数量汇总编制"各机班、料号不良分析日报表"送经理核实后，送制造部一份以了解每日质量异常情况，以拟定改善措施。

（2）质量管理部每周依据每日抽检编制的"各机班、料号不良分析日报表"将异常项目汇总编制"抽检异常周报"送总经理室、制造部品保组并由制造科召集各机班针对主要异常项目、发生原因及措施检查。

（3）各科生产中发生异常时拟报废的物料，应填报"成品报废单"会同质量管理部 MPB 确认后才可报废，且每月 5 日前由质量管理部汇总填报"报废原因统计表"，送有关部门检查改善。

（十一）　附则

**第二十七条　实施与修订**

本制度呈总经理核准后实施，增补修改亦同。

# 六、质量管理日常检查规定

**第一条**　为了避免人员的疏忽，而导致不良的影响，使全体员工重视质量管理，确实为提高产品质量、降低成本而努力。

**第二条**　范围

（1）工作检查。

（2）生产操作检。

（3）自主检查。

（4）外作厂商质量管理检查。

（5）质量保管检查。

（6）设备维护检查。

（7）厂房安全卫生检查。

（8）其他可能影响产品质量的检查。

**第三条　检查的频率**

依检查范围的类别，以及对产品质量影响的程度而定。

**第四条　检查的项目**

依检查范围的类别而定。

**第五条　检查资料的回馈**

要转知有关单位研讨改进，并作为下次检查的依据。

**第六条　实施单位**

质量管理部成品科及有关单位。

**第七条　实施要点**

**1. 工作检查**

（1）必须由各单位主管配合执行。

（2）频率：

①正常时每周一次，每次二至三人，但至少每月一次。

②新进人员开始时每周一次，至其熟练后，与其他人员一样，依正常时的频率。

③特殊重大的工作则视情况而定。

（3）工作检查表（略）。

**2. 质量保管检查**

（1）原料、加工品、半成品、成品等。

（2）频率：每周一次。

（3）质量保管检查表（略）。

**3. 厂房安全卫生检查**

频率：每周一次。

**第八条**　本规定经质量管理委员会核定后实施，修正时亦同。

## 七、检验仪器的管理办法

**第一条　目的**

确保检验仪器的精准，防止因仪器的误差而产生不良品，并延长检验仪器的使用寿命。

**第二条　范围**

凡本公司所使用的检验仪器。

**第三条　实施单位**

质量管理单位及使用单位。

**第四条　实施要点**

（1）所有检验仪器均需建卡，并指定专人负责保管、使用、维护保养及校正。

（2）为使员工确实了解正确的使用方法，以及维护保养与校正工作的实施，凡有关人员均需参加培训，由质量管理单位负责排定课程讲授，如新进人员未参加培训前就须使用检验仪器时，则由各单位派人先行讲解。

（3）检验仪器应放置于适宜的环境（要避免阳光直接照射，适宜的温度），且使用人员应依正确的使用方法实施检验，使用后，如其有附件者应归复原位。

（4）有关维护保养方面

①由使用人负责实施。

②在使用前后应保持清洁且切忌碰撞。

③维护保养周期实施定期维护保养并作记录。

④检验仪器量规如发生功能失效或损坏等异常现象时，应立即送请专门技术人员修复。

⑤久不使用的电子仪器，宜定期插电开动。

⑥一切维护保养工作以本公司现有人员实施为原则，若限于技术上或特殊方法而无法自行实施时，则委托设备完善的其他机构协助，但需要提供维护保养证明书，或相当的凭证。

（5）有关校正方面

①由质量管理单位负责实施，并作记录，但在使用前后或使用中必须校正者，则由使用人随时实施。

②定期校正：

依校正周期，排定日程实施。

③临时校正：

A. 使用人在使用时或质量管理单位在巡回检验时发现检验仪器不精准，应立即校正。

B. 检验仪器如功能失效或损坏，经修复后，必须先校正才能使用。

C. 外借收回时应及时校正。

④检验仪器经校正后，若其精密度或准确度仍不符实施需要，应立即送请专门技术人员修复。

⑤若因技术上或设备上的困难，而无法自行校正者，则委托设备完善的其他机构代为校正，但须要求提供校正证明。

⑥检验仪器经专门技术人员鉴定后，认为必须汰旧换新者，以及因检验工作实际的需要，必须新购或增置者，得由质量管理单位依本公司请购规定请购。

**第五条**　本办法经质量管理委员会核定后实施，修正时亦同。

## 八、产品包装物料管理制度

为保证产品包装卫生质量，规范管理，根据检验检疫部门的相关要求，特制定本制度：

（1）所有进口的包装物料，必须符合进口国标准要求和检验检疫部门的卫生要求，无毒无害，无污染。

（2）采购国产的包装物料，规格、型号，必须符合公司产品加工生产的标准要求，无破损、渗漏及标识模糊不清等现象。

（3）进厂包装物料必须经验收合格后，才能使用，否则一律拒绝进厂。

（4）包装物料在库内要码垛整齐，按规格、型号存放。纸器等外包装要离地、离墙30厘米存放；内包装袋要放置在搁架上，按品种、规格摆放整齐，不得与有碍卫生的物品一块放置或接触。

（5）存放包装物料的场所必须清洁、干净、温度适宜，空气流通。

## 九、交货检验制度

（1）营业部门对于客户的订货商品及委托生产的商品的交货期，要经常与制造部门保持联系，以掌握其经过情形及进行状况。

（2）营业部门若已于指定交货日期前确定可以交货，应主动与客户联系确实的交货时间。

（3）当确定要货商品的交货日可能延迟时，应通知订货的客户以取得其理解。

（4）营业部门在交货查验商品时，应对照订货单，以确定品名、品质、规格、单价、数量及其他事项是否符合订货单的要求。

（5）商品的交货与配送业务由营业部门负责。

（6）在交货或配送商品时应发送货通知单。

（7）关于商品交货、配送后，客户拒绝收货、要求退货及其他等等的投诉问题，应取得负责人或营业经理的认可，设法寻求处理办法。

## 十、受理订货制度

（1）营业部门在确定订货已成立时，应将工厂生产及出货的必要事项记入订货受理传票中，发函给相关单位。

（2）所有电话、外部销售或来函的订货受理，不论外务或是内务，皆由受理订货的本人填写本订货受理传票。

（3）营业部门向制造部门公告预估生产委托表时，应要求提出制造品与在制品的区分、制造品的交货预定的处理报告，以说明其经过。

（4）营业部门为执行各项计划，使销售、订货受理活动顺利进行，应与制造部门保持密切联系，并随时准备好商品库存明细表、主要材料的进厂预定表、主要材料的库存明细表。

## 十一、商品价格管理制度

### 1. 定价策略

（1）企业的定价权限

①对实行国家指导价的商品和收费项目，按照有关规定制定商品价格和收费

标准。

②制定实行市场调节的商品价格的收费标准。

③对经济部门鉴定确认，物价部门批准实行优质加价的商品，在规定的加价幅度内制定商品价格，按照规定权限确定残、损、废、次商品的处理价格。

④在国家规定期限内制定新产品的试销价格。

在定价过程中，要考虑下列因素：

A. 国家的方针政策。

B. 商品价值大小。

C. 市场供求变化。

D. 货币价值变化等。

（2）商品价格管理

根据国家规定，企业和物流中心在价格方面应当履行下列义务：

①遵照执行国家的价格方针、政策和法规，执行国家定价、国家指导价。

②如实上报实行国家定价、国家指导价的商品和收费项目的有关定价资料。

③服从物价部门的价格管理，接受价格监督检查，如实提供价格检查所必需的成本、账簿等有关资料。

④执行物价部门规定的商品价格和收费标准的申报、备案制度。

⑤零售商业、饮食行业、服务行业等，必须按照规定明码标价。

（3）物价管理的基本制度

①明码标价制度。实行明码标价制度，便于顾客挑选商品。明码标价，要做到有货有价，有价有签，标签美观，字迹清楚，一目了然。标签的内容要完整，标签的颜色要醒目有别。实行一物一签制，货签对位。对标签要加强管理，标签的填写、更换、销毁都应由专职或兼职物价员负责，标签上没有物价员名章无效。对于失落、错放、看不清的标签要及时纠正、更换。

②价格通知制度。价格通知制度就是将主管部门批准的价格用通知单的形式，通知各个执行价格的单位，包括新经营商品的价格通知、价格调整通知和错价更正通知。价格通知单是传达各种商品价格信息的工具，直接关系到价格的准确性，也关系到价格的机密性。

③物价工作联系制度。物价工作联系制度就是制定和调整商品价格时，同有关单位和地区互通情况、交流经验、加强协作、及时交换价格资料的制度。

④价格登记制度。价格登记就是把企业经营的全部商品的价格进行系统的记录，建立价格登记簿和物价卡片。价格登记，是检查物价的依据，所以要及时、准确、完整，便于长期保存。在登记簿和卡片上应写明下列内容：商品编号、商品名称、产地、规格、牌号、计价单位、进货价格、批发价格、批零差率、地区差率、定价和调价日期、批准单位等。

⑤物价监督和检查制度。物价监督包括国家监督、社会监督和单位监督三种基本形式。

国家监督就是通过各级物价机构、银行、财政、工商行政和税务部门从各个侧面对物价进行监督。社会监督就是群众团体、人民代表、消费者以社会舆论对物价进行监督。单位内部监督就是企业内部在价格联系中互相监督。

物价检查，一般是指物价检查部门或物价专业人员定期或不定期地开展审价和调价工作。

## 2. 物价管理权限

（1）认真贯彻执行党和国家有关物价的方针、政策，负责组织学习培训、加强物价纪律教育，不断提高企业员工的政策观念、业务水平和依法经商的自觉性。

（2）正确执行商品价格，按照物价管理权限，制定审批商品或服务收费的价格，检查、监督基层物价管理工作的执行情况，发现价格差错及时纠正，情节严重的予以经济处罚。

（3）认真做好物价统计工作，搞好重点商品价格信息的积累，建立商品价格信息资料，分析市场价格变化情况，开展调查研究，为企业经营服务。

（4）对重点商品和招商商品的价格实行宏观控制，限定综合差率，审批价格。

（5）凡新上岗的物价员，审批价格由经营部负责。半年后视工作情况，下放审批价格权。

（6）按照权限审批处理价格，凡处理残损商品，损失金额不超过500元的（一种商品），由各专业部门主管经理审批，交市场经营部备案。

凡处理残损商品，损失金额在500元~3000元之间的（一种商品），由经营部主管部长审批。

凡处理残损商品，损失金额超过3000元的（一种商品），由主管副总经理审批。

处理超利商品。对超过保本期、保利期确属需要削价处理的商品每月月底，由物价员会同有关人员提出处理价格，处理价格不低于商品进价的，由主管业务经理负责审批，交公司经营部备案；处理价格低于商品进价的，上报公司经营部，由公司经营部主管部长视全公司经营情况酌情审批；对一种商品损失金额超过 5000 元的必须上报公司总经理审批。

### 3. 物价管理的基本要求

（1）对企业所经营的商品（包括代销、展销商品）都要使用商品编号，按计算机管理要求，根据商品种类进行统一编号，并逐步实施商品条形码。所有业务环节凡涉及商品编号的（商品购进、定价、调价、削价处理、标价签、出入库、盘点等）所用票据，均使用统一编号。

（2）商品定价要按有关规定执行。商品定价原则：根据市场行情、价格信息、企业经营情况，坚持勤进快销的原则，合理制定商品价格。

凡特殊商品定价（化妆品、家用电器、食品、黄金、皮鞋等）需要持有质量检测证件的，物价员必须验证定价，证件不全不予定价。

（3）制作物价台账。物价台账是企业审查价格，实行经济核算的重要依据，其范围包括经营、兼营、批发、展销、试销、加工。必须做到有货有账，以账审价。

根据专业公司新价通知单，自采商品定价单，进货票和进货合同，物价台账登载内容包括产地、编号、品名、规格、等级、单位、进价、单价税额。企业专职物价员要全面、完整、连贯、准确登记，同时存入计算机对应管理。

（4）商品的价格调整，必须以上级供货单位下达的调价通知单为依据。严格按照规定的编号、品名、规格、等级、价格和调整时间执行。商品需要调整价格时，由各专业物价员会同有关业务人员根据市场行情、调价依据、库存情况、资金周转率等，提出调价意见，填制"商品价格调整计划表"，由市场经营部审批。调整价格前，专职物价员按调价内容更改物价台账，须在执行前一天，通知营业部兼职物价员，填制新价签，并盖章。调价商品在执行前一天业务终了后盘点，填制"商品变价报告单"，报物价员审核盖章，部门做进销存日报表转财会做账。调价通知单建立存档制度，由物价员统一保管。

（5）凡柜台出售的商品和服务收费标准都必须实行明码标价制度，并使用统一商品标价签。在商品同部位设置商品标价签，要做到"一货一签"、"货签对位"。商品标价签应注明商品编号、品名、规格、单位、产地、等级、零售价，标价签由物价员审核盖章后方能使用。属于试销商品和处理商品应注明"试销"或"处理"字样。填写商品标价签应做到整齐、美观、准确、清楚，所用文字一律采用国家颁布的简化汉字，零售价格要盖阿拉伯数字戳。

（6）价格检查：商品的零售价格，以及服务收费标准（包括生产配件、加工费率、毛利率、产品质量等）是否正确。有无违反有关规定越权定价、调价和处理商品现象。是否正确执行明码标价和使用统一商品标价签。商品质价是否相符，有无以次充好、以假充真、掺杂使假、改头换面、变相涨价的问题。

（7）价格信息：为使价格触角更加灵敏，为企业经营决策服务，需要加强价格信息工作，价格信息来源于各方经营信息和国家有关行业信息反馈，其基础工作是采价。

经营部每周要组织各部门专职物价员进行一次半日采价，主要对某类商品或一段时间内价格波动大的商品、季节性商品、销售畅旺的商品等，进行类比分析，并做较详细的记录。记录内容包括：采价商品的名称、零售价、所到单位名称。采价后物价员需对价格动态进行分析，计算出与本企业的价格差，提出参考变价意见，报各部门经理室和经营部（专职物价员留存一份），建立价格信息数据库。

（8）物价纪律：

①企业员工必须遵守物价纪律，不准泄露物价机密，不准越权擅自定价、调价，不准早调、迟调、漏调商品价格。由物价员按照分工管理权限定价，其他人员无权定价。

②切实执行明码标价制度，杜绝以次顶好、掺杂使假、少斤短尺等变相涨价的做法。

③削价处理商品，一律公开出售，不准私留私分。

## 十二、营销商品价格制度

### （一）营销价格管理制度

（1）商品的价格要根据下游生产及采购的价格统一来估算，经由经理决定后，提供给经销商作为参考。

（2）价格书的制作由营业部门的内务负责，通常要先从经销商处拿到正确的规格书后才着手进行。

（3）营业部门必须以主要材料价格表、预估成本计算表、一般市价表、标准品单价表等资料作为估价参考资料。

（4）营业部门对于定期委托制造部生产的标准品，应要求制造部提出其主要材料价格表与价格成本计算表。

（5）对于标准品以外的交易或价格委托，每次都要经由制造部经理的裁决，以估价的价格方式处理。

（6）对商品做估价时，应尽速进行状况调查，尽快提出报告。

（7）将价格书送给经销商之后，必须在价格账目表中提出日期及合同的成立与不成立等事项。

### （二）营销定价管理制度

**第一条**　本公司定价活动必须遵守本制度。

**第二条**　为准确地确定本公司产品价格，特设立成本研究委员会，委员会由下列成员构成：总经理（主任）、常务董事（副主任）、销售主管（委员）、财务主管（委员）、采购主管（委员）、制造主管（委员）。

**第三条**　对于新产品、改良产品，应由制造部门、设计部门或其他部门累计成本后，再予以慎重的定价。

**第四条**　必须经有关专家予以确认后方可择定定价方式。

**第五条**　在定价单提出以前，要尽量正确地收集顾客及竞争对手（有价格竞争时）的情报。

**第六条**　定价单提出后，必须保证正确而迅速的反馈，并根据定价单的存根，进行定期或重点研讨。

**第七条**　由成本研究委员会负责本公司的标准品、新产品和特殊产品的成本及销售价格的确定。

**第八条**　财务部门根据确定好的价格水平编制成本表和销售价格表，并负责检查营销人员交付的订货单所列示的价格是否正确。

**第九条**　对于订货价格可由营销人员自行决定，也可由总经理决定，或由成本研究委员会审定。

**第十条**　营销员在确定订货价格时，需兼顾本公司和经销商的利益及业务关系，避免任何一方受到损失。

**第十一条**　在接受订货时，应认真调查经销商的支付能力，以免货款无法收回。

**第十二条**　营销员依据自己的判断，能够自行决定订货价格的范围包括：

（1）以公司统一确定的价格接受订货。

（2）订货额在××万元至××万元之间，且降价幅度为×%的标准品订货。

（3）订货额在××元以内，且降价幅度为×%的标准品订货。

**第十三条**　订货单由营销人员交财务部门审核后，报销售主管核准。

**第十四条**　营销人员在规定范围内进行折价销售时，应填制"折价销售传票"，一式四联。

**第十五条**　在特别价格各项中，营销人员都需向财务部门提交订货单，并经销售主管审查。

## 十三、降价销售管理规定

（一）通　则

**第一条**　营销过程中所有降价（或折价）销售业务的处理均按照本规定办理。

**第二条**　降价分两种情况，一种是由营销人员自行判断决定；另一种是要经过必要的申请手续。

**第三条**　营销人员在决定降价时，必须统筹兼顾，综合考虑本公司与客户的相互关系，避免造成本公司的利益损失。

**第四条**　降价唯一的目的是扩大销售，坚决杜绝为满足个人的私利而抛售，因此其依据是客观的交易现实，必须做到公正、客观。

## （二）降价销售事务处理

**第五条**　营销人员自行判断降价，原则上适用于以下情况，但特定商品除外。

（1）客户支付额中未足×元的尾数。

（2）支付额达×万元以上时，可以有 1/200 的浮动额，但让利总额不能超过××元。

（3）支付额未满×万元，但在×万元以上时，可以有 1/200 的浮动额，但让利总额不得超过××元。

（4）支付额未满×万元时，降价幅度应在××元以内。

同时，无论何种情况，均要有充足的理由和严格的核算。

**第六条**　实施降价销售时，必须填写降价销售业务传票，降低销售业务传票一式五联。

**第七条**　降价销售业务的清单处理。

（1）商品管理部据此填制"降价销售业务传票"。

（2）降价销售业务传票共五份，要进行以下处理：

①降价销售业务传票由商品管理部留存。

②降价通知（商品管理部——客户）。

③货款扣除通知单（商品管理部——财务部）。

由财务部据此从客户销售账上扣除等额赊销款。

④降价销售核算单（商品管理部——财务部——客户），与降价销售统计表一起送交财务部。

⑤降价销售统计表（商品管理部——业务部）。

由业务部据此进行该类降价销售统计。

**第八条**  降价销售申请。

（1）大量订货、特殊订货及客户降价要求超出规定限额时，营销人员要提交"降价销售申请"。

（2）降价销售申请提交给业务部，由业务部转交上级审批。特殊紧急情况下，可通过电话请求总经理裁决。

（3）电话申请批复时，营销人员要补送"降价销售申请"。

（4）降价销售申请一式两份，一份由申请者留存，以作降价销售的凭证依据，另一份送交业务部审查后，经营业部长送交总经理裁决，如总经理同意，返交业务部，再由业务部转交商品管理部。

（三）降价洽谈要领

**第九条**  在大批量订货和特殊订货情况下，客户大都提出降价要求，营销人员如认为理由充足，且降价要求没有超出本公司指定限度，可自行决定降价。

**第十条**  如非降价销售品，营销人员应婉言谢绝。

**第十一条**  如客户的降价要求超出公司规定的降价限度，营销人员应讲明自己无权决定，然后可请示上级，或打电话请示，并要求对方讲清楚压低降价幅度。

## 十四、商品变价票流物流规程

（1）营业部门销售人员接到物价员转来的变价通知单，按规定和要求做商品变价报告单1~5联，经经理审批签字后，转物价员审核。

（2）物价员接到销售人员转来的变价报告单，审核签字后交公司经理审批。

（3）物价员将经理审批后的变价报告单第5联留存记物价账，1联交公司经营部，2~4联转营业部门商品账记账员。

（4）商品账记账员接到变价报告单2~4联审核无误后，按变价报告单变动商品销售价格，留存3联，在当日进销日报表登记变价增值或减值并记库存商品（经销）二级账金额增加或减少，将变价报告单2联转营业部门会计室，4联转统计员。

（5）营业部门会计室接到商品账转来的商品变价报告单 2 联，审核无误后做记账凭证，借或贷库存商品、贷或借商品进销差价。

注：商品变价后售价低于成本的损失上报本公司财务部研究处理。公司作削价准备或列入营业部门当期损益。

## 十五、商品削价管理规程

（1）部门业务主任根据柜台商品残损、变质、积压等情况做商品削价处理申报单 1~5 联，报转物价员审核。

（2）物价员接到部门业务主任转来的削价处理申报单到柜台查看商品残损程度，严格审核削价幅度，认定合理无误后签字交公司经理审批。

（3）物价员接到经理审批后的削价处理申报单 5 联留存，1 联交经营部，2 ~4 联转营业部门商品账记账员。

（4）商品账记账员接到"申报单"的 2~4 联，审核无误后，按"申报单"中所列商品编号品名数量由好品转入"处理商品"，即减少好品柜台数量，按商品编号、品名、新定售价增设代"处"字头的账面，记柜台栏数量增加。

（5）根据商品削价处理申报单损失金额在当日进销存日报表登记变价减值并记库存商品（经销）二级账金额减少，"申报单" 2 联转营业部门会计室，4 联转统计员。

（6）营业部门会计室接到商品账转来的"申报单" 2 联审核无误后，做记账凭证，借进销差价、贷库存商品。

## 十六、营销财务管理制度

### （一）账号设置

营业部门实行收支两条线，设立两个账号，分别为费用账号与收入账号，上报公司财务部。收入账号只能存入，不能支出。

（二）资金管理

（1）营业部门对客户信用额度外的销售一律实行现款现货，严禁赊销，业务经理不准担保或垫付。

（2）所有销售收入最迟至第二天 9 时必须存入银行。

（3）员工借支现金，一律按公司财务相关规定办理，由办事处经理审批，最迟不得超过一个月清偿。

（4）现金做到日清日结，应定期或不定期清查，不允许白条冲抵现金，内务主管无权私自借支现金。

（5）收款时应认真辨别真伪，凡假币由责任人负责赔偿。

（6）严格遵守公司财务部其他相关规定。

（三）应收款管理

（1）应收账款：应收款的发生由营业部门经理和内务主管共同批准，由区域经理进行跟踪管理。如出现呆坏账，由营业部门经理承担 50%，该区域业务经理与内务主管共同承担 50% 责任。

（2）统计员与内务主管要做好应收款的账务登记，按发货单同时记录，按收款收据或银行到款通知单同时核销。内务主管、储运员与业务经理应做好催收工作。

（3）个人应收款：在 2000 元（含 2000 元）以内，要经营业部门经理批准，并在一个月内报账归还，超期自动从工资中扣除。

（4）业务经理、内务主管应及时发现坏账倾向，并向营业部门经理报告，由营业部门经理牵头，协同采取措施追收。不能确认的坏账要继续追收，直至用法律手段。

（5）一旦确认出现坏账时，填写财务部的"坏账审批表"报公司调查、复核。坏账的最后确认权在总经理。

（四）小额办公用品及低值易耗品管理

（1）营业部门根据需要，由经理审批，由内务主管购置小额办公用品及低值易耗品。

（2）内务主管应设台账，登记支出账目，负责保管好小额办公用品及低值易耗品，经营业部门经理签字方可领用。领用情况由内务主管登记在册。

（五）费用控制

（1）营业部门经理是控制办事处费用支出的责任人。所有费用支出均须营业部门经理签字同意，由内务主管进行审核后，方能凭合法的凭证由财务主管报销。

（2）如果已支出费用不能通过公司财务部门的终审，则由营业部门经理与内务主管共同承担责任。

（六）促销品管理

各类促销品由仓管员管理，登记台账，严格按照促销计划比例发放，有关经手人签字。

（七）办公设备管理

重大采购事项需报请销售计划部，批准后方可采购。

（八）费用支出标准

**1. 费用额度与控制**

（1）公司根据各地区市场发育程度，确定各营业部门费用总额与种类比例。

（2）费用总额中不包括对营业部门的奖励部分。

（3）节支费用使用方法：

①营业部门当月节支费用的40%，可记入下月使用。

②设营业部门地区可提取月节支费用的30%，作为营业部门员工奖励。

③未设营业部门地区可提取季度节支费用的50%，作为该区域工作人员的激励，其余部分不再记入次月的开支中。

**2. 费用支出具体标准**

（1）差旅费（非住宿所在地的工作区域之间所发生的费用）

①营业部门经理、区域经理：营业部门经理按业务经理的巡访计划核算出差天数。

②出差补助（食宿及市内交通费）：90元/天。

③长途交通费：最高可报火车硬卧。

（2）业务经理

①出差补助（食宿及市内交通费）：70 元/天。

②长途交通费：8 小时以下按火车硬座，8 小时以上按火车硬卧标准。

（3）差旅费报销需有出差申请表及正式票据。

（4）办公电话费：限额 1500 元/月。

①传真费：必须使用正规票据。

②邮寄费：必须使用正规邮电票据。

③办公用品费（含复印费）：限额 20 元/月。

④营业部门短途运输费：登记。

⑤营业部门车辆燃油费：登记。

⑥停车费：正规票据。

⑦车辆维修费：正规票据。

⑧促销宣传费：经公司批准后方可支出。

⑨其他：超出预算的费用，支出前须填报"特殊费用申请表"，经公司批准后方可支出。

### 3. 费用的核销

（1）营业部门的所有支出均为限额实报实销，所有费用均需经营业部门财务主管及营业部门经理复核后，每 10 日连同发货单寄至财务部核销。

（2）旅费核销依据：当月考勤表、当月出差申请表以时间先后为序按飞机、火车、汽车票、住宿票及其他票据分类粘贴，按规定格式填写差旅费报销单，经审核报销。

（3）业务人员出差需填写"出差申请表"，经营业部门经理批准方可出差。经批准的"出差申请表"需在营业部门备案，以此作为考勤、报销的依据。出差返回后，将填写好出差结果的申请表附于差旅费报销单后，经审核报销。无申请表或申请表填写不完善，该次差旅费不予报销。

（4）传真、邮寄费、办公电话费、房租费、办公用品费、短途运费、燃油费、停车费、维修费等应分类粘贴报销。

（5）特殊费用：未包含在上述之内的和超出预算的费用，报销时将经过批准的"特殊费用申请表"附于单据后。

（6）当月所有费用应按时寄回财务部，未按时寄回不予报销。所有费用均需正规票据，严禁使用白条、虚假票据（房租需有房东签字收条）。

（7）员工住宿的水电、有线电视、伙食费等杂费不予报销。

## 十七、财务报销制度

### 1. 费用报销

（1）一切费用要在核定批准的费用定额范围内开支，超支部门要经企业主管领导批准方可向财务部报销。

（2）已经取得原始发票的只要填制报销凭证，由经办人验收或证明人签章、领导签字即可报销，已批准的费用定额内的由部门领导人签字，定额外的由企业主管领导签字。

（3）未取得原始发票而要先付款时，可以先到财务部办理借款，经领导批准后（已经批准的费用定额内的由部门领导签字，定额外的由总经理签字）一周之内办理报销手续，同时撤回借款单第三联。

### 2. 固定资产报销

（1）必须先有批准的购置计划才能购置固定资产，需购置商品必须经总经理室向有关部门办理专项控制证明单才能购买。

（2）如果在当日内购置，经领导批准可借用空白支票在计划范围内购置，如能事先知道价格、单位名称及账号者，可办理借款手续，经领导批准后由财务部开支票。

（3）固定资产报销时须建立固定资产卡片，并有资产编号，财务部才准予报销。

（4）固定资产经财务部报销后，列入"内部往来成本费用"科目。

### 3. 流动资产报销

（1）采购部门应提出次月原材料及备用品、备件购置的购料计划，经领导批准后报财务部做次月定额用款计划。

（2）凡购入材料物品，必须填写入库验收单一式三联，采购、仓库、财务部各一联，填好验收单后，才予以报销。

（3）材料物品领用时，必须填领料单一式三联，领用人、仓库、财务部各一联。

（4）仓库保管员兼材料会计，每月应与财务部核对账目，发现问题及时找出原因，并予以更正。

（5）采购部门可借支备用金，作为零星购料周转；工程部也可以借支备用金，作为急需采购维修物品用，年终备用金全部交财务部。

（6）采购人员经领导批准可借支空白支票（限于一定数额内开支），但必须在三天内到财务部报销，如果取得正式发票，可办理报销手续，不再借支空白支票。

（7）各项预付款先填借款单，按合同要求经企业主管领导批准后再付款。

（8）低值易耗品报销手续必须建立低值易耗品卡片。

（9）年终物资部应盘点一次，列出材料清单与财务部核对，并做出盈亏表。

## 十八、销售渠道管理规则

**第一条　销售路径**

关于销售的路径以下列规定为准：

（1）代理店由总公司负责协调、管理。

（2）特约店由支店营业所负责管理。

**第二条　销售区域**

（1）销售区域集中于商业区，以目前支店营业所的所管区域为主。

（2）目前管辖以外区域的销售活动，除经本公司登记有案的特约店以外一概不予认可。

（3）将来拟以省、市、区、县为其销售区域，即代理店的设置未来将以都市为中心选择合适的地点设置。

**第三条　代理店**

代理店是指与本公司有直接交易的商店而言。但它的销售责任额必须达到以下数字：

（1）A地区（市中心区域）

每月××万元，每期××万元以上。

（2）B地区（A地区以外的所有地区）。

每月××万元，每期××万元以上。

**第四条　特约店**

特约店以批发为其专营事业，要经总公司及代理店双方协议始得成立，它与总公司（或支店营业所）有直接交易，但还未达到代理店的资格。它的营业责任额必须达到以下的目标：

（1）A地区（同上）每月××万元，每期××万元以上。

（2）B地区（同上）每月××万元，每期××万元以上。

**第五条　特约交货店**

所谓特约交货店是指各支店向总公司提出申请，并获认可的交货店而言。但其营业责任额要达到下列目标：

（1）A地区（同上）每月××万元，每期××万元以上。

（2）B地区（同上）每月××万元，每期××万元以上。

**第六条　A级代理店**

A级代理店是指代理店当中与总公司缔结代理店合同，实施合同交易的店而言。

**第七条　B级代理店**

B级代理店是指代理店无法与总公司缔结代理店合同的店而言。

**第八条　A级特约店**

A级特约店是指必须缴付回报奖金，而且将来必须与总公司合作的特约店而言。

**第九条　B级特约店**

B级特约店是指不必缴付回报奖金，位居于代理店系列之下的店而言。

**第十条　C级特约店**

C级特约店是指第五条特约交货店而言。

**第十一条　销售手续费**

（1）代理店可因对特约店的交易处理要求支出销售手续费，于每月截止期结算，从该月份的请款金额中扣除。

①制造销售价格××%以上。

②代理店交给特约店的价格××%以上。

③给代理店的销售手续费××%中的××%。

（2）代理店可因对特约交货店的交易处理要求销售手续费，并依据特约交货店的申报，经由支店（或营业所）的确认，从该月份的请款金额中扣除当月申报的金额。

①制造销售价格××%。

②代理店交给特约交货店的价格××%以上。

③给代理店的销售手续费××%中的××%。

**第十二条　销售回报奖金**

（1）本公司将依据代理店及特约店的交易额每半年支付一次本项金额。

（2）回报奖金的计算及支付方法。本奖金的计算期间为4月1日~9月30日及10月1日~3月31日，每年2次。其间所收取的总额会于次期做扣减结算后再支付。

**第十三条　回报奖金计算的基础数字**

代理店计算回报奖金的对象金额以该店的进款金额为准。

（1）店的请款金额是指从本期总销售额中扣除特约出货额、特约交货店的出货额（两者都包含××%的销售手续费在内）及折扣掉××%以上的特价品部分后的金额。

（2）有必要支付奖金的特约店，原则上事前要由各支店营业所提出申报，经由公司审查认可后始得实施。

**第十四条　调整金**

（1）产品不论新旧。

（2）接受调整的对象，原则上以A级代理店（有互换合同书之店）为主。但B级代理店（无互换合同书之店）也可设定一定的期间；与合同缔结代理店（A级代理店）一样，接受调整。

（3）调整金于每月截止期内结算，从当月请款金额中扣除作为支付。

**第十五条　功劳金**

（1）功劳金是针对代理店的交易额，依照下列方式支付的一种金额。

（2）绩效奖金的计算基准与奖金一样，以店的销售额为对象，计算期间也相同。

（3）绩效奖金的支付是针对期间内店的总收入额来计算，原则上于次期中以现金支付。

（4）绩效奖金的对象有专卖店及一般商店的区分。

（5）绩效奖金的支付原则上以现有对象为主，不拟再扩大范围。

**第十六条　商品的处理单位**

（1）在处理上，原则上以一捆为单位。

（2）所谓一捆是指集合各种物品，制造价格为10000元者。但如情况紧急则不在此限。

**第十七条　退货处理的规定**

（1）凡良品一概不得退货。

（2）不良品退货时，一概以××%处理。但责任如出于本公司则不在此限。

（3）有关总店及支店之间的退货处理事宜，另文规定。

**第十八条　批发价格的再确认**

（1）代理店、特约店如违反规定（××%以上），破坏价格从事销售，一经发现，其批货价格将经由审议，改为××%。

（2）如有以上情况将不支付回报奖金。

**第十九条　货款清偿方法**

（1）截止日期比照以往规定。

（2）货款清偿于交易截止日后的10日起以现金或××日以内的期票缴付。

（3）如超过约定日期缴付，对方必须依照超过的日数，负担每日××厘的利率损失。

**第二十条　新代理店及特约店的设置**

本公司如认定某一区域有加强销售的必要时，将与有关的代理店进行充分的协商，设置新的代理店与特约店。

**第二十一条　本规定与个别合同的关系**

如有个别合同在先，个别合同将优先于本规定。

**第二十二条　本规定的适用范围**

本规定由××产业股份有限公司于××××年××月制定，适用于其所制造、销售的所有××产品。

**第二十三条　本规定的实施**

本规定于××××年××月××日起开始实施。

## 十九、货款回收处理规定

**第一条**　当月货款未能于次月 5 日以前回收者，自即日起至月底止，列为"未收款"。

**第二条**　未收款又未能于前项期限内回收者，即转列为"催收款"。

**第三条**　经销店有下列所述的情形者，其货款列为"准呆账"。

（1）经销店已宣告倒闭或虽未正式宣告倒闭，但其征候已渐明显者。

（2）经销店因他案受法院查封，货款已无清偿的可能者。

（3）支付货款的票据一再退票，而无令人可相信的理由者，并已停止出货一个月以上者。

（4）催收款迄今未能解决，并已停止出货一个月以上者。

（5）其他货款的回收明显有重大困难的情形，经签准依法处理者。

**第四条**　对于未收款应做如下处理：

（1）当月货款未能于次月 5 日以前回收者，财务部应于每月 10 日以前将其明细列交营业部核之。

（2）前项情形该辖区经理级主管，应于未收款期限内，监督所属解决。

**第五条**　对于催收款应做如下处理：

（1）未收款未能依第四条第二款解决，以致转为催收款者，该经理级主管应于未收款转为催收款后五日内将其未能回收的原因及对策，以书面提交副总经理，呈总经理核示。

（2）货款经列为催收款后，副总经理应于 30 日内监督所属解决。

**第六条**　对于准呆账应做如下处理：

（1）准呆账的处理乃以营业单位为主办，至于所配合的法律程序，由法律部另以专案研究处理。

（2）移送法律部配合处理的时机：对于经销店未正式宣告倒闭，但其征候已渐明显的和经销因他案受法院查封，货款已无清偿可能的情形，应于知悉后，即日遭送法律部配合处理。对于支付货款的票据一再退票，而无令人可相信的理由，并已停止出货一个月以上的和催收款迄今未能解决，营业单位应依（催收款的处理）规定先行处理解决。处理后未能有结果，认为有依法处理的必要者，再签移法律部依法处理。

（3）正式采取法律途径以前的和解，由法律部会同营业部前往处理。

（4）法律程序的进行，由法律部另以专案签准办理。

**第七条**　准呆账移送法律部后，由法律部移请董事会定期召集营业、企划、财务等单位，召开检查会，检查案件的前因后果，以之为前车之鉴，并评述有关人员是否失职。

## 二十、营销人员出差津贴表

| | 职员 | 作业员 | 备注 |
|---|---|---|---|
| 1 | 主管津贴 | 主管津贴 | |
| 2 | 生活津贴 | 生活津贴 | |
| 3 | 伙食津贴 | 伙食津贴 | |
| 4 | 交通津贴 | 交通津贴 | |
| 5 | 工作津贴 | 工作津贴 | |
| 6 | | 加班餐（点心）费 | |

## 二十一、营销人员年度奖金表

| | 职员 | 作业员 | 备注 |
|---|---|---|---|
| 1 | 效率奖金 | 效率奖金 | |
| 2 | 目标奖金 | 目标奖金 | |
| 3 | 全勤奖金 | 全勤奖金 | |
| 4 | 年终奖金 | 年终奖金 | |

# 第六章　加盟、连锁店营销管理制度

## 一、特许店营销制度

### 1. 促销的目的

特许店天天接触的是最为直接的一端——消费者，市场的竞争越激烈，促销所担负的责任就越重要。在特许店经营活动中，促销的目的可分为提高营业额、促进商品的回转两大方面。

（1）提高营业额。营业额来自来客数与客单价，而影响来客数与客单价的因素相当多。一般情况下，消费者在决定是否入门店或是否购买商品时，模式相当复杂，有单纯理性型、单纯感性型、理性感性混合型，因此提高营业额应包括以下几方面：

①增加来客数。消费者不上门，生意无从谈起；所以来客数是影响业绩最为重要的因素。促销可以造成人潮，吸引来客入店，增加购买的客数。

②提高商品客单价。如果来客数短期无法增加，或者客群过于集中，则促销的诱因可以促使消费者多购买一些商品或单价较高的商品，以提高客单价。

③刺激游离顾客的购买。游离顾客进入门店事先并没有是否购物的计划，因此通过促销可以刺激游离顾客形成购买行为。

（2）促进商品的回转。商品是特许店的命脉，良好的商品回转，会带来良性循环，因为商品的新鲜，往往给顾客留下好印象，也会给特许店企业总部带来口碑相传的免费广告。一般而言，促进商品的回转可从三方面着手：

①新商品上市的试用。

②加速滞销品的销售。

③库存的出清。

### 2. 促销程序

（1）促销计划。促销计划是指促进商品销售和展示新产品的计划。

（2）销售目标。销售目标是指为促销制定的预期售量。销售目标作为了解促销员工的工作绩效的主要工具之一，可以使主管和经理追踪每位员工的工作效率，并可以有效地带动竞争。

（3）确定销售目标的具体方法。可通过电脑查询到所促销商品前4周的销售（单位）数量，然后用这个数量除以28（即4周天数），得出日均销售数量。一般规定销售目标为：8小时示范的销售目标为日均数量×3；4小时示范的销售目标为日均数量×2。这些必须在促销员的每日报告中显示。例如：一项商品在4周的销售数量为420个，则每日平均销售为15个（420/28），8小时促销的目标则为45个（15×3），4小时促销的目标主尖为30个（15×2）。

（4）促销工作：

①需要多长时间。准备和结束工作的时间分别不超过15分钟。

②选择位置。选择人流量高的位置作为自己的促销展位。

（5）促销商品知识：

①预先了解商品：

A. 商品信息卡：促销员自己制作，包括详细的该种商品的各种信息。

B. 包装说明：通过商品包装上的说明了解商品的各类信息。

C. 商品培训录像：由供应商提供，有示范操作、功能介绍及演示作用。

②根据供应商的建议了解商品。

③必须掌握的商品基本知识：

A. 制造商、产地。

B. 价格。

C. 包装尺寸。

### 3. 促销活动计划

特许经营企业促销活动千奇百怪，不断产生的促销创意使得促销活动更为有趣，然而一个有趣的创意促销活动仍必须具有一定绩效，才能成为有效的促销。因此，为了使促销有创意也有绩效，完整与周到的促销计划就成为相当重要的课题。

（1）促销活动的理念

①目标性。任何一项活动都有动机与目的，促销的目标在于：

A. 广告宣传目的：建立企业知名度，提高消费者品牌形象。

B. 促销目的：立即增加营业额及来客数。

C. 公关目的：建立消费者信赖的良好印象，进而间接提高业绩。

D. 大型活动的目的：提高特许企业的知名度，增加消费者及同业间的认知度。

E. 教育社会使民众认知达成共识。任何活动的目标、对象均应明确化：目标对象达一定数量以上，才值得举办活动。

②时效性：

A. 任何活动，都应依其诉求对象的特性，选择在最适当的季节，节日或重要的纪念日举办。

B. 依诉求对象、活动内容、投入成本、可能收益等因素来决定活动期间的长短。

③创新性：

A. 任何活动的举办方法，应力求新鲜，具有独创性有吸引力，如此才能有更大的诱因招徕顾客，活动的效果才能更好。

B. 随时注意社会趋势，运用事件营销的冲击力提高活动效果。

④形象性：

A. 任何活动都必须"以诚信为原则"。

B. 任何活动都必须以消费者的立场为着眼点。

C. 赠品、摸彩或抽奖既已答应赠与就应确实赠出。

D. 与社会公益活动相结合，有助于提高企业形象。

⑤绩效性。任何活动都必须在成本条件与经济规模两个限制条件下创造出最大的绩效。

A. 成本预算控制。活动的成本预算以所增加毛利大于成本为原则。公关活动所耗费的成本应在公司控制之下，应做整体性的考核衡量。

B. 经济规模。新特许店低于10家时，成本高的活动较少举办，全区域性的活动也少办为宜。当特许店分布区域密集，且家数达经济规模时，则适合以较少费用来举办大型活动，成效明显。

（2）促销活动的种类。虽然活动的种类很多，分类的方式不一定相同，但是可以把易为企业接受的活动分为四大类，再把每类以期目标及施行方式分为如下小类：

①运动活动。公开参观：电视、电台、转播、一般人参加比赛、主妇参加比赛、儿童参加比赛。

②集会活动：

A. 文化奖、奖学金（冠名）、文化比赛、国际文化交流、文化大会（公开演讲）、文化会议（招待参加）。

B. 促销会议、消费文化节、生活者大会、商品展览会。

③企业冠名的音乐活动

A. 差额负担，冠名（经费大部分负担）。

B. 招待（企业主办或媒体主办）、歌唱比赛、音乐比赛。

④企业冠名的美术活动

A. 国外美术展，印象派美术展，现代书画，美术展，美术讲座，书法讲座。

B. 个人展、团体展、艺术比赛展、摄影比赛展、设计比赛展、工艺品比赛展、书法比赛展。

**4. 特许经营广告策划流程规范**

特许店通常更能适应本地的需求，故需要进行全国性的广告宣传。商品广告是应用图像、商品知识宣传等形式促进商品销售和商业性服务的一种好形式。

（1）店面广告（POP）的主要分类和比较。在经济稳定、市场日趋成熟、商品丰富、品种多样化的今天，商品情报的沟通从以往"制造商→零售商→消费者"已经转变成了"零售商→消费者"。POP（Point of purchase Advertising）广告作为卖场的广告，本身就和商品有关联。通过 POP 广告，还可以使销售活动场地同时变为进行广告活动的场所。POP 广告的任务就是要把商品情报传达给顾客，并让顾客了解商店的经营特色，提升特许店的形象。

（2）POP 广告的种类与功能。特许店的 POP 广告都是在考虑顾客要求的基础上制成的。对顾客来说，特许店的这些 POP 广告不但可以让他们获得商品的情报，了解商品的性质，更可以让他们在购物的同时，感受到特许店带给他们的愉快气氛。这在特许店和顾客的联络方面，是不可或缺的一大要素。

（3）营销公关策划。特许商店可以利用各种传播渠道，宣传本店值得目标公众注意的公益消息或服务信息；同时通过一系列的公关活动，树立和保持商店的良好形象，得到消费者或顾客的喜爱。营销公关比广告更能诱导消费者。

（4）特许经营销售促进。策划销售促进是指除了人员推销、广告和公关宣传之外的那些促使顾客购买和提高经营效率的营销活动，如商品陈列展销、有奖销售以及其他不属于日常销售工作范围的各种临时性的促销工作。

（5）特许店促销活动检查表。特许店每举行一次促销活动，都应该达到预期目标。因此，每次促销活动之后，都必须做促销活动检查表，对活动做一个全面分析，方能对以后的促销活动有启示。

## 二、特约店协会组织管理制度

为规范特约店的经营管理，加强特约店之间的联系，提高特约店营销业绩，特成立××特约店协会以作为特约店的组织管理机构。

**第一条　名称**

本会的名称为"××特约店协会"。

**第二条　办公处**

本会的办公处设于××公司之内。

**第三条　会员**

本会的会员与××公司缔结特约店合同，且须具有第八条规定的会员资格。

**第四条　事务**

本会以增进会员的销售绩效，促进业务的合理化及经营的发展，加强会员彼此之间的亲睦关系等为原则，特别开展下列五项工作：

（1）为促使销售合同成立所进行的各种磋商、协定。

（2）修订、制定特约店的规定。

（3）做各种业务上的联络，使彼此的交易得以圆满进行。

（4）举行有关销售方法、销售技术、店铺设计、经营管理、人事、事务处理及其他相关的研究会讲习会和训练会等规划，并进行指导。

（5）计划、实施各种活动来促进彼此间的亲睦。

**第五条　构成**

本会基于事务执行的需要，设置下列管理人员：

（1）会长：一名。

（2）副会长：一名。

（3）干事若干名。

以上管理人员由会员互选产生，任期为一年，可连选连任。

**第六条　年度会议**

本会每年举行一次大会，会中讨论年度计划及进行业务报告、会计报告。会长及副会长须依情况需要，召集人员组成董事会。董事会则根据大会的议事项目决定有关会务运作的协议。

**第七条　经费**

会费每年为××元。凡会议、通信、联络等会务运作所必需的经费皆由此支出。但讲习会、旅行等特别经费则需依当时的需要，由董事会议决定。

**第八条　会员的资格**

凡本会会员需具备下列四项条件：

（1）与××公司已缔结特约店合同者。

（2）已出信用金者。

（3）过去一年的销售额达到××万元以上者。

（4）其他本会特别指定者。

**第九条　会员的特惠**

本会对于会员特别订有《特约店交易规定》，会员可因此享有交易上的各种特别优惠条件。

**第十条　制度的废止**

本制度的废止须由大会决定。

## 三、特约店业务管理规定

**第一条**　本公司设置特约店的基准及其营运方针，皆以本规定的内容为准则。

**第二条　经营商品**

（1）经营商品以××为主体，目前的主力产品是靠旧有客户的交易。为了将来的发展，目前新产品也应视情经营，以此渠道来开始发售。

（2）特约店负责前项商品的批发和销售。

（3）特约店不得经手其他厂商的同种产品。

（4）今后将逐次追加经营商品项目。

**第三条**　特约店的设置

（1）特约店的设置依下列规划进行：

①A 地区每区××店。

②B 地区每区××店。

③C 地区每区××店。

（2）店数变更依据：前项区域划分，可因销售额的提高、人口的增加及其他等因素而变更店数。

（3）适用范围：本特约店制度只限适用于大都会及附近县市，其他区域的实行方针则依照总代理店制度来进行。

（4）特约店的选定：

①从以往即与本公司有交易往来的零售店中挑选。

②从目前虽与本公司无交易，或交易额极小，但却极具未来潜力的零售店中挑选。

（5）从实绩小的零售店中挑选特约店时，须依照下列标准：

①每年销售本公司产品金额超过××元以上的店。

②每年销售××产品数量超过 500 组以上的店。

③目前的交易额度虽小，但具有诚意且付款及时的零售店。

（6）未有交易往来却具实力之店系指：

①该地区尚未有旧有客户的店。

②以地区性来说具有销售潜力且未来仍有可能开拓销售渠道的零售店。

**第四条**　与非特约店的交易客户的往来方式

（1）对于非特约店的交易客户，一概以既有的交易方法来进行买卖。

（2）批给这些店的售价，不论货出于本公司或出于特约店，价格都应统一。

（3）对于新的交易申请，原则上应转交给该地区的特约店。

（4）这种非特约店的商店交易，应随着特约店销售能力的增大而中止。相反的，这些商店之中如有交易增大者，应设法将其纳入特约店之中。

**第五条** 特约店的义务

（1）特约店依其过去的实绩及所在区域的实力，每年要有一定的销售责任额。而此额每年应经双方协议而修正。

（2）制订近期特约店的最低销售责任额，暂定如下：

（3）特约店须加入总公司。

（4）总公司是以协助、扩展特约店业务为目的的亲睦团体。

**第六条** 交易方法

（1）交货给特约店的批价及特约店本身的售价依下列规定实施。此价格也为本公司交给工厂的价格。

①A 价——公司批给特约店的价格。

②B 价——公司给零售店的价格。

③C 价——卖给一般消费者的售价。

④D 价——季节前的交易价格，届时另订。

（2）为促进特约店的销售及奖励其付款的落实，本公司特设回扣（折扣）制度。

（3）货款的缴付以每月 25 日为截止日，次月 10 日要以现金缴付。如以期票缴付，则付款金额包含折扣费。

（4）关于季节性的货款缴付，另外订有特别价格。

（5）货物运送过程中所发生的破损等，由本公司负责。

**第七条** 支援销售的制度

（1）对于特约店，本公司将免费或以成本价提供销售用的目录、广告用册子、传单、海报等。

（2）公司会自行负担在报纸、杂志、传单及其他媒体上的产品宣传费用，在实行这些广告宣传之前，公司会做好实施预定表，事前与特约店联络。

（3）本公司会对特约店指导有关销售方法、商品说明方法及其他相关的教育，并指示销售计划。

（4）在开始销售新型产品时，公司会免费提供或借给各特约店该产品的样品。

（5）本公司对于特约店负责人及负责的店员进行有关产品的组合及使用方法、产品说明、销售时的应对方式等教育指导。

**第八条**　制造方法

（1）如偏远地区的订货量增多时，可于市内及各地设转包工厂，由这些工厂来负责产品生产。

（2）本公司内部将自设模具工厂，由公司亲自经营，至于生产方面再采取转包生产的方针。

（3）针对××及××各产品，本公司将设装配工程料，以付费方式将工程委托外包单位。

## 四、代理店管理制度

### （一）　总则

**第一条**　主旨

本制度规定××公司与代理店之间的有关交易事项。

**第二条**　代理店的销售区域

代理店可行销售的区域，依协议来决定。代理店如欲在指定以外的区域进行买卖活动，应事前与××公司联络，取得其认可。而在某种情况下，××公司必须考虑此店与其他代理店的竞争情况，做深入的调查与研究，确定无显著影响后方可予以认可。

**第三条**　经营商品

代理店所经营的商品必须是由××公司所提供的商品。

**第四条**　销售责任额

代理店的每月销售责任额为××万元以上。但此责任额必须是第三条规定产品的总额。

代理店须于每月 25 日之前，向××公司提出下个月份的销售预定。

**第五条**　经销处等的设置

代理店可在自己的责任范围内设置经销处及代办处等。但设置之前须与××公司联络，取得其认可方能实施。

**第六条　销售价格**

自我批发给代理店的商品价格与代理店卖给顾客的售价，必须依照另外规定的价格表来进行。

前项的价格如发生变更，前者须经双方协议，后者需××公司的认可方得实施。

**第七条　交易保证金**

代理店须根据交易额，事前缴纳××金额给本公司，作为交易保证金，××公司再配发此金额范围内的股份给代理店。

**第八条　相关资料的提供**

××公司必须令代理店提供必要的资料（例如客户名册、预估客户名册、销售计划等）。

**第九条　交货方式与运费**

本公司以××公司的工厂作为给代理店交货的地点。但如代理店另提出请求，可送货至其指定地点。

关于前项，如另有声明，则产品的装箱费、运费由代理店负担。运送途中如发生事故，其费用负担由××公司与代理店双方经由协商后决定。

**第十条　退货**

当货品与代理店的订货内容不同，或不合格品的制造责任明显为××公司所有时，始能接受退货条件。

**第十一条　付款条件**

货款的缴付以每月20日为期限，上月21日至本月20日货款则于下月10日缴齐。

前项付款以付款日起算，以10日内到期的支票为主。

**第十二条　暂停发货**

代理店如未能履行前项付款义务，或有违约情况发生，××公司将暂停给其发货以便观察。

**（二）对代理店的支援**

**第十三条　主旨**

为促进代理店的销售绩效与××公司和代理店之间的互助关系，特别制定各种奖励及支援制度。

**第十四条　交易奖励制度**

以下奖励制度适用于代理店的销售及付款事宜。

（1）销售额增进的奖金。代理店三个月的平均进货额如超过去年同期三个月平均额的三成以上，可享受一定回扣优待，奖金标准另定。

（2）前项奖金的计算及回扣是以该期的最后一月为计算基准月。

**第十五条　代理店的优惠条件**

（1）代理店如加盟代理店协会，将可享受代理店的经营及技术指导，产品知识的指导，配发宣传用品、经营资料及其他种种特惠条件。

（2）享受前项的代理店规定及其他规定。

（三）附则

**第十六条　严守机密**

代理店必须严守与××公司的有关交易机密，不得泄露给第三者。

**第十七条　违反规定的处置**

代理店如违反本规章的各条规定，××公司可随时解除部分或全部的合同。

**第十八条　禁止代理店彼此之间的竞争**

代理店须于指定区域内，以其售价来进行销售活动，避免向其他区域扩销，引起代理店彼此之间无谓的竞争。但如经××公司指示时则不在此限制之内。

若因前项行为或类似方法，引起代理店之间的竞争，××公司将站在公平的立场上调停解决。

**第十九条　新代理店的设置**

××公司在设置新的代理店之前，要做好充分的调查与研究，同时要咨询代理店的意见，如有问题要及时调停解决。

**第二十条　指定法院**

当发生本规定的相关纷争时，由××公司所在地的管辖法院裁决。

**第二十一条　规定的废止、修正**

本规定的废止、修正等事宜须经由代理店会议协商后才能实施。

## 五、代理商管理制度

**第一条　代理商资格**

申请成为本公司代理商必须具备以下条件：

（1）具有独立法人资格，并有对本公司代理产品的合法经营权（提供相应证明资料）。

（2）良好的资信能力和商业信誉。

（3）从事××产品销售的公司，在全省或区域具有较完备的分销渠道，有良好的相关产品销售业绩和客户关系，认同该产品的市场潜力。

（4）需提供较完善的市场管理、拓展、营销计划。

（5）代理商应配备必备的销售和技术服务人员并对其定期进行技术、业务培训；应全面负责辖管区域的技术服务，直接对客户负责。

**第二条　代理价格**

实行城市代理价格，A 类省会和直辖市（北京、上海、广州、天津、重庆及深圳市）××万元/3 年，B 类城市（除 A 类外的所有省会城市）××万元/3 年，C 类城市（除 A、B 之外所有城市）××万元/3 年。

**第三条　代理商的责任与义务**

（1）代理商一旦与本公司签订代理协议，即须遵守本制度有关规定。

（2）代理商在代理协议约定区域内开展代理产品各种合法销售活动。严禁未经本公司书面认可在其他区域内从事各种形式的本产品推销活动。

（3）代理商须严格执行本公司规定的各种价格政策（最低限价原则），不得随意调价，扰乱市场价格秩序。

（4）代理商须保证完成约定的销售目标额。

（5）代理商需于每月提供销售、库存统计表，以便总公司及时掌握各地市场情况，协助代理商完成产品的销售。

（6）无论代理协议终止与否，代理商均不得泄露本公司的商业秘密和技术秘密，一经发现公司将严肃处理。造成损失的，公司将依法追究其法律责任。

（7）订购产品采取先打款、后发货的原则。

（8）把销售客户档案（名称、地址、电话、联系人、机器台数）每月25日前通报本公司，以便听取客户意见，改善产品及服务质量。没有通报者停止下次发货。

（9）不得销售其他同类功能的产品。

**第四条**　本公司对代理商的支持与承诺

（1）公司对代理商给予必要的技术支持。

（2）公司配发一定数量的宣传用品和资料。

（3）协助代理商在当地开展丰富多彩的产品推广活动。

（4）将代理商列入合作伙伴名单，通过媒体、网站及公司网页发布信息，参与免费联名广告发布。

**第五条**　售后服务

公司将承担产品保修和更换工作，代理商负责现场的调试维护工作。

**第六条**　附则

（1）代理商要自觉接受本制度约束，若代理商违反本制度之规定或未完成销售任务额，本公司有权暂停供货，直到终止代理关系。

（2）代理商因其他原因需终止代理关系，需向本公司提前一个月提出书面申请，经本公司确认后，结清往来货物及款项，代理费不予退还。

（3）代理商之间发生业务竞争和冲突，本公司依据公平、公正、公开的原则按其各自授权范围予以调解。

（4）本公司与代理商之间的经济纠纷，由本公司所在地法院裁决。

（5）本制度作为代理协议之附件与代理协议具有同等法律效力。

（6）本制度解释权属本公司。

**第七条**　建立合作关系

（1）交资格证明文件：包括代理商营业执照副本复印件、法人代表身份证复印件、税务登记证复印件。

（2）签署代理合同。

## 六、关于代理店的奖励规定

1. 管理补贴：

乙方作为甲方的代理店（乙方：代理店），在第二次进货时，可以享受"产品系列套餐"中每一套餐提取人民币××元，作为开办代理店的管理费用补贴。

2. 累计销售返点：

甲方根据乙方的销售额，给予一定的奖励，乙方第二次进货以后，累计销售完成六个"产品系列套餐"时，给予××元奖励，以后再次累计每销售完成六个"产品系列套餐"时，给予××元的奖励。

3. 拓展培训费：

甲方根据乙方的市场拓展能力，给予一定的奖励。乙方直接拓展培训每一个代理店时，可以享受一次性获取人民币××元整，作为开办代理店的拓展培训费用补贴。

4. 拓展累计返点：

乙方所直接拓展代理店在第二次进货以后，累计每销售完成三个"产品系列套餐"时，给予××元的奖励。以后再次累计每销售完成六个"产品系列套餐"时，给予××元的奖励。

5. 物质奖励：

乙方直接拓展培训每五个代理店时，甲方给乙方物质奖励，仅为一次。

6. 奖励发放：

以上奖励的发放日为次月 20 日以后，奖金可以申请为订货款。

以上所有奖励，只有公司授权的代理店享受，其他任何单位及个人无权享受和复制。

## 七、专卖店考核管理细则

（1）为进一步提高该专卖店员工积极性和激发员工创造性，制定本考核管理细则。

（2）本专卖店定员、定岗；店长、店员基础工资均为_____元/月。

（3）店长在分管经理管理下，管理本店。

（4）店长协同店员有提前建议活动内容的权利和义务，经分管经理同意后执行，确保专卖店销售稳定持续增长。

（5）专卖店考核销售收入日均_____元；只有完成或者超额完成任务，店长、店员才能享有基础工资；否则工资按照完成任务比例发放，但是工资最低不低于_____元。

（6）超额完成任务，店长提取超额销售收入的_____%，店员提取_____%作为奖励。

（7）考虑到销售的淡旺季，为确保员工每月工资稳定性，销售收入平均日均超过_____元，低于_____元部分，保留该部分作为年终兑现；某月日均销售低于考核任务时，优先填补不足部分（下月销售弥补前期任务不足部分，年终一起补齐基础工资），确保员工发放工资的稳定性；一月份该部分净值，按照超额完成兑现比例，春节前一次性兑现给员工。

（8）超过_____元/日的销售额，当月马上兑现给员工。

（9）店长、店员的招聘、解聘由分管经理负责；试用期不超过_____天，试用期工资_____元，店员转正后，公司补发基础工资；试用期_____天内，店员主动离职，公司不发放工资，公司辞退店员，按照试用工资发放工资；店长、店员辞职分别需提前_____天、_____天书面报告分管经理，以便调整专卖店人员和进行必要的账务、资产核对检查；否则公司将扣除其在公司的所有权益，包括尚未发放的工资和尚未兑现的奖励。

（10）年终公司分别对所有专卖店经营平均毛利率、月平均毛利最高的店进行表彰奖励。

（11）集团购买是指一两款产品批量（不低于××元）购买，其他产品不买或者在购买中占比例不超过_____%的以单位为购买主体的销售。店长、店员利用业余时间联系集团购买，全部提成给专卖店对应人员；公司协助开具增值税发票、普通发票，超出零售价_____%部分，公司代收_____%的税；专卖店人员不得利用上班时间到店外跑团购。

本考核管理自_____年____月____日执行。


## 八、加盟连锁店管理制度


**第一条　基本理念**

本加盟店是依行业协会的原则，运用小型组织的连锁店以实现加盟店的经营合理化，同时以能做到充分满足消费者所要求的店铺为基本理念。

**第二条　目的**

本规章是规定某加盟店组织活动，订立加盟店本部（以下称本部）的权利义务，加盟店的营运制度，经营管理制度与加盟店的权利义务等的条款。

**第三条　企业体系**

（1）企业名称（考虑现在与未来）。

①××连锁体系（机构）。

②××名店连锁（加盟店自称）。

（2）企业、品牌标志（识别图形）。

（3）企业商标。

（4）企业品牌标准字（中、英文）。

（5）企业标准色。

（6）企业造型、象征图案。

（7）名片、信纸信封（包装物）。

（8）企业全衔及商标的组合。

（9）证章（会员店正式凭证）。

**第四条　基本特权**

加盟店遵守本规章各条款时，即赋予如下的基本特权：

（1）使用"××"商号的商标，经营店铺。

（2）使用"××"商号的商标作广告宣传活动。

（3）经销本部组织独自开发的商品。

（4）施以内外包装的统一，并利用共同管理方式。

（5）接受本部的经营技术指导，并使用本部的指导要领经营。

（6）接受经批选的统一商品及物品的供给，并使用统一的订货手册。

（7）参加本部统一举办的宣传广告，促进销售及其他的共同活动。

（8）接受有关店铺之新设、改装的专门技术指导。

（9）修加本部计划的教育训练。

（10）接受经营计划的策定及指导。

（11）接受必要的情报。

**第五条　广告体系**

（1）宣传口号，企业信条。

（2）标准店招牌（竖、横）含证章牌。

（3）标准店外观（颜色、格局）。

（4）标准店内饰（装潢、陈列、设备）。

（5）衣着制服。

（6）名牌标识。

（7）包装用品、营业用品。

（8）标准 P. O. P. 格式。

（9）贴纸（格式、大小、竖横）。

（10）店卡。

（11）贵宾会员卡、优待卡、感谢卡。

（12）广告旗。

**第六条　机密的保守**

加盟店对于本组织的计划、营运、活动等的实态及内容不得泄露于他人，特别对下列事项作为重要机密保守，如违反时，其所发生的损害，应由当事人负责赔偿。

（1）经销商品及物品的采购厂商、价格、进货条件。

（2）加盟店的详细经营内容，特别对进货、销售、资金的计划、实绩的具体内容。

（3）其他指定的事项。

**第七条　禁止事项**

加盟店不得有下列行为：

（1）从本部进货商品，提供给非加盟店。

（2）加入本组织以外的同业连锁店。

（3）毁损加盟店的名誉。

（4）将本部所送的文件、情报无正当理由提供他人。

## 九、加盟连锁店协约通则

**第一条　总则**

本连锁店是以××公司为主体，由相关店铺自愿加盟的连锁店。

**第二条　加盟条件**

加入连锁店，必须履行以下义务：

（1）与××公司签订维持销售价格合同和销售公约。

（2）向××公司交付××元的交易保证金。

（3）同一经营主体拥有多家店铺情况下，原则上都应加盟连锁店。

**第三条　货款支付及回扣**

各连锁店需按要求支付货款，××公司予以一定的折扣回报。如不能按期支付货款，则取消回扣。

**第四条　供货价格**

公司对各加盟店的供货价格由商品目录列示。

**第五条　回扣款的支付**

回扣款中四分之一纳入交易保证金，四分之三以现金支付。

**第六条　交易保证金计息**

交易保证金以年息×%一年两次分段计息，利息以现金形式支付给各连锁店。

**第七条　连锁店优先原则**

××公司对连锁店优先供货，供货价格优惠，交易条件尽量放宽，并向各连锁店提供技术指导和广告宣传资料。

**第八条　分会**

在一个地区内如连锁店达到7个以上，都可成立连锁店分会。

分会由会长1人、主管会计1人、干事多人组成。酌情可增设副会长和顾问。

以上人员可选举产生，其任期为 1 年。

**第九条** 上报事项

如成立分会，需向总部汇报下列事项：

（1）分会成立时间。

（2）分会协约。

（3）下属连锁店的住址、名称、负责人姓名。

（4）分会领导人名单。

**第十条** 分会会议

分会每月召开一次会议，主要进行销售、经营管理和学术研究。总会有关人员应参加会议。

**第十一条** 财务及业务报告

分会长每年两次向分会和总会提交年中和年末财务报告和业务报告。

**第十二条** 批复新加盟店

在分会所属地区，如有新店铺申请加盟连锁店，如无下列情况，由分会批准其加盟：

（1）其附近已有相近店铺加盟。

（2）该店铺加盟会妨碍连锁店经营。

（3）该店铺企业形象不佳，经营管理不善。

**第十三条** 分会经费

××公司从连锁店支付货款中扣除××%作为各分会的活动经费，经费每年6月和12月结算支付。如分会不遵守有关规定，则停止拨付经费。

**第十四条** 分会经费使用

分会经费主要用于第十条所定的分会会议。

**第十五条** 决策的生效

分会作出的各种决策、协议和条约，只有经总会同意批复才生效。

**第十六条** 修订

本协约需要修订时，应按正常程序，依照多数同意原则，方可进行，并得到总部同意。

## 十、加盟连锁店组织制度

**第一条**　本加盟店是依行业协会的原则，运用小组织的连锁经营以实现加盟店的经营合理化，同时以真正能做到充分满足消费者所要求的店铺为基本理念。

**第二条**　本规章是制定××加盟店组织活动，订立加盟店本部（以下称本部）的权利义务，加盟连锁店的营运制度、经营管理制度等。

**第三条**

（1）在××公司内设置"××加盟连锁店本部"，并设各种委员会，以规划业务的发展。

（2）本部，××加盟连锁店本部要主持制定加盟连锁店的运营方式、制度、规章，以管理全体加盟连锁店。

（3）加盟店，店铺所有者的加盟连锁店，需要在一个事实上的商圈内，有独立（或优先的）营业的权利，并在整体经营体制（和店铺形态）下，遵从诚实经营的义务。

（4）委员会，在本部设置营运委员会，由本部从加盟连锁店中指定人员担任委员。

**第四条**　加盟连锁店的加入资格，规定如下：

（1）要具备一定的店铺规模。

销售场所面积及售货金额的最低标准为：

面积：××平方米以上；每月营业额××万元以上。

（2）不得加入与本部实质上有竞争关系的其他连锁组织。

（3）必须专心经营。

（4）做本部的加盟连锁店要诚实经营并接受本部的经营指导和援助。

（5）对于本规章要全面赞同，并积极参加本部为加盟连锁店所举办的共同活动。

（6）要经常提出经营合理化的建议，且要自动、积极为经营合理化努力。

**第五条**　做加盟连锁店的条件：

（1）使用"××"的统一商号、商标，在店铺安装所定的招牌、标识。

（2）加盟连锁店应向本部缴纳加盟金××万元，此项加盟金不予退还。

（3）要接受本部的业务培训。

（4）与本部缔结加盟连锁合同，并在合同书上盖章。

**第六条** 为增进加盟连锁店的效益及确保利益，由本部提供程序化的独有销售技术。

**第七条** 为确保前条的利益，下列事项由本部统一计划、指导实施。

（1）商品构成计划。

（2）商品陈列计划。

（3）毛利计划。

（4）销售促销计划。

（5）广告宣传计划。

（6）进货补给计划。

（7）其他关于店铺管理计划。

**第八条** 商品供给方法：

（1）加盟连锁店经销货品中，至少有××%以上货品要向本部进货，以达进货集中化。

（2）商品的供给，原则上依本部所定的定期配送系统配给。

**第九条** 每月1日至月底所进的货款，于次月5日以前汇付至本部所指定的银行，或将支票寄至本部。

**第十条** 由本部所供给的商品及物品，原则上不予退货。但有下列的情形时，调换产品。

（1）本部承认的退货期限内的特定品，但退货所需的运费及其他损失，如本部无过失，其费用由加盟连锁店负担。

（2）本部拟订销售计划指定商品的配额，在本部所承认的一定期间内不能售出时可以退货。

（3）前项退货商品货款的支付，应依前条的所定每月份结算。

**第十一条** 加盟连锁店对于本部的经营管理费用应依下列方法分担：

（1）会费每月××元。

（2）每月向本部交付进货金额的××%。

**第十二条** 除依前条负担固定的经营管理费用外，加盟店应依下列基准，逐项分担为连锁事项产生的费用。

（1）共同广告经费——实费或分担。

（2）共同特卖经费——实费或分担。

（3）各项活动经费——实费或分担。

（4）调查、教育经费——实费或分担。

（5）店铺、广告陈列品的设计及物品的费用——实费。

（6）其他特别指导援助的经费——实费。

**第十三条**　有下列各项事由时，本部得解除加盟契约。

（1）加盟店无正当理由，不服从前条的规定时。

（2）加盟店的经营亏损，继续亏损六个月以上，经"纪律委员会"判断无法改善经营状态时。

（3）加盟店或加盟店的经营者申请破产，或受强制执行或执行保全处分或拒绝往来处分时。

（4）与加盟店的经营者有关的加盟店发生经济纠纷，因而加盟店的经营会受大影响时。

（5）对本部的债务履行，虽经劝告、仍不履行时。

**第十四条**　有下列事时，本部得将该加盟店除名：

（1）对本规定有重大违反时。

（2）明显妨碍本组织的信用时。

（3）妨碍正常的连锁营运时。

**第十五条**　加盟店无论何时，均可退出本连锁组织，而解除加盟契约，但至少应于三日前，以书面通告本部。

**第十六条**　契约解除后，应处理的事项。

（1）遵从本部指示，将店铺内外所表示的加盟店名称撤除或抹消。

（2）遵从本部指示，将经售商品目标、价格表及其他本部送付的物品、文件送还。

（3）本部指定的商标商品应予回收，其回收价格应服从本部的查定。

（4）对本部或其他加盟会员的债务要立即偿还。

（5）实施上列各项所需一切费用，由加盟店负担。

（6）由于解除契约，发生具体损害时，应予赔偿。

**第十七条**　本规章的修正，须经出席加盟店代表三分之二以上的多数决议通过。

**第十八条**　关于加盟店的营运，本规章或另订的各种规则无规定时，即依据本部斟酌的决定办理。

## 十一、连锁店分会协约

**第一条**　名称

本会全称为××连锁店××分会。

**第二条**　分会机构

分会设分会长一人，主管会计一人，监事若干人。

**第三条**　人员职责

分会长代表分会，全权负责对分会各项事务的管理。

主管会计负责管理分会的会计事务。

其他人员的职责由分会长确定。

**第四条**　分会会议

分会会议每季度召开一次，负责听取业绩报告和审理预算的报告。

**第五条**　例会

分会每月召开一次例会，主要进行销售、经营等业务研究。

**第六条**　经费

分会的活动经费由总会拨付。

## 十二、连锁店互助会公约

**第一条**　目的

本互助会以加盟于××连锁店的成员间的相互扶助为目的。

**第二条**　入会

凡属于××连锁店的加盟店，赞同本会目的并经过一定的入会手续即可入会。

**第三条　经费来源**

本会经费来源于会员交纳的会费。

**第四条　会费**

会员会费每年交纳××元，支付方式是从连锁店总会给各加盟店的回扣中直接划拨，中途加入者需以全额支付。

**第五条　经费使用**

会员如遇特殊事件，从会费中拨款予以救助。救助对象主要是火灾和会员及其配偶伤亡。

**第六条　会费追加**

会费收不抵支时，需会员追加会费，追加数额由理事会决定。

**第七条　会费返还**

会员主动退会，或因失去加盟店资格退会时，需退还会费××元。

**第八条　机构**

本会设理事长一人，理事多人，监事多人。理事长人选应由连锁店总部负责人兼任，理事和监事由理事长推荐。

**第九条　分工**

理事长全面负责本会工作；理事协助理事长进行工作；监事负责监察本会财务工作。

**第十条　理事会**

理事会由理事长和理事构成。

**第十一条　剩余会费处理**

本年度未使用完的经费转入下一年度使用。

**第十二条　财务报告**

每年年终，理事会要向全体会员报告本会财务状况。

**第十三条　解散处理**

本会解散时，剩余会费按会员累计实交会费的一定比例返还。

**第十四条　会费保管**

会费由连锁店总会代为保管，不计利息。本会日常活动经费由总会负担。

**第十五条　解释权**

对本公约未列事项和有争议事项，解释权归理事会。

## 十三、自由连锁店组织制度

### (一) 总 则

**第一条** 本连锁店属于由加盟店与××公司联合组成的自由连锁店。

**第二条** 本连锁店的宗旨是互利互惠、相互合作、共存共荣、谋求各自事业的发展、共同服务于消费者。

**第三条** 本连锁店总部设在××公司内。

**第四条** 连锁店经营总部的任务是:

1. 为各加盟店选择和提供经营商品。

2. 指导各加盟店的经营管理。

3. 协调各加盟店内其他日常事务。

### (二) 加盟店

**第五条** 加入本连锁店,须通过地区分部向总部提出申请。

**第六条** 总部要在对申请者经营情况和所在地区市场情况分析基础上,作出决定。

**第七条** 各加盟店必须在显著位置挂有本连锁店标识。

**第八条** 各加盟店在一年中必须经销一定数量的连锁店统一经销商品(××公司产品),其数量由连锁店大会确定。

**第九条** 对上述商品,各加盟店不允许进行再批发或转销。

**第十条** 各加盟店统一经销的商品,必须以指定价格销售。

**第十一条** 各加盟店必须与地区分会保持密切联系,接受后者的检查与指导。

**第十二条** 各加盟店对第七、八、九、十条规定如有违反,或对整个连锁店的经营发展造成不良影响时,经总部或地区分部同意,可终止其业务。

### (三) 总 部

**第十三条** 总部的主要任务是在广泛听取各加盟店意见的基础上,制定本连锁店的发展计划，并会同下属机构组织实施计划。

**第十四条**　总部应与下属机构及加盟店间保持密切联系，在宏观上加以指导。

**第十五条**　××公司负责生产或购入商品，提供给各加盟店。

**第十六条**　××公司不得将连锁店统一经销的商品提供给非加盟店，但可以向国外出口。

**（四）地区分部联合分会**

**第十七条**　七个以上邻近地区的加盟店即可成立地区分部。

**第十八条**　联合分会由全国大中城市的地区分部构成。

**第十九条**　地区分部与联合分会接受总部的领导，应以推进下属单位的经营发展为己任。

**第二十条**　地区分部与联合分会可根据情况需要，另行制定其他规章制度。

**第二十一条**　地区分部和联合分会依照本制度自主经营。

**（五）全国联合分会长会议**

**第二十二条**　全国联合分会长会议由各联合分会会长组成。

**第二十三条**　全国联合分会长会议是总部的非常设咨询机构，其职责是向总部提出建设性意见。

**（六）附　则**

**第二十四条**　本制度自××××年××月××日起实行。

# 第七章  促销、推销管理制度

## 一、商业零售企业促销行为规范

**第一条**  为了维护流通市场经济秩序，规范商业零售企业（以下简称零售商）促销行为，保护消费者的合法权益，根据《中华人民共和国消费者权益保护法》、《中华人民共和国产品质量法》、《中华人民共和国反不正当竞争法》、《中华人民共和国价格法》、《中华人民共和国广告法》、《中华人民共和国合同法》、《中华人民共和国安全生产法》等有关法律、法规和规章的规定，特制定本规范。

**第二条**  本规范为零售商促销行为的基本规范，适用于直接面向消费者提供商品和服务的零售商。国家法律、法规和规章有特殊规定的行业促销行为从其规定。

**第三条**  本规范所指的促销行为，是指零售商为吸引消费者，扩大销售所采取的各种形式的营销措施。

**第四条**  零售商的促销行为是一种营销策略，是企业自主经营的市场行为。零售商开展促销活动，必须遵守国家的法律、法规和规章，自觉接受政府有关部门的指导和监督。

**第五条**  零售商应开展能够让消费者得到真正实惠的促销活动。要结合实际，积极探索多种形式的促销活动。

**第六条**  零售商开展各种形式的促销活动，要提前将活动范围、活动方式、详细规则等内容向消费者明示，维护消费者的知情权。

（1）促销活动应将所提供商品或服务的范围、方式、促销规则以及相关附加性条件等具体信息，提前在促销活动场所明显适当的位置进行告示，使消费者了解或掌握促销活动真实的信息。

（2）促销活动的规则中，应当由零售商承担的义务不得让消费者承担；不得排除、限制消费者依法变更、解除合同的权力；不得排除、限制消费者依法请求支付违约金、损害赔偿、提起诉讼等法定权利；不得以最终解释权拒绝消费者的咨询或做出任意解释。

（3）促销活动期间不得随意变更或终止已向公众告示的促销活动规则、时间、范围等内容。

**第七条**　零售商开展以下形式促销活动，应当遵守公开、公平、自愿、诚实信用的原则，遵守社会公德和商业职业道德，保留促销活动前十日内记录或核定价格的有关资料。

1. 打折让利

零售商开展打折让利促销活动，应当按照物价部门的规定明码标价，如实标明各类促销商品的折扣率、品名、产地、规格、等级、计价单位等有关情况。

2. 价外馈赠

零售商开展价外馈赠促销活动，应当告示馈赠物品的品名、规格、数量，不得馈赠假冒伪劣、"三无"商品或借此推销质次价高的商品。

3. 有奖销售

零售商开展有奖销售促销活动，应当告示其所设奖的种类、中奖概率、奖金金额或奖品种类、兑奖时间和方式等事项。奖金的最高金额不得超过××元，以非现金的物品或者其他经济利益作为奖励的，按照同期市场同类商品或服务的正常价格折算其金额。

4. 限期

零售商开展限期购物促销活动，一般应不少于三个营业日，不得组织容易引发安全事故的限时点、限商品数量或免费赠送的促销活动；不得组织开展低于进价价格以及粮、油、盐、肉、蛋等生活必需品的限时购物活动。

5. 降价销售

零售商开展降价销售促销活动，所降价商品应标明降价原因、标明原价和现价，使用红色专用降价标价签或价目表。

6. 积分返利

零售商开展积分返利促销活动，应告知积分商品范围、时间、返利比例等具体规则。

**第八条**　零售商开展各种形式的促销活动，应当进行如实的广告宣传，不得使用虚假的广告语误导消费者购买商品或接受服务。凡有不参加促销活动的柜台或商品，不得标称"全场"促销活动。

**第九条**　零售商品开展各种形式的促销活动，不得以促销优惠为由，延迟或拒绝消费者索要的购物凭证（单据），开具发票的要求。

**第十条**　零售商通过促销方式销售的商品或馈赠的物品，应保证商品质量和承诺提供售后服务。严禁销售馈赠假冒伪劣及"三无"产品。

**第十一条**　零售商开展促销活动，应当坚持符合规范的服务项目、服务内容和服务标准，不因开展促销活动而损害消费者的合法权益。

**第十二条**　零售商开展促销活动，应按照政府有关部门的有关规定和要求，加强对促销活动的组织管理，提前制定促销活动场所的安全应急预案和处置措施，在促销活动中，不得占用消防安全通道，有效地防止因促销活动造成秩序混乱、疾病传播、人身伤害和财产损失。

**第十三条**　支持和鼓励行业协会依据本规范制定具体的行业促销行为管理办法，在行业内推广实施，加强对企业促销行为的行业自律监督。

**第十四条**　各级商品流通主管部门要正确引导零售商开展规范的促销活动，进一步加强对促销活动的指导；政府各级工商行政管理、物价等有关部门要加强对零售商促销行为的监督管理，依照有关法律、法规和规章的规定，坚决纠正和查处各种促销活动中的违法违规行为。

**第十五条**　本规范自××××年××月××日起施行。

## 二、公司促销管理制度

### （一）本管理规范的目的

（1）指导各区域市场促销策划和实施，使之成为××市场竞争的有力武器，提高促销策略运作水平。

（2）加强管理和控制，提高促销资源的使用效率和促销的整体协同性，以保证公司整体市场目标的达成。

（3）实现流程化管理，为市场人员提供服务，提高促销策略市场响应速度，提高促销组织和实施效率，增强其市场效果。

## （二）促销的类型

（1）A类促销：由公司统一规划的全国性大型促销，主要目的为配合公司品牌塑造、新产品推广、竞争策略实施等整体性目标的达成。由公司企划部负责策划，各区域办事处和经理负责组织实施。

（2）B类促销：主要是快速响应社会上的短期突发性的焦点新闻，或者公司突然的公众危机以及应对竞争对手的进攻等突发事件的反应式促销。由公司企划部和事发区域市场的办事处和经理共同策划，后者负责实施。

（3）C类促销：主要是各区域市场针对行销中的一些经常性问题：打击窜货，增加网点，拉动流量，维系客情关系，公平竞争等，而举办的日常小型促销。由各办事处和经理申请，企划部协助策划，由市场人员决定和安排实施，公司内部提供"促销套餐"计划支持。

## （三）各种促销类型的费用来源及比例（待确定）

促销类型费用来源及费用总额（比例）

直接使用者

（1）A类促销广告促销费预算为销售额的××%直接使用者为营销中心。

（2）B类促销广告促销费预算为销售额的××%直接使用者为营销中心。

（3）C类促销广告促销费预算为销售额的××%直接使用者为区域（办事处）经理。

## （四）相关各部门在促销管理中的责任

### 1. 营销副总经理

负责对各类促销方案的审核和批准，对促销的总体效果负责。

### 2. 办事处主管、区域经理

负责C类促销的决策和申请，选择和计划C类促销方案；同时实施、跟踪、监控本区域内执行的各类促销，对促销的区域效果负责。

### 3. 企划部

（1）负责制定年度促销规划和预算。

（2）策划 A、B 类促销活动，并制定实施计划。

（3）每月协助各区域选定 C 类促销方案和实施计划，协助促销品的设计、选购和配给。

（4）负责对各类促销活动的评估和总结分析，收集相关资料，不断开发和丰富促销方案和工具。

### 4. 采购部

负责根据各类促销品的采购计划进行按时保质保量的采购，加强供应商管理，不断反馈新促销品的信息。

### 5. 财务部

负责根据批准的促销预算计划，及时办理相关费用支付，同时对各项促销费用进行审核和监督。

### 6. 物流部

负责按照批准的促销品发放单，及时准确地将各类促销品发运到目标区域市场，做好物流保障工作。

## （五）C 类促销的特殊规定

### 1. 促销费用时间上的分配

季度分配：1 季度：2 季度：3 季度：4 季度 = 0.5：1：1.2：1.8

第三、第四季度数值按前半年的销售情况会作出一些调整，每年未用完的部分不记入下一年度。每季度不可以超标使用费用，但上一季度未用完的部分可以累计至本季度。单月的费用最低为 0，最高为季度总额的 50%。

### 2. 地域内的分配

每月至少有一半以上的地级市参加，每一地级市在季度内至少参加一次促销。

### 三、大宗宣传促销品招标办法

**第一条**　为了加强预算管理和廉政建设，保证大宗宣传促销品采购在公平、公开、公正和比质的原则下进行，制定本办法。

**第二条**　组织机构与职责：大宗宣传促销品招标办公室（设在企划部），具体负责组织、实施大宗宣传促销品招标工作。纪检监察（审计）部全过程监督大宗宣传促销品招标活动。

**第三条**　招标范围：大宗宣传促销品。

**第四条**　招标程序

（1）宣传促销品使用部门根据产品宣传、促销情况，每半年或每季度向公司提报大宗宣传促销品采购计划。

（2）公司根据使用部门提交的采购计划，确定拟采购的宣传促销品品种及数量。

（3）招标办公室根据情况发出招标邀请书。

（4）接受投标单位的投标申请，对投标单位进行资质审查。

（5）召开招标评标会，经过对投标单位比质、比价、比服务，确定中标单位。

（6）发布中标通知书。

（7）企划部与中标单位签订合同。

**第五条**　验收领用程序

（1）公司负责根据合同验收入库，登记造册、保管、发放。

（2）使用部门根据促销计划，按程序办理领用手续。

### 四、零售商促销行为管理办法

**第一条**　为了规范商业零售企业（以下简称零售商）的促销行为，保障消费者的合法权益，防止恶性竞争，维护公平竞争秩序，树立零售商良好的商业形象，促进零售行业健康有序发展，根据有关法律法规，制定本办法。

**第二条**　零售商在中华人民共和国境内开展促销活动，适用本办法。

**第三条**　本办法所称零售商是指依法在工商行政管理部门办理登记，直接向消费者销售商品及提供相应服务的企业及其分支机构、个体工商户。

本办法所称促销是指零售商为吸引消费者、扩大销售而开展的各种营销活动。

**第四条**　各地价格、公安、商务、税务、工商、质检等部门依照法律法规及有关规定，在各自的职责范围内对违反本办法的行为进行查处。对涉及面广，情况复杂的违法行为，各部门应密切配合，加强信息沟通，协同查处。

**第五条**　零售商开展促销活动应当遵守法律法规及有关规定，尊重社会公德，遵守商业职业道德，诚信兴商，不得开展低级庸俗的促销活动，不得扰乱市场竞争秩序，不得侵害国家、消费者和其他零售商的合法利益。

**第六条**　鼓励零售商开展多种形式的文化促销、服务促销等促销活动。

**第七条**　零售商开展促销活动应当具备相应的安全管理设备和管理措施，确保消防安全通道的畅通。对开业、节庆、店庆、专题促销、限量购物等规模较大或有可能引发治安问题的促销活动，零售商应当制定详尽周密的安全应急预案，保证良好的购物秩序。

**第八条**　零售商开展促销活动应当将促销原因、促销方式、促销规则、促销期限、促销商品的范围，以及相关附加性条件等具体信息，在经营场所的显著位置向消费者明示。对于已向公众明示的前款事项，除违反法律法规及本办法的规定外，零售商在促销活动期间不得变更；零售商因违反法律法规及本办法的规定变更前款事项，给已购买商品的消费者造成损失的，应当予以赔偿。

**第九条**　零售商开展促销活动宣传，其宣传内容应当真实、合法、清晰、明白，不得使用含糊的、易引起误解的语言或文字。凡有不参加促销活动的柜台或商品的，应当予以明示，不得以全场促销等名义进行宣传。

**第十条**　零售商开展促销活动不得以格式合同、通知、声明、店堂告示等方式，或以保留最终解释权的名义，损害消费者的合法权益，对消费者作出不公平、不合理的限定。

**第十一条**　零售商开展促销活动，其促销商品应当依法纳税。

第十二条　零售商开展促销活动，对促销商品不得降低商品的质量和售后服务水平，促销商品应当符合人身、财产安全要求。国家对促销商品有强制性标准或强制性认证要求的，促销商品应当符合相关规定。

第十三条　零售商通过促销方式，销售质量存在瑕疵但不影响正常使用的商品的，应当将质量瑕疵向消费者提前明示。

第十四条　零售商在促销活动中不得销售掺杂、掺假，以假充真、以次充好，无生产厂家、无厂家地址、无生产日期，变质、过期的商品，不得以不合格商品冒充合格商品，不得减少商品数量或重量。

第十五条　促销活动期间或促销活动结束后，消费者因质量等正当原因对所购的促销商品要求退换货的，零售商应按相关规定予以退换，不得以促销为由拒绝，不得设置障碍增加退换货手续。

第十六条　零售商开展促销活动应当建立专门的价格档案，如实记录促销活动前、促销活动中的商品价格信息，妥善保存，依法接受价格主管部门的监督检查。

第十七条　零售商开展打折、降价、特价促销活动，应当如实说明打折、降价、特价的原因、期限，并明确标示商品原价，不标明原价或标示原价虚假的，视为价格欺诈。

第十八条　零售商开展促销活动，其促销商品所标示的价格不得高于本次促销活动前在本经营场所标示的价格。

第十九条　零售商不得以虚假的清仓、拆迁、歇业、转行、破产等事由开展促销活动。因清仓、拆迁、歇业、转行、破产等事由开展促销活动的，促销时间不得超过三十日。

第二十条　零售商开展特价限量购物活动的，应当将限量商品的具体数量向消费者明示。连锁企业开展特价限量购物活动的，参加活动的店铺还应当将限量商品在各店铺的数量分配向消费者明示。

第二十一条　零售商开展有奖销售活动，不得以虚构的奖品或赠品价值额、"精美礼品"等含糊的语言文字误导消费者；零售商不得将违反本办法第十四条规定的物品作为奖品、赠品。

第二十二条　零售商开展抽奖式有奖销售活动应当明示中奖概率、奖金金额（或奖品名称、数量、规格和质量等级）、兑奖时间和方式等事项。

零售商开展附赠式有奖销售活动时，应当向消费者明示赠品的名称、数量、规格和质量等级。

第二十三条　零售商应当对奖品、赠品承担等同于商品销售的责任和义务，但事前对奖品、赠品与出售商品作出明确区分，并就其质量保证、售后服务向消费者作出特别说明的除外。

第二十四条　零售商开展积分优惠卡促销活动的，应当事先将获得积分的方式、积分有效时间、可以获得的购物优惠、返利比例等内容向消费者明示。

第二十五条　消费者要求提供促销商品发票或购物凭证的，零售商应当开具，不得拒绝。零售商不得以消费者所购商品金额小为由拒绝开具发票；开具发票时，不得要求消费者负担额外的费用。

第二十六条　零售商不得以任何理由拒绝向消费者找回人民币壹角以下的零钱。

第二十七条　鼓励行业协会建立商业零售企业信用档案，加强自律，引导零售商开展频率适当、幅度适当的促销活动。

第二十八条　零售商、供应商违反本办法有关规定的，任何单位和个人均可向零售商、供应商所在地的价格、商务、税务、工商、质检等部门举报。接受举报的部门应当接受并对举报人负有保密义务。接受举报的部门应当对举报事项及时进行核查，依法予以处罚；如发现举报事项不属于本部门查处范围的，应当及时将举报情况转送有关部门查处。被举报人不得以任何方式对举报人进行打击报复。

第二十九条　本办法自××××年＿＿＿＿＿＿月＿＿＿＿＿＿日起施行。

### 五、促销员规章制度

（1）上班不得迟到、早退，若临时有事要提前 15 分钟打电话到部门或请其他员工请假。调休、请假需提前两天，否则一律不受理。在未请假的情况下迟到、早退超过半小时以上给书面批评，超过一天给予经济处罚，超过三天给予解聘。

（2）上班前须穿好制服，戴好工作牌。

（3）上班不得串岗，聊天；不与其他促销员、员工发生争执，若违规给予口头批评或其他处理；不得诋毁其他品牌，若有这种行为，一经证实，给予解聘。

（4）离岗须登记，喝水、上厕所不得超过 10 分钟，不允许两名促销员同时离岗，若违反规定，给予口头批评及处理。

（5）不服从主管、经理的工作安排，视情节严重给予经济处罚。

（6）促销员做好本品牌工作以外，要配合员工做好部门区域的其他工作，每天都要做好各自的区域整理，若违反规定给予口头批评。

（7）每三天必须对商品盘点一次，包括柜台、促销位，若有货在仓库，每次进出仓都要盘点，若发现无实数盘点，一律给予解聘。

（8）柜台商品丢失金额达 50 元以下给予口头批评；50 元以上 150 元以下，给予书面批评；150 元以上 300 元以下，给予经济处罚；300 元以上给予解聘。

（9）促销商品丢失金额达 75 元以下给予口头批评；75 元以上 300 元以下给予书面批评；300 元以上 400 元以下给予经济处罚。

（10）未经公司经理同意，不得使用公司贵重用品，若违反一经发现立刻解聘。

（11）收货时，促销员应该认真核查保质期，能打开的商品一律打开检查，若因检查不慎导致破损商品进入商场，视情节严重给予处罚。

（12）顾客打破商品，要及时报告给部门经理，若退换时发现商品破损而造成无法退货，给予处罚处理，金额较大的给予解聘。

（13）赠品进场必须有各公司开出的赠品清单，经批评核对后，进入柜台。若违反规定，给予书面批评处理。

（14）若发现赠品数量与赠品盘点表不符，视情况轻重给予书面批评及以上处理。

（15）专柜人员每天早上必须到收银台领取钥匙；钥匙不离身，不得将钥匙乱扔或放在柜台，专柜的门锁随时随地要锁上，若离开柜台，将钥匙给予其他专柜人员保存，若违反规定，给予书面批评及以上处理。

（16）专柜人员每天晚上下班前必须将钥匙交至当班员工手上，若违反规定，给予书面批评处理。

（17）专柜人员进仓取货，必须有员工陪同，不得找未受权的其他员工进仓。

（18）促销期间若厂家无法加派人员进场，周六、周日两天一人上正常班，另外一人必须加班，时间从早上9：30至21：30。

## 六、理货（促销）员管理制度

（1）促销员必须严格遵守公司制定的各项规章制度，服从公司划分的责任区域和促销的工作安排。

（2）促销员应着公司统一制服，整理好个人仪表仪容。干净、整洁、健康、稳重，维护公司形象。

（3）按工作安排制订个人详细工作计划，按天安排好工作路线和目标客户，并严格按所填拜访表内容进行理货促销工作。

（4）准备促销工作所需的工具及促销活动所需宣传品及礼品。

（5）认真细致检查货品的陈列情况，价格标签准确清晰度，宣传品使用情况；严格有序地按公司安排进行促销活动，合理使用促销品，达到应有的促销效果。

（6）每日工作结束后，按公司布置，准确细致地填写工作汇报表，上交主管审阅；并将市场信息及时反馈，供上级汇总分析；同时，按消费要求制订个人促销意见计划，供公司参考。

（7）促销员拜访时，安排合理时间，多与客户交谈、沟通，增加了解，建立良好的客户关系，为业务开展创造良好环境。

（8）按工作目标拜访对象，建立客户详尽档案；同时，发现了解客户的困难要求，上报公司后，按批示尽量予以帮助、解决，达到服务客户的目的（同时制订可行的新客户开发计划）。

（9）及时发现客户的问题，如商品有破损、过期要及时撤货；帮助客户完成补货单据、定价等问题；同时制订补货、回款计划，上交公司汇总安排。

（10）促销员、理货员有义务将发生的情况与重大问题及时准确上报公司，并协调帮助，按公司安排解决；如促销员的工作失误使公司承受损失，责任由个人承担。

（11）促销员如未按工作计划进行工作或未到客户处工作，按旷工处理。工作态度要端正、勤奋、积极、负责，信息反馈要准确详尽，并主动接受上级领导的监督、检查、考核。

（12）按公司安排、接受统一培训及工作调动；如因个人原因离岗，不得将公司资料带出，在公司工作转交合格后方可离岗。离岗后对公司不得有消极影响。

## 七、市场促销员考核办法

### （一）考核的目的

表彰先进激励后进，建立公平竞争机制，进行有效管理，促进促销员素质整体提高、扩大市场份额。

### （二）考核的阶段

考核阶段包括月度考核、季度考核、半年考核、年度考核。

### （三）考核的内容

考核的内容包括商场占有率考核；商场份额考核；任务完成考核；售点及促销员评分考核；测试和综合评定。

#### 1. 商场占有率考核

××品牌商品的销量除以所在商场同类产品总销量（或××品牌销售额除以所在商场同类产品的总销售额）得出的比率，即商场占有率。

#### 2. 任务完成率考核

对商场销售人员任务完成率的考核是指对销售量完成率、利润品销量完成率、利润品销售额完成率、销售额完成率的考核。上述四项指标加权平均计算出综合指标任务完成率：

（1）100%以上（含100%）基本工资×任务完成率＋促销提成。

（2）80%～100%（含80%）基本工资＋促销提成。

（3）60%～80%（含60%）基本工资×80%＋促销提成。

（4）60% 以下取消基本工资，发放促销提成工资，留岗察看，提交陈述报告。

（5）连续两个月任务完成率低于60%，除名；连续三个月完成率70%以下，立即除名。

### 3. 售点及促销人员评分考核

不定期进行售点及促销人员评分检查，纳入阶段考核，评分标准另定。

①90 分以上（含90分）　　　　奖励××元/人

②80 分～90 分（含80分）　　　奖励××元/人

③70 分～80 分（含70分）　　　不予奖罚

④60 分～70 分（含60分）　　　××元/人处罚

⑤60 分以下　　　　　　　　　××元/人处罚

⑥50 分以下　　　　　　　　　××元/人处罚并予除名

### 4. 测试

按照周例会培训内容，设计书面测试试卷，试卷内容包括：市场、竞争商品状况、企业文化、品牌知识、促销活动、价格、新品知识、促销技巧、谈判技巧、文件制度、职业道德等知识点；同时，还将采取例会现场抽讲、售点现场演示等方式实行测试。

根据测试成绩，适当奖罚。

### 5. 综合评定

综合以上考核成绩，进行促销员素质测评，参照考试成绩、价格秩序执行情况，并结合阶段规章制度考核情况，评选阶段星级促销员，并作为促销员晋级的依据。

## （四）考核的组织

由分管业务主管具体实施，办事处主任、市场主管监管执行，吸收优秀促销员参与，确保考核的公正性。

## 八、促销员薪酬制度

### 1. 目的

（1）有效地衡量不同促销员业务水平的差距，将个人业务水平与薪酬收入挂钩。

（2）更好地鼓励广大促销员积极上进，勇于攀登销量高峰和进行个人职业生涯规划。

（3）更有效地将公司的整体销售目标向基层传达，层层努力，共同完成目标。

### 2. 适用范围

（1）适用于各区域卖场促销员。

（2）基本工资部分也适用于场外促销员和小区直销促销员。

### 3. 薪酬构成

（1）促销员薪酬由以下几部分构成：基本工资＋销售提成＋超额奖励＋其他奖励和福利。

（2）基本工资，是给予促销员的基本生活保障，已含餐补、住房补助及通信补贴等。

（3）销售提成，指按销售额的一定比例给予促销员的提成。

（4）超额奖励，指在公司下达销售任务量的情况下，促销员实际销售额超过公司规定的基本任务量，则超过部分按一定比例给予的超额奖励。

（5）其他奖励和福利是指根据公司奖励规定发给的额外奖金或公司安排的其他福利。

## 九、销售员工培训制度

（一）培训计划制度

（1）每年要根据公司的方针目标，由市场部培训人员制订与年度营销战略目标相一致的长期、中期和短期培训计划。

（2）长期计划时间跨度为一个财务年度，计划中需明确各季度参加培训的对象、人数，全年培训课程的设置，时间安排，以便各岗位年前调配人员，经费预算。

（3）中期计划时间跨度为一季度（三个月），该计划是建立在长期计划基础上的分解计划，根据年度计划执行的实际进展情况制订，允许对长期计划进行必要的修改或修正。

（4）短期计划时间跨度为一个月，该计划是进一步对中期计划的分解执行计划，内容应包括具体计划执行人，监督考核人，培训目标、培训对象及其选择条件，课程设置和培训方式，以及培训经费的详细预算。

（5）培训计划应履行申报、审核、审批程序。长期计划应由市场部申报行政部制订全公司年度培训计划，报分管副总经理审核，经总经理审批执行；中期计划由部门经理审核，报分管副总审批执行；短期计划由部门经理审核、审批执行。

（二）培训时间保证制度

（1）公司各营销岗位每年都必须接受一定时间的培训，培训时间和培训内容根据不同的岗位而确定；并把公司员工的培训时间落实情况与个人薪酬、职务升迁挂钩，把经销商的时间落实情况与公司对他们的各项支持力度挂钩。

（2）经销网点的销售人员每年接受培训时间不得少于 4 个小时；总经销商不得少于 2 个工作日。

（3）公司业务主管接受培训时间每年不得少于 3 个工作日，新进业务人员要接受为期 7 天的系统岗前培训。

（4）部门经理接受管理培训时间不得少于 2 个工作日。

（5）其他岗位工作人员培训时间不得少于 2 个工作日。

（三）培训签到制度

（1）培训需执行签到制度，每次培训提前 5 分钟进行签到。

（2）培训签到表作为受培训对象考核的一项依据，建档保存。

（3）凡在培训课程结束前 10 分钟离开培训现场的，此次签到视为无效。

（四）培训考评制度

（1）每次培训结束后，所有参加培训人员必须接受培训考评，考评可采取口试、笔试或调查问卷等多种形式。考评成绩以百分制形式给出。

（2）培训教师和培训课程也必须接受考评，考评可采用综合测评、调查问卷等形式。考评成绩以百分制形式给出。

（3）对总经销商建立单独培训考评体系，根据经销商对培训工作的配合程度如网点召集率、考核合格率、对培训制度的执行程度等多个方面综合打分，划分 4 个等级，即 A、B、C、D，每个等级再以"＋、＋＋、－、－－"4 个梯度加以区分。

（4）考评结果将予以公布，每次接受培训的情况将作为提供网点扶持力度、经销商支持政策或个人工资晋级、职务升迁调整的客观依据，建档保存。

（五）培训奖惩制度

（1）培训奖惩是根据对培训时间保证制度、签到制度和考评制度的执行结果而制定的相关制度。启用上述任何一个制度，都适用本制度。

（2）公司员工培训时间得不到保证的，需在下一期的新员工培训中参加；如有三次不参加培训者，取消接受培训的资格。

（3）总经销商级别为 A 级，享受公司的特别待遇，所有促销活动支持和广告投放优先，由公司组织的各项促销活动，需总经销商出资的费用公司承担80%；B 级经销商在享受待遇上仅次于 A 级经销商，需总经销出资的活动费用公司承担 70%；C 级经销商享受一般待遇，促销支持力度次于 B 级经销商，活动费用由公司承担 50%；D 级经销商不享受待遇，在本次培训结束后的 3 个月内公司不提供任何支持，一年内所有活动费用由经销商自己承担。

（4）培训成绩优异的员工可在工资晋级、升迁方面优先，每次培训成绩在前三名者，可进入公司"人才储备库"，列为重点培养对象。每次培训成绩排在后三名者，给出黄牌警告，列为重点检查对象，一年中累计三次黄牌，给出红色警告，列为淘汰、调整对象；培训不及格者，需参加下一轮培训，三轮培训不及格者，给出红色特别严重警告，列为淘汰、调整对象。

（六）培训档案管理制度

（1）在每次培训结束后，所有培训计划、培训教材、培训记录和考评资料等，都应由市场部行政管理员分类建档保存；重要档案资料应交公司行政部档案管理员保存。

（2）培训计划、培训记录等保存期为一年，考评资料等保存期为三年，培训教材永久保存。

## 十、推销员服务须知

### 1. 销售与电话

电话是企业销售业务的窗口，也是服务工作的窗口。在这方面需注意的问题包括：

（1）做好记录，为避免误传、漏传和遗忘电话内容，一定准备有专门的电话记录本，详细记录电话内容。

（2）以最简洁的语言，记录和传达电话内容，如来电人、事由、约定时间与场所等。

（3）复述电话内容。对于重要事项，应复述一遍，以作确认，特别是需要转达的电话更应如此。

（4）随声附和。电话仅为二人交谈，对方的表情无法看到，所以适当地随声附和能调节打电话时的气氛。

（5）音速放慢，发音准确。讲话速度太快对方无法听清，特别是使用公用电话，噪音大，应放慢讲话速度。同时要吐字清楚，不用方言土语。

**2. 打电话与接电话**

（1）给客户打电话前的准备：

①记清客户的电话号码。

②搞清联系人的具体部门及姓名。

③将所打电话的内容加以整理、记录，以免遗漏重要事项。

④将打电话所需的有关资料文件备齐，并置于电话旁，以免打电话时临时现找。

⑤打电话时尽量节约时间，以节约电话费，方便他人使用。

（2）打电话的方法：

①确认接电话的单位和人："是××公司××吗？"

②报出企业名称和个人姓名："我是××公司的××。"

③若对方联系人不在时，请接电话人转达。

（3）接电话的方法：

①铃响后迅速拿起听筒，并准备电话记录本。

②报出本企业的名称和部门名称。

③询问对方名称。

④询问对方有什么事情。

⑤仔细听取电话内容，并做好记录。

⑥如果是他人电话，迅速移交他人。

⑦若对方所找人不在时，可询问对方是否转告，或告知不在原因，何时回来。

⑧对自己无权决定的事项，将电话移交给上级。

⑨需要转告的电话，一定及时转告。

（4）对打错的电话：

①对于打错的电话，粗鲁地吼一声"错了"，是十分有损企业形象的，也是个人没有涵养的表现。正确的做法是，说声"对不起"，然后再告诉对方电话打错了。如对方再一次打来，要告知对方本企业的名称。

②如果对方打错了部门，应将其所找部门的号码告诉对方，或请总机转接到所找部门。

（5）其他：

①打电话尽量少用难以理解的技术术语。

②声音听不清楚时，应请对方大声讲话。

③电话中断时，应迅速使用其他电话，重拨。

④不论对方语言如何粗鲁，自己应始终亲切热情。

⑤谈话结束时，应后于对方轻轻挂上话机。

### 3. 正确处理客户意见

在销售过程中，由于各方面的原因，会出现一些问题，引起客户的不满，如交货延误、商品破损、交货有误等。客户会将自己的意见以书信、电传、电话的形式反映出来或直接向推销员反映问题。

处理这些意见的方法：

（1）变坏事为好事。妥善地处理客户意见，等于为企业提供了更大的销售机会，会取得客户的进一步信任，有利于进一步加强与客户的业务联系。

（2）认真听取意见。不论客户以何种形式、何种态度提出意见，推销员都应侧耳倾听，不辩解，不插话，待客户陈述完，再分析原因，提出处理意见。

（3）先作低调处理。客户往往提出过高的各种要求，推销员应首先提出自己的低调意见，切勿大包大揽。

（4）迅速作出处理。在暴跳如雷的客户面前，推销员若思前顾后，迟迟讲不出处理意见，无疑是火上浇油，因此，应迅速做出判断，并提出处理意见。

（5）不能回避客户意见。处理客户意见是一件苦差事，许多人抱着能拖则拖、能躲则躲的心理，这是错误的。对客户所提的意见不能回避，应耐心地听取客户的意见，提出自己的处理方法。

处理客户意见是推销员的一项重要工作。所以，应大胆处理，摸索经验，变被动为主动。

## 十一、推销员营业活动要则

### （一）营业方针

企业的营业活动是在对需求者的需求量、需求内容和企业生产制造能力进行综合平衡基础上，满足市场需要，扩大企业产品的市场占有率，提高企业的经济效益和社会效益。

## （二）着眼点

（1）营业活动的最终目标在于，以较小的投入，取得最大的经营效益。

（2）始终保持灵敏的经营神经，注意市场供求状况的变化，把握竞争对手的经营动态，不遗余力地收集经营信息。

（3）确定切实可行的销售重点、销售战略、销售方法和技巧，确保客户订货量不断增加。

（4）在销售活动中，抓住时机，向尽量多的人宣传本企业和本企业产品，扩大企业知名度。

## （三）营业活动方式

（1）在日常营业活动中，注意细致观察，清楚地把握以下事项：

①对政府机构、各类企业、事业单位的需求进行分析预测。

②对有订货意向的需求者进行调查（确定订货内容、订货计划、对方确定订货的最高决策者）。

③订货单位与本企业竞争对手的业务关系。

④订货单位与本企业的业务关系及以往订货实绩。

（2）订货信息应力求及早收集占有。收集订货信息的主要方法有：

①从企业外部收集间接信息。这些信息的载体主要包括政府部门、金融部门、各种产业团体发行的有关文件资料，以及各种广告媒体刊载、发布的需求信息。

②从企业外部收集的直接信息。企业干部、顾问、职工等通过个人关系从政府机构、各类企业、事业单位获取的需求信息。

（3）对搜集到的订货信息，按实用性、时效性分类整理。

①订货内容及市场需求前景。

②订货企业的性质及未来业务发展前景。

③所订货物的数量、规格、技术难易程度、订货周期、有无订货计划等。

④订货预算和交易条件。

⑤订货企业与本企业及同行业企业的关系评价。

⑥本企业的现有订货量及现有生产加工能力。

（4）在对上述订货信息的整理评价基础上，对如下事项予以认真考虑，并加以具体实施。

①按照订货内容的轻重缓急，确定营业活动的先后顺序、重点和要点、手段与方法等。

②通过各种途径与客户联系（调动本部门各种关系与之联系，寻找得力的中间人或关系，予以引荐）。

③尽快会同其他部门制订出供货计划（这些部门包括：市场调查部门、生产部门、技术部门等）。

（5）提出产品报价时，应做好以下准备工作。

指令：

①一旦有希望争取到客户的订单，企业各部门应迅速行动起来，确保争取到订单。

②企业各部门以供货计划为行动纲领，统一认识，统一行动，密切合作，避免牵制。

③本部门提出的报价，要切合实际，既不能因过高而失去客户，也不能因太低使企业蒙受损失。也就是说，报价要富有建设性。

报价与接受订货：为争取到订单，不仅取决于自身努力，还受制于同行业中竞争对手的动向。所以，必须密切关注竞争对手的动向，先发制人。要做到知己知彼。其中最重要的是对客户的订货情况有一个准确把握。

①确切把握客户订货的品种与订货预算，据此提出本企业的营销对策。

②为客户准备详细的资料，并处于订货者的角度考虑为其确定计划与预算提供帮助，取得其信任。

③区别客户性质，对政府订货、大企业订货、中小企业订货和事业单位订货，应分别采取不同的营销策略。

对于微利或无利可图的订货，不能拒之门外，要进行客观分析，再作定论。一般情况下，小批量订货与企业利益并不是等比例的。下列情况，企业应力争订单。

①目前虽然是小批量订货，但未来可能有大量的订货，或带来连带性其他产品订货，即所谓的试探性订货。

②目前的订货，是其连续订货的一部分。现在的薄利或无利，在未来能够得

到补偿。

③争取到这份订单，会排斥同行业的竞争者。

④争取到这份订单，可能成为企业开拓新市场的跳板。

⑤争取到这份订单，对提高企业知名度有举足轻重的作用，即所谓的样板订货。

⑥因为是特殊客户，拒绝订单，将有损企业形象，影响企业与客户的合作关系。

⑦虽然订货量较少，但结合企业生产，从总体上看，闲置生产能力，损失会更大。

⑧因其他特殊原因，不可推辞的订单。

此外，还可以通过了解客户最低订货预算，通过商业谈判等措施，适当提高产品价格，使企业的损失降到最低点。

（6）企业收到订单后，必须加强与客户的联系，给对方以安全感和信赖感。

## 十二、推销员工作态度及能力要则

### 1. 推销工作态度

（1）深刻地体会推销工作的社会意义和对企业经营的作用，并为此感到自豪。

（2）对推销工作的全部内容有全面的把握。

（3）对本职工作有浓厚的兴趣，一旦开始工作，就进入兴奋状态。

（4）关心所在企业。

（5）积极上进，不甘落后，有强烈的进取心。

（6）不墨守成规，有开拓精神，不断创新。

### 2. 推销能力要求

（1）努力提高自己的业务素质。

（2）积极进行市场调查，努力掌握准确、全面的市场信息。

（3）努力保持工作的计划性和条理性。

（4）注意仪表、仪态与修养，努力给客户良好的印象。

（5）以客户为中心，努力与客户建立起相互合作、相互信赖的关系。

（6）自觉地拓宽知识面，钻研业务，学习推销技巧。

（7）重视客户意见，讲究推销技巧和推销方法。

## 十三、推销员自检要则

### 1. 仪表

（1）服装是否整洁干净。

（2）服装是否过于华丽显眼。

（3）是否蓬头垢面。

（4）指甲是否藏污纳垢。

### 2. 动作

（1）初次见面时，礼仪是否得体大方。

（2）表情是否诚恳和气。

（3）动作姿势是否端庄。

（4）举手投足是否高雅。

### 3. 言辞

（1）语调是否稳重。

（2）发音是否清楚。

（3）言辞是否诚恳。

（4）表达是否明白易懂。

（5）言谈之中，有无伤害对方之处。

### 4. 洽谈

（1）洽谈程序是否有误。

（2）名片接受方法是否准确。

（3）是否给对方留下了深刻的印象。

（4）洽谈过程中，话题转换是否得体，谈话是否投机。

（5）对推销商品的说明是否详细、清楚易懂。

（6）介绍商品时，是否引起了对方的浓厚兴趣。

（7）在洽谈过程中，是否做到察言观色，掌握主动。

（8）在洽谈时，资料或情报运用是否自如。

（9）自己的商品知识是否贫乏，有无捉襟见肘、穷于应付之时。

（10）自己对商品的使用方法是否得心应手，烂熟于胸。

（11）在洽谈中是否做到倾听对方意见。

（12）在洽谈中，能否做到诱导对方、吸引对方、感染对方。

（13）对对方的利益关系是否充分予以说明、予以考虑。

（14）在洽谈过程中，是否存在令对方生厌的习惯（如吸烟、抓耳挠腮、多次如厕等）。

（15）在推销商品时，是否得意忘形。

（16）在得到订单时，是否忘记与客户商定支付货款事项。

### 5. 目标

（1）推销活动，要确保多大的目标利益额和目标利润率。

（2）本月自己应承担的推销业务量有多大。

（3）本月任务额在全年任务额中所占比重有多大。

（4）在自己的推销计划中，确定的推销对策是什么。

### 6. 客户

（1）在推销前，是否对客户进行了认真的调查分析。

（2）对某一客户的推销有多大把握。

（3）对同一客户的访问频度有多大。

（4）此次上门推销，预定需要多少时间。

（5）推销活动能否按预定计划展开。

（6）是否掌握了客户以往的订货资料。

（7）如何正确处理老客户与新客户的关系。

### 7. 事务

（1）是否能够及时地向上级提出业务报告。

（2）是否经常地向上级提出合理化建议。

（3）是否能够及时地向上级反映客户的意见、建议和投诉。

（4）能否及时地处理好出差时滞留的事务性工作。

（5）能否做到与相关部门保持经常的联系，并取得他们的帮助。

（6）是否熟悉从推销、订货到支付货款过程中的全部业务手续。

（7）本企业的最大供货量为多大，商品价格的内部浮动幅度多大，交货期为何时，什么时候支付货款。

（8）客户所需商品名称、数量、品种是否清楚。

（9）客户的住址、联系人、电话、传真、邮编、银行账户是否明确。

### 8. 其他

（1）是否对自己的工作安心负责，是否有敬业精神。

（2）是否充分理解本企业的经营方针与经营战略。

（3）是否将企业培训、研修学到的知识用到日常业务中。

（4）在推销过程中有无违纪、违法等有损企业形象和破坏规章制度行为。

（5）工作中，是否具备勇于创新、不断开拓的精神。

（6）在工作中，是否能够贯彻上级指示。

（7）对自己的推销工作，是否有深刻的认识，是否具有责任心和使命感。

## 十四、员工测评与考核表

| 评价项目 | 二级评价项目 | 测评方法 |
|---|---|---|
| 工作态度评议 | 民主评议方法 | 上级、下级、同级、客户 |
| 素质测评<br>（管理人员测评）<br>（普通员工测评）<br>（招聘人员测评） | 知识技能测试 | 纸笔、操作测试，资格证书 |
| | 职业人格评价 | 纸笔问卷 |
| | 管理风格评价 | 纸笔问卷 |
| | 胜任特征评价 | 行为事件访谈 |
| | 高级管理能力评价 | 评价中心 |
| 绩效考评 | 每月工作量完成率 | 每月报表累计统计 |
| | 季度、年度考评 | 上级、下级、同级、客户 |
| | 特殊业绩与贡献 | 特殊记录或嘉奖 |

## 十五、员工素质测评表

| 人　　员 | 适用测评指标 |
|---|---|
| 普通员工 | 智力、综合知识<br>一般职业能力、专业技术<br>职业人员 |
| 基层管理人员 | 一般职业能力、专业技术<br>一般管理能力<br>职业人格、管理风格<br>胜任特征 |
| 中级管理人员 | 专业技术<br>职业人格、管理风格<br>胖任特征 |
| 中高级管理层 | 管理风格<br>胜任特征<br>高级管理能力 |

素质测评内容指标具体可分为：

①智力：图形推理测验、简易智力测验；

②知识：专业资历、专业经验、知识面；

③一般职业能力：言语能力、数理能力、机械推理、空间关系、知觉速度和准确性、运动协调性、手的速度和灵活性；

④胜任能力：决定能力、驾驭能力（影响力）、技术能力、公关能力、组织能力、发展他人、权限意识、团队协作、自信、信息调研能力、团队领导力、主动性；

⑤职业人格：主要指性格特征，这里指适应性与焦虑性、内外向、情感型与理智型、怯懦与果断；

⑥职业定向：人、程序与系统、交际与艺术、科学与工程；

⑦管理风格：这里主要指管理者的动机模式，分为成就型、权力型、亲和型三种。

# 第八章　客户关系与售后服务管理制度

## 一、客户关系管理制度

**第一条**　适用范围

公司在销售市场上的所有直接客户与间接客户都应纳入本制度管理系统。

**第二条**　基本原则

（1）客户关系管理应根据客户情况的变化，不断加以调整，并进行跟踪记录。

（2）客户关系管理的重点不仅应放在现有客户上，而且还应更多地关注未来客户或潜在客户。

（3）将客户关系资料以灵活的方式及时全面地提供给销售经理和销售代表。同时，应利用客户资料进行更多的分析，使客户关系数据库充分发挥作用。

（4）客户关系数据库应由专人负责管理，并制订严格的查阅利用和管理制度。

**第三条**　客户构成分析方法

**1. 不同业种客户分析步骤**

（1）对自己负责的客户进行下列区分：

①零配件销售商。

②本公司产品的用品商。

③地区专营店。

④地区批量销售店。

⑤地区 DIY 店。

⑥其他。

（2）小计各分类的销售额。

（3）合计各分类的销售额。

（4）以各分类的小计额除以合计额，得出各分类所占比重。

（5）以公司的经营方针为基础，把握和比较自己所负责客户的构成。

## 2. 具体业种的客户构成分析步骤

（1）将自己负责的客户，进行下列区分：

①零配件销售商。

②本公司产品的用品商。

③地区专营店。

④地区 DIY 店。

⑤地区批量销售店。

⑥其他。

（2）各分类中，将客户按销售额高低排序。

（3）计算出各客户在该分类中占分类销售额的比重，并计算出该分类的累计销售额。

（4）将客户分为三类。A 类占累计销售额的 75% 左右，B 类占 20% 左右，C 类占 5% 左右。

## 3. 客户与本公司交易业绩分析步骤

（1）首先掌握客户月交易额和年交易额。具体方法包括：

①直接询问客户本年度的交易额。

②查询客户的本年度销售计划。

③询问客户由公司购入商品的预订量。

④由公司营销额推算其销售额。

⑤根据客户库存情况，推算商品周转率，进而推算销售额。

⑥取得对方的决算书。

⑦询问其他企业。

（2）计算出客户与公司的月交易额或年交易额。

（3）计算出客户占公司总销售额的比重。

（4）检查该比重是否达到公司所要求的水平。

**第四条**　销售状况分析步骤

**1. 季节推算分析方法**

（1）统计各客户以往 3 年的各月销售额。

（2）汇总 3 年的总销售额。

（3）计算总销售额的平均值，即得每年平均销售额。

（4）将上述年平均销售额除以 12，计算出月平均销售额。

（5）月平均额除以年平均额，乘以 100% 即得月季节指数。

（6）各月季节指数除以 12，即可计算出各月的销售额构成比。

（7）各月销售额构成比乘以客户的年销售目标额，即为各月应达到的销售目标。

**2. 不同商品的销售构成分析步骤**

（1）将客户销售的商品，按销售额由高到低排序。

（2）合计所有商品的累计销售额。

（3）计算出各种商品销售额占累计销售额的比重。

（4）检查是否完成公司规定的商品销售任务。

## 二、客户开发选择制度

本制度旨在选择新的原料供应商，保证企业原材料的合理供应，确定合理标准及选择程序。

**第一条**　新客户的选择原则

（1）新客户必须具有满足本企业质量要求的设备和技术能力。

（2）新客户必须具备按时供货的管理能力。

（3）新客户必须达到较高的经营水平，具有较强的财务能力和较好的信用。

（4）新客户必须具有积极的合作态度。

（5）新客户必须遵守双方在商业上和技术上的保密原则。

（6）新客户的成本管理和成本水平必须符合本公司要求。

第二条　新客户选择程序

1. 一般调查

（1）候选客户向本公司提交企业概况、最新年度决算表、产品指南、产品目录等文件。

（2）与新客户的负责人交谈，进一步了解其生产经营情况、经营方针和对本公司的基本看法。

（3）新客户技术负责人与本公司技术和质量管理部门负责人进一步商洽合作事宜。

2. 实地调查

根据一般调查的总体印象作出总体判断，衡量新客户是否符合上述基本原则。在此基础上，资材部会同技术、设计、质量管理等部门对新客户进行实地调查。调查结束后，要提出新客户认定申请。

第三条　开发选择认定

1. 提出认定申请报告

根据一般调查和实地调查结果，向市场部主管正式提出新客户选择申请报告，该报告主要包括以下项目：

（1）与新客户交易的理由及今后交易的基本方针。

（2）交易商品目录与金额。

（3）调查资料与调查结果。

2. 签订商品供应合同

与所选定的新客户正式签订供货合同，签订合同者原则上应是本公司的资材部长和新客户的法人代表。

3. 签订质量保证合同

与供应合同同时签订的还有质量保证合同，其签订者与以上相同。

4. 设定新客户代码

为新客户设定代码，进行有关登记准备。

5. 其他事项

将选定的新客户基本资料通知本企业相关部门；确定购货款的支付方式；新客户有关资料的存档。

### 三、新客户开发管理实施细则

（一）新客户开发部门

**第一条**　为保证新客户开发计划顺利进行，为公司争取到更多的新客户以扩大公司的商品市场，需要建立统一的组织协调机构，特建立新客户开发部。

**第二条**　新客户开发部作为主要的组织企划部门，负责新客户开发计划的制订和组织实施。

**第三条**　营业部所辖各科室为具体实施部门。

（二）新客户开发计划

**第四条**　确定新客户范围，选择新客户开发计划的主攻方向。

**第五条**　选定具体的新客户，其步骤是：

（1）搜集资料，制作"潜在客户名录"。

（2）分析潜在客户的情况，为新客户开发活动提供背景资料。

（3）将上述资料分发给营业部。

**第六条**　实施新客户开发计划。

主要是确定与潜在客户联系的渠道与方法。

**第七条**　召开会议，交流业务进展情况，总结经验，提出改进对策，对下一阶段工作进行布置。

（三）新客户开发实施

**第八条**　组织实施潜在客户调查计划。

根据新客户开发部提供的"潜在客户名录"，选择主攻客户，然后确定销售人员进行分工调查，以寻找最佳的开发渠道和方法。

**第九条**　对新客户进行信用调查。

调查方法是填制企业统一印制的新客户信用调查表。

**第十条**　根据调查结果，进行筛选评价，确定应重点开发的新客户。

**第十一条**　如调查结果有不详之处，组织有关人员再次进行专项调查。

**第十二条**　向新客户开发部提出详细的新客户开发申请，得到同意后，即实施新客户开发计划。

**第十三条**　在调查过程中，如发现信用有问题的客户，有关人员要向上级汇报，请求中止对其调查和业务洽谈。

**第十四条**　销售人员在与新客户接触过程中，一方面要力争与其建立业务联系，另一方面要具体进行对其信用、经营、销售能力等方面的调查。

**第十五条**　销售人员在访问客户或进行业务洽谈前后，要填制"新客户开发计划及管理实施表"。

**第十六条**　根据实际进展情况，营业部长应及时加以指导。

**第十七条**　营业部销售人员应通过填制"新客户开发日报表"，将每天的工作进展情况、取得的成绩和存在的问题向营业部长反映。

## 四、客户信息管理章程

**第一条**　目的

为使公司的客户信息管理工作不断完善，形成制度化和规范化，特制订本章程。

**第二条**　报告种类

（1）日常报告：口头。

（2）紧急报告：口头或电话。

（3）定期报告：提交《客户信息报告》。

**第三条**　客户分类

根据客户信用状况，分为甲、乙、丙三个等级。

甲、乙级由营业主管划分确定，其余客户均列为丙级。

（1）甲级：企业形象好，知名度高，在同行业中有竞争优势，信用问题确有保证（与本公司的交易规模大小无直接关系）。

（2）乙级：信用状况一般。大多数客户应列入此类。

（3）丙级：需要关注防范。

**第四条**　定期报告

业务人员根据上述分类，依照《客户信息报告》规定事项，向上级主管进行定期报告。上级主管对报告审核整理后，按下列要求经由总经理向董事会报告。

（1）甲级：六个月一次（每年 3 月和 9 月）。

（2）乙级：三个月一次（每年 2 月、5 月、8 月和 11 月）。

（3）丙级：每月一次。

**第五条**　报告程序

报告于每月底向营业主管提出，营业主管应在五日内提交总经理。

**第六条**　日常报告

日常报告的提交方法依另行规定的《客户信息报告》中的规定办理。

**第七条**　紧急报告

当发生拒付或拒付可能性较大的信用问题时，依实际情况应尽可能迅速通报上级和有关部门。

## 五、客户需求信息处理制度

（一）通　　则

**第一条**　本制度旨在为需求信息（特别是订货信息）的搜集、整理、加工、上报和具体运用提供规范性处理方法。

**第二条**　需求信息处理的基本步骤为：

（1）确定搜集需求信息的基本方针和需求。

（2）确定具体的业务分工和职责分担。

（3）选择最佳搜集和调查的方法。

（4）制作详细的信息报告。

（5）根据需求信息，确定扩大客户订货的基本方针。

（6）信息报告的分类归档。

（7）通过信息发布，促进营业部销售人员的推销工作。

（8）在公司内外实行信息提供奖励制。

**第三条**　需求信息的搜集整理及日常管理工作由企划部负责。

**第四条**　需求信息搜集工作的基本方针由企划部经理确定，并负责组织实施。

**第五条**　企划部制订信息搜集和市场调查规范，并负责培训指导有关人员。

**第六条**　所有需求信息都应交到企划部，由企划部进行归类、分析和保存。提供信息者要填制信息提供记录卡。

**第七条**　在综合分析的基础上，企划部对各种信息的内容、可信度、使用价值等作出分析判断，并提供给有关部门。

**第八条**　各营业部门要将近期工作重点、业务内容、需要的信息种类等及时通报企划部。

**第九条**　对确有实用价值或采用后取得明显效益的信息提供者，给予××元至××元的一次性奖励。

（二）信息搜集要领

**第十条**　与主要客户和与本公司有业务关系的企业、机构等保持联系，及时了解其需求动向，并通过他们搜集各类间接信息。

**第十一条**　制订信息搜集管理计划，根据计划合理分工，并派专人负责。

**第十二条**　做好基础工作，如建立客户档案和客户名录，掌握主要名录客户及通信联系方法等。

**第十三条**　在具体实施过程中，应根据信息的性质和信息源的特点，选择不同的搜集调查方法。

**第十四条**　提供充足的经费和物质条件保证。

**第十五条**　信息搜集工作不能局限于专职人员，要使公司每一位员工都关心和参与信息搜集工作。

**第十六条**　需求信息的信息源主要包括政府部门，各种协会、团体，各类事业单位、研究机构，各类工商企业，各类信息机构，各种传播媒介。

**第十七条**　在上门访问客户取得订货信息时，应注意：

（1）在正式访问前，应对其营业状况进行观察，了解基本情况。

（2）善于从对方话语中获取信息。

（3）要给对方以亲切感和信赖感。

（4）善于把握话题，围绕既定目标展开谈话。

**第十八条**　获取的信息应及时整理，对重要信息要及时向上级提交信息报告。


## 六、客户名册管理制度

**第一条**　目的

为加强客户信息管理，建立客户名册系统，了解交易往来客户的信用度、营业方针与交易态度等客户情况，特制订本制度。

**第二条**　客户名册的种类

（1）客户名册分为交易往来客户原始资料（以卡片方式，一家公司使用一张）和交易往来客户一览表两种。前者存于经理室备用，后者则分配给各负责部门使用。

（2）交易往来客户原始资料是将交易往来客户的机构、内容、信用以及与本公司的关系等各种信息详细记录，而交易往来客户一览表则是对上述信息的简单记录。

**第三条**　交易往来客户原始资料的保管和阅览

各部门在必要的时候应按严格的登记程序向经理室借阅常备的交易往来客户资料。经理室对于资料的保管要尽职尽责，避免污染、破损、遗失等。

**第四条**　记录及订正

（1）对于开始有交易往来的公司，各部门负责人要在"交易开始调查书"里记录必要事项，并且取得部门主管的认可后上报董事长。市场部在获董事长的批准后，须依照调查书制成交易往来客户名册，并在往来客户一览表里记录信息。

（2）市场部应一年两次定期对交易往来客户进行调查，如果有变化，应在交易往来客户名册及交易往来客户一览表里记录、订正。

（3）市场部对于有关交易往来客户的各事项的变化，应随时记录。

（4）交易往来客户如果解散或者与本公司的交易关系解除时，市场部应尽快将其从交易往来客户名册及交易往来客户一览表中除去。

**第五条** 各相关部门负责人与市场部的联络

各相关部门负责人对于客户交易的状况要经常注意，如有变化，应向市场部及时反馈，以保持交易往来客户原始资料及交易往来客户一览表的正确性。

**第六条** 资料的整理及处理

交易解除后的资料要标明"交易终止"或者"交易解除"并进行整理，完全不可能恢复的交易客户资料经市场部主管批准后另行处理。

## 七、客户招待会实施程序

**第一条** 招待会的目的

（1）热情问候以增进感情。

（2）感谢与致歉。

（3）了解客户需求信息，听取客户意见。

（4）向客户介绍新产品，以促使其订货经销。

**第二条** 出席者

本公司的主要客户、总经理或副总经理、相关部门经理、业务骨干人员。

**第三条** 日程安排

（1）时间：××××年××月××日××时开始至××时。

（2）地点：本公司会议室。

（3）主要内容：

①营业部长致欢迎词。

②入会者参观成品仓库的主要生产车间，可分组分头参观。

③新产品介绍与演示。

④晚宴招待。

**第四条** 会务工作

（1）事先向客户发出请帖，并电话确认是否应约。

（2）在客人到达后，向每人发放胸卡，来宾、总经理和部长的胸卡在大小或颜色上应区别于其他出席者。

（3）向来宾发放有关资料。

**第五条**　宴会程序

（1）宴会由销售部长致欢迎词。

（2）然后由总经理讲话和来宾讲话（事先指定）。

（3）本公司人员由主持人介绍；来宾自我介绍。

（4）宴会座位安置可以依以下三点确定：

①销售额的高低。

②业务关系的长短。

③与本公司关系的深浅程度。

（5）宴会期间安排客户娱乐项目。

（6）当来宾尽兴后，结束宴会。

（7）向来宾赠送有纪念意义的小礼品。

## 八、售后服务管理办法

### （一）总　则

为加强公司的售后服务工作，提高公司售后服务水平，特制订本办法。

### （二）管理体制

（1）公司营销部门下设专门的售后服务职位和机构。

（2）公司售后服务机构负责公司产品、商品的客户（用户）意见收集、投诉受理、退货换货、维修零部件管理等工作。

（3）公司设立专业售后服务队伍，或者指定特约服务商、维修商。

（4）公司指定特约服务商、维修商的，应与之签订委托协议或合同。

### （三）退货和换货

（1）公司为了保护消费者权益，根据商品交易的相关法规，制定对公司产品和商品退货和换货的具体规定。

（2）公司产品和商品退货和换货的具体规定，明示于销售场所、载于产品说明材料内。

（3）公司制定具体退货和换货工作流程，并培训有关人员熟悉该规程。

（4）公司的仓库、运输、财务、生产制造部门为退货和换货予以支持和配合，并进行工作流程上的无缝衔接。

（5）查清退货和换货的原因，追究造成该原因的部门和个人的责任，并作为业绩考核的依据之一。

（四）维修服务

（1）公司根据行业惯例，确定本公司产品、商品的保质期、保修期。在一个产品、商品中，不同部位、部件有不同保修期的应加以说明。

（2）公司产品、商品的保质期、保修期，应载于产品说明材料内。公司因促销等原因导致保修期变化的，应及时通知售后服务部门。

（3）公司售后服务类别为：

①有费服务：凡为客户保养或维修本公司出售的商品而向客户收取服务费用者属于此类。

②合同服务：凡为客户保养或维修本公司出售的商品，依本公司与客户所订立的商品保修合同书的规定而向客户收取服务费用者属于此类。

③免费服务：凡为客户保养或维修本公司出售的商品，在免费保修期间内，免向客户收取服务费用者属于此类。

④一般行政工作：凡与服务有关的内部一般行政工作，如工作检查、零件管理、设备工具维护、短期在职训练及其他不属前三项的工作均属于此类一般行政工作。

（4）公司维修人员经培训合格或取得岗位资质证书后才予以上岗，公司鼓励维修人员通过多种形式提高其维修技能。

（5）公司服务接待员在接到维修来电来函时，应详细记录客户名称、地址、联系电话、商品型号，尽量问清存在问题和故障现象。以上内容登记后，送服务部门处理。

（6）维修主管接到报修单后，初步评价故障现象，派遣合适的维修人员负责维修。

（7）维修人员如上门维修的，应佩戴公司工号卡或出示有关证件才能进入客户场所，并尽量携带有关检修工具和备品、备件。

（8）维修人员如上门维修的，公司应协助其商品运输，运输费用按有关规定支付。

（9）维修人员应尽责精心服务，不得对客户卡、拿、吃、要，要爱护客户设备或办公环境，不损坏其他物品。

（10）凡在客户处不能修复带回修理的商品，应开立收据交与客户，并在公司进出商品簿上登记。修复后应向客户索回收据，并请其在维修派工单上签字。

（11）凡属有费服务，其费用较低者，应由技术人员当场向客户收费，将款交与会计员，凭以补寄发票，否则应于当天凭"服务凭证"至会计员处开具发票，以便另行前往收费。

（12）每次维修完结后，维修员上交派工单，主管考核其维修时间和质量。各种维修应在公司承诺的时限内完成。


## 九、听取顾客意见的规定

（1）认真听取顾客意见是公司更好地为顾客服务，从而提高公司信誉，增强市场竞争力的重要工作之一。

（2）公司所属门店应建立常规或专题顾客访问制度，采取上门访问、书面征求意见、邀请顾客座谈或利用各种机会等方式广泛征求顾客对本公司商品质量、服务质量的意见和要求，同时做好记录。对顾客反映的意见应及时反馈到有关部门领导，提出改进措施，并组织实施。

（3）门店对顾客在商品质量方面的反馈意见，应及时分析研究处理，同时将处理意见上报质量管理部门。

（4）对顾客提出的代购商品的要求，应做到一不推诿、二不敷衍，想方设法尽最大可能满足顾客的购买需求。

（5）对顾客来信、来电、来访提出的问题，值班店长或其他有关部门应认真做好接待处理工作，做到态度热情虚心，处理及时公正。不管顾客提出的意见正确与否，都应虚心听取，沟通和加强与顾客之间的联系，并做好相关记录。

（6）本制度责任人为企业负责人。

（7）本制度每半年考核一次。

## 十、送货服务程序

第一阶段　送货准备

（1）确认送货时间。

（2）确定运输路线。

（3）检查准备运输车辆。

（4）检查货物与订货单是否相符。

（5）装运货物。

（6）准备有关票据。

（7）向上级汇报出发和归来时间安排。

第二阶段　运送

（1）保证交通安全。

（2）货物防雨、防震处理。

第三阶段　卸货

（1）客户检查确认货物。

（2）送货单签字。

第四阶段　客户联系

（1）听取客户意见。

（2）向客户表示谢意。

第五阶段　交货手续

（1）客户在收货单上签字盖章。

（2）客户在货物清单上签字盖章。

## 第六阶段 关联业务

（1）商谈货款回收事项。
（2）确定售后服务事项。

## 第七阶段 辞行

（1）辞行打招呼。
（2）向客户致意。

# 十一、客户投诉处理办法

**第一条** 目的

确保客户迅速获得满意的服务，对客户投诉采取适当的处理措施，以维持公司信誉，并谋求公司服务改善。

**第二条** 范围

已完成交货手续的本公司产品，遭受客户因质量不符或不适用的投诉。

**第三条** 客户抱怨的分类

1. 非赔偿：这种抱怨是客户对产品不满，或要求返工、更换或退货，于处理后不需给予客户赔偿。

2. 索赔：客户除要求对不良品加以处理外，并依合同规定要求本公司赔偿其损失，对于此种投诉宜慎重且尽快地查明原因。

3. 非属质量的投诉：客户刻意找种种理由，投诉产品质量不良，要求赔偿或减价，此种投诉则非属本公司责任。

**第四条** 实施单位

业务部、质量管理部成品科及有关单位。

**第五条** 实施要点

（1）客户投诉由业务部受理，先核对是否确有该批订货与出货，并经实地调查了解（必要时会同有关单位）确认责任属本公司后，即填妥投诉处理单通知质量管理部调查分析。

（2）质量管理部成品科调查成品检验记录表及有关此批产品的检验资料，查出真正的原因，如无法查出，则会同有关单位查明。

（3）查明原因后，会同有关单位，针对原因，提出改善对策，防止再次发生。

（4）会同有关单位，对客户投诉提出处理建议，经经理核准后，由业务部答复客户。

（5）将资料回馈有关单位并归档。

第六条　本办法经质量管理委员会核定后实施，修正时亦同。

## 十二、客户投诉管理办法

（一）目的

为求迅速处理客户投诉案件，维护公司信誉，促进质量改善与售后服务，制定本办法。

（二）范围

包括客户投诉表单编号原则，客户投诉的调查处理、追踪改善、成品退货、处理期限、核决权限及处理逾期反应等项目。

（三）适用时机

凡本公司产品遇客户反映质量异常的投诉（以下简称"客户投诉"）时，依本施行办法的规定办理。（如未造成损失时业务部或有关单位前往处理时，应填报"异常处理单"反映给有关单位加以改善）。

（四）处理程序。

客户投诉处理流程。（略）

（五）客户投诉分类

客户投诉处理作业依客户投诉异常原因的不同区分为：

（1）非质量异常客户投诉发生原因（指人为因素造成）。

（2）质量异常客户投诉发生原因（指公司产品质量问题）。

（六）客户投诉处理职责

**1. 业务部门**

（1）详查客户投诉产品的订单编号、料号、数量、交运日期。

（2）客户投诉要求及客户投诉理由的确认。

（3）协助客户解决疑难或提供必要的参考资料。

（4）迅速传达处理结果。

**2. 质量管理部**

（1）客户投诉案件的调查、提报与责任人员的确定。

（2）发生原因及处理，改善对策的检查、执行、督促、预防提报。

（3）客户投诉质量的检验确认。

**3. 总经理室生产管理组**

（1）客户投诉案件的登记，处理时效管理及逾期反应。

（2）客户投诉内容的审核、调查、提报。

（3）客户投诉例会的联系。

（4）处理方式的确定及责任归属的判定。

（5）客户投诉改善案的提出、洽办、执行的督促及效果确认。

（6）协助有关部门与客户接洽客户投诉的调查及妥善处理。

（7）客户投诉处理中客户投诉反映的意见，提报有关部门追踪改善。

**4. 制造部门**

（1）针对客户投诉内容详细调查，并拟定处理对策及执行检查。

（2）提报生产单位、机班别、生产人员及生产日期。

（七）客户投诉处理表编号原则

（1）客户投诉处理的编号原则。年度（××××）月份（××）流水编号（××）

（2）编号周期以年度月份为原则。

### （八）客户反映调查及处理

（1）业务部人员在接到客户反映产品异常时，应即查明该异常原因（编号、料号、交运日期、数量、不良数量）、客户要求，并立即填写"客户抱怨处理表"（表略）连同异常样品签注意见后送总经理室办理。

若客户要求退（换）货数量因客户尚在清理中而无法确定时，应于"客户要求"栏注明："客户清理中未确定。"

（2）客户投诉案件若需会勘者，业务部门在未填立《客户抱怨处理单》前为应客户需求及确保处理时效：业务人员应立即反映给质量管理部人员（或制造部品保组），会同制造部门人员共同前往处理，若质量管理部人员无法及时前往时由总经理指派有关人员前往处理，并于处理后向总经理报告。

（3）为及时了解客户反映异常内容及处理情况，由质量管理部或有关人员于调查处理后三天内提出报告呈总经理批示。

（4）总经理室生产管理组接到业务部门的"客户投诉处理表"后，即编列客户投诉编号并登记于"客户投诉案件登记追踪表"，送质量管理部追查分析原因及判定责任归属部门，送生产单位分析异常原因并拟定处理对策，并送经理室批示意见，另依异常状况送研发部提示意见，再送回总经理室查核后送回业务部门拟定处理意见，再送总经理室综合意见后，依核决权限呈核再送回业务部依批示处理。

（5）业务人员收到总经理室送回的"客户投诉处理表"时，应立即向客户说明、交涉，并将处理结果填入表中，呈主管核阅后送回总经理室。

（6）总经理室生产管理组接到业务部填写交涉结果的"客户投诉处理表"后，应于一日内就业务与公司的意见加以分析做成综合意见，依据核决权限分送业务部经理、副总经理或总经理核决。

（7）判定发生问题的单位，若属质量问题应另拟定处理方式，改善方法是否需列入追踪（人为疏忽免列案追踪）作明确的判定，并依"客户投诉损失金额核算基准"及"客户投诉罚扣判定基准"拟定责任部门损失金额，个人惩处种类呈主管批示后，依罚扣标准办理，若涉及行政处分则依"客户投诉行政处理原则"办理。

（8）经核签结案的"客户投诉处理表"第一联质量管理部存，第二联制造部门存，第三联送业务部门依批示办理，第四联送财务部存，第五联总经理室存。

（9）"客户投诉处理表"的处理意见，若客户未能接受，业务部门应该再填一份新的"客户投诉处理表"附原投诉表一并呈报处理。

（10）总经理室生产管理组每月 10 日前汇总上月份结案的案件于"客户投诉案件统计表"，会同制造部、质量管理部、研发部及有关部门主管判定责任归属确认及比率，并检查各客户投诉项目的改善对策及处理结果。

（11）业务部门不得超越核决权限与客户做任何处理的答复协议或承诺。对"客户投诉处理表"的批示事项以书信或电话转答客户（不得将"客户投诉处理表"影印送客户）。

（12）各部门对客户投诉处理决议有异议时要以"签呈"专案呈报处理。

（13）客户投诉内容若涉及其他公司、原物料供应商等的责任时，由总经理室会同有关单位共同处理。

（14）客户投诉不成立时，业务员于接获"客户投诉处理表"时，以规定收款期收回应收账款，如客户有异议时，再以"签呈"呈报上级处理。

## （九）客户投诉案件处理期限

"客户投诉处理表"处理期限，自总经理室受理起，国内 13 天，国外 17 天内结案。

## （十）客户投诉责任人员处分及奖金罚扣

### 1. 客户投诉责任人员处分

总经理室生产管理组每月 10 日前应审视上月份结案的客户投诉案件，凡经批示为行政处分者，经整理后送人事部门提报"人事公布单"并公布。

### 2. 客户投诉奖金罚扣

制造部门、业务部门及服务部门的责任归属为单位或个人时，由总经理室依客户投诉案件发生的项目原因决定责任归属单位，并开立"奖罚通知单"呈总经理核准后复印三份，一份自存，一份送财务部门查核，一份送罚扣部门罚扣奖金。

（十一）成品退货账务处理

（1）业务部门于接到已结案的"客户投诉处理表"第三联后，依核决的处理方式处理：

①折让、赔款：业务人员应依"客户投诉处理单"开立"销货折让证明单"一式二联，呈经（副）理、总（副）经理核签及送客户签章后一份存业务部，一份送会计作账。

②退货：开立"成品退货单"注明退货原因，处理方式及退回依据后呈经（副）理核实后，除第一联自存督促外，其余三联送成品仓储据以办理收货。

（2）财务部门依据"客户投诉处理表"第四联中经批示核定的退货量与"成品退货单"的实退量核对无误后，即开立传票办理转账，但若数量、金额不符时依下列方式办理。

①实退量小于核定量或实退量大于核定量于一定比率（即以该客户订货时注明的"超量允收比率"，若客户未注明时依本公司规定）以内时，应依《成品退货单》的实退数量开立"传票"办理转账。

②成品仓储收到退货，应依业务部送来的"成品退货单"核对无误后，予以签收（如实际与成品退货单所载不符时，要请示后依实际情况签收）。"成品退货单"第二联成品仓储存，第三联财务部门存，第四联业务部存。

③因客户投诉之故，而影响应收款项回收时，财务部门在计算业务人员应收账款回收率的绩效奖金时，应依据"客户投诉处理表"所列料号之应收金额予以扣除。

④业务人员收到成品仓库填写的"成品退货单"应在下列三种方式中择一取得退货证明：

A. 收回原开立的统一发票，要求客户在发票上盖统一发票章。

B. 收回注明退货数量、单价、金额及实收数量、单价金额的原开立统一发票的影印件，且必须由客户盖统一发票章。

C. 填写"销货退回证明单"由客户盖统一发票章后收回。取得上述文件后与成品销货退回单一并送财务部门作账。

⑤客户投诉处理结果为销货折让时，业务人员依核决结果开立"销货折让证明单"依下列两种方式取得折让证明：

A. 收回注明折让单价、金额及实收单价、金额的原开立统一发票影印件，影印件上必须由客户盖统一发票章。

B. 填写"销货折让证明单"由客户盖统一发票章后签回。

取得上述文件之后与"销货折让证明单"一并送会计科作账。

### （十二）处理时效逾期的反应

总经理室在客户投诉案件处理过程中，对于逾期案件应开立"催办单"催促有关部门处理，对于已结案的案件，应查核各部门处理时效，对于处理时效逾期案件，得开立"洽办单"送有关部门追查逾期原因。

### （十三）实施与修订

本办法呈总经理核准后实施，修订时亦同。

## 十三、客户投诉的处罚规定

**第一条** 客户投诉处罚的责任归属。

业务部门、服务部门的责任以归属至个人为原则，未能明确归属至个人者应归属至全部门。

**第二条** 制造部门以各组为最小单位，以归属至责任人为原则，未能明确归属至责任人者则归属至小组或部门。

**第三条** 客户投诉处罚方式：

（1）客户投诉案件处罚依据《客户投诉处罚判定基准》的原则，判定有关部门或个人，予以处罚个人效益奖金，其处罚金额归属公司。

（2）客户投诉处罚按额度分别处罚。

（3）客户投诉处罚标准依"客户投诉损失金额核算基准"（如下表），责任归属部门的营业人员。

### 客户投诉损失金额核算基准

| 损失项目 | 损失金额计算方法 |
|---|---|
| 索赔 | 依实际赔偿金额计算损失 |
| 折让 | 依实际折让金额计算损失 |
| 退回 | 依实际退回数量以实际售价的15%核算损失金额 |
| 补送 | 依甲级品售价核算补送制品的金额核算损失 |
| 重修 | 依重新处理的工缴费用加搬运费核算损失 |

（4）客户投诉处罚最高金额以全月效益奖金的50%为准，该月份超过50%以上者逐月分期处罚。

**第四条**　服务部门的处罚方式：

（1）归属至个人者依照有关处罚金额办理。

（2）归属至发生部门者依照有关处罚金额办理。

**第五条**　制造部门的处罚方式：

（1）归属责任至个人者依《客户投诉处罚标准》计扣该负责人应罚金额。

（2）归属至小组或全部门营业人员，依《客户投诉处罚标准》执行。

**第六条**　处分标准。

### 行政处分标准表

| 责任负担金额 | 处分标准 | 备注 |
|---|---|---|
| 10000元以下 | 检讨书 | |
| 10001～50000元 | 警告一次 | |
| 50001～100000元 | 警告二次 | |
| 100001～200000元 | 记过一次 | |
| 200001～400000元 | 记过二次 | |
| 400001～1000000元 | 记大过一次 | |
| 1000001元以上 | 记大过二次 | |

**第七条**　客户投诉行政处分判定依据补充说明。

（1）因票据错误或附件等材料错误遭客户投诉者。

（2）因财务错误遭客户投诉者。

（3）未依制作规范予以备料、用料招致客户投诉者。

（4）经剔除的不合格产品混入正常品缴库招致客户投诉者。

（5）成品交运超出应收范围未经客户同意招致客户投诉者。

（6）擅自减少有关生产资料者。

（7）业务人员对于特殊质量要求，未反映给有关部门遭客户投诉者。

（8）订单误记招致客户投诉者。

（9）交货延迟者。

（10）装运错误者。

（11）交货单误记者。

（12）仓储保管不当者。

（13）外观标志不符规格者。

（14）检验资料不符者。

（15）其他情况。

以上一经查证属实者，即依情节轻重予以行政处分，并上报总经理核准后由人事部门公布。

## 十四、客户投诉案件具体处理办法

第一条　为保证对公司商品销售所发生的客户投诉案件有统一规范的处理手续和方法，防范类似情况再次发生，特制定本办法。

第二条　本办法所指客户投诉案件系指出现第三条所列事项。

第三条　客户的正当投诉范围包括：

（1）产品在质量上有缺陷。

（2）产品规格、等级、数量等与合同规定或与货物清单不符。

（3）产品技术规格超过允许误差范围。

（4）产品在运输途中受到损害。

（5）因包装不良造成损坏。

（6）存在其他质量问题或违反合同问题。

**第四条** 本公司各类人员对投诉案件的处理，应以谦恭礼貌、迅速周到为原则。各被投诉部门应尽力防范类似情况的再度发生。

**第五条** 业务部门职责：

（1）确定投诉案件是否受理。

（2）迅速发出处理通知，督促尽快解决。

（3）根据有关资料，裁决有关争议事项。

（4）尽快答复客户。

（5）决定投诉处理之外的有关事项。

**第六条** 质量管理部职责：

（1）检查审核投诉处理通知，确定具体的处理部门。

（2）组织投诉的调查分析。

（3）提交调查报告，分发有关部门。

（4）填制投诉统计报表。

**第七条** 各营业部门接到投诉后，应确认其投诉理由是否成立，呈报上级主管裁定是否受理。如属客户原因，应迅速答复客户，婉转讲明理由，请客户谅解。

**第八条** 各营业部门对受理的投诉，应进行详细记录，并按下列原则作出妥善处理：

（1）凡属质量缺陷，规格、数量与合同不符，现品与样品不符，超过技术误差时，填制投诉记录卡，送质量管理部。

（2）如纯属合同纠纷，应填制投诉记录卡，并附处理意见，送公司有关领导裁定处理。

（3）如属发货手续问题，依照内销业务处理办法处理。

**第九条** 质量管理部在接到第八条第 1 种情况的投诉记录卡时，要确定具体受理部门，指示受理部门调查，并留一份记录卡备查。

**第十条** 受理部门接到记录卡后，应迅速查明原因，以现品调查为原则，必要时要进行记录资料调查或实地调查。调查内容包括：

（1）投诉范围（数量、金额等）是否属实。

（2）投诉理由是否合理。

（3）投诉目的调查。

（4）投诉调查分析。

（5）客户要求是否正当。

（6）其他必要事项。

**第十一条**　受理部门将调查情况汇总，填制《投诉调查报告》，随同原投诉书一同交主管审核后，交质量管理部。

**第十二条**　质量管理部收到调查报告后，经整理审核，呈报营业部主管，回复受理部门。

**第十三条**　受理部门根据质量管理部意见，形成具体处理意见，报请上级主管审核。

**第十四条**　受理部门根据上级意见，以书面形式答复客户。

**第十五条**　客户投诉记录卡中应写明投诉客户名称、客户要求、受理时间和编号、受理部门处理意见。

**第十六条**　客户投诉记录卡的投诉流程为：

第一联：存根，由营业部留存备查。

第二联：通知，由营业部交送质量管理部。

第三联：通知副本，由营业部报上级主管。

第四联：调查报告，由受理部门调查后交质量管理部。

第五联：答复，由质量管理部接到调查报告，经审核整理后，连同调查报告回复受理部门，受理部门以书面形式答复客户。

第六联：审核，由质量管理部上报审核。

**第十七条**　调查报告内容包括发生原因、具体经过、具体责任者、结论、对策和防范措施。

**第十八条**　投诉处理中的折价、赔偿处理依照有关销售业务处理规定处理。

**第十九条**　质量管理部应于每月××日内填报投诉统计表，呈报上级审核。

## 十五、营销人员开拓网点进度表

| 开拓月份 | 销售网点 |
|---|---|
| 1 月 | 20 |
| 2 月 | 18 |
| 3 月 | 16 |
| 4 月 | 14 |
| 5 月 | 12 |
| 6 月 | 10 |

核计方式：

①业务员每一新经销店按其开始进货月份核定销售网点数。

②合计业务员的全部新经销店网点，然后除以新网点，即得开拓月份网点。

## 十六、营销货品盘存报告表

年　月　日　　　　　　　　　　　　　　　　　　　　金额单位：元

| 编号 | 名称 | 规格 | 单位 | 单价 | 上期结存 | | 本　期购进数 | 本　期销售数 | 本期结存 | | 备注 |
|---|---|---|---|---|---|---|---|---|---|---|---|
| | | | | | 数量 | 金额 | | | 数量 | 金额 | |
| | | | | | | | | | | | |
| | | | | | | | | | | | |
| | | | | | | | | | | | |
| | | 合　计 | | | | | | | | | |

主管：＿＿＿＿＿　　保管员：＿＿＿＿＿

# 第九章　市场营销常用合同协议

## 一、商品买卖合同

出卖人（卖方）：（个人写明姓名、性别、年龄、住址；单位写明名称、法定代表人、营业场）

买受人（买方）：（个人写明姓名、性别、年龄、住址；单位写明名称、法定代表人、营业场）

买卖双方依据国家有关的规定，经过平等协商，就____（合同的名称）达成如下协议：

**第一条**　（顺序可以用条文式，也可以用一、二、三……）卖方向买方提供_____（买卖合同的标的，可以用列表形式，把标的物的名称、数量、质量、单价、总价款等写清楚），总价值_____元。

**第二条**　交提货方式：_____（不同的交付方式，其责任是不一样的）。

**第三条**　质量标准（要明确依据什么标准验收货物的质量，双方可以约定适用国家标准或者行业标准，但应写明标准名称、编号。没有国家或行业标准的，可以由双方商定其他质量标准）。

**第四条**　卖方应当提供____部门（有的标的物须经主管部门批准，这个条款是必要的，否则标的物所有权转让可能无效）出具的证明文件（或者批准证书），因文件不全而导致货物的所有权不能及时转移给买方的，卖方应承担违约责任。

**第五条**　价格条款（要明确货物的价值及其货款的支付方式）。

**第六条**　数量条款（写明数量，必须用通用的计算方式）。

**第七条**　验收方式条款（可以明确卖方应当提供据以验收的必要的技术资料或者样品，验收后，对标的物的质量有异议的，应当明确在什么时间向对方提出，方为有效）。

**第八条**　合同履行期限。

**第九条**　担保条款（双方可以依据担保法的规定，要求对方提供相应的担保，例如，质量保证金、保证人保证、抵押等）。

**第十条**　包装条款（要明确包装的方式，包装物是否回收，包装物的价款由谁承担等内容）。

**第十一条**　质量异议条款（要规定在什么时间内对标的物的质量提出异议才是合法有效的）。

**第十二条**　变更和解除合同条款（要明确在什么条件下一方可以向对方提出变更或者解除合同的要求，对方应当在多少日内回复，不回复的是否就是默认对方的要求等）。

**第十三条**　标的物风险条款。

**第十四条**　违约条款（明确不履行合同规定义务应承担何种责任）。

**第十五条**　本合同一式两份，甲乙双方各执一份。本合同自签字之日起生效。

买方：_____（签字或者盖章）　卖方：_____（签字或者盖章）

## 二、工业品买卖合同

出卖人：甲方_____　　签订地点：_____

买受人：乙方_____　　签订时间：_____

**第一条**　标的物

标的物名称

商标

规格

型号

生产厂家

计量单位

数量

单价

总价合计人民币金额（大写）：＿＿＿＿＿＿＿　　¥＿＿＿＿＿。

**第二条**　质量要求：＿＿＿＿＿＿＿＿＿＿＿＿＿＿＿＿＿＿＿＿＿。

**第三条**　包装标准、包装物的提供与回收：＿＿＿＿＿＿＿＿＿＿＿。

**第四条**　随附必备品、配件、工具的数量及提供办法：

＿＿＿＿＿＿＿＿＿＿＿＿＿＿＿＿＿＿＿＿＿＿＿＿＿＿＿＿＿。

**第五条**　合理损耗标准及计算方法：＿＿＿＿＿＿＿＿＿＿＿＿＿＿。

**第六条**　标的物所有权自＿＿＿＿＿＿时起转移，但乙方未履行＿＿＿＿＿＿义务的，标的物仍属于甲方所有；标的物毁损、灭失的风险自交付时起由乙方承担。

**第七条**　交付（提取）标的物或提取标的物单证的方式、时间、地点：

**第八条**　运输方式及到达站（港）和费用负担：

＿＿＿＿＿＿＿＿＿＿＿＿＿＿＿＿＿＿＿＿＿＿＿＿＿＿＿＿＿。

**第九条**　验收标准、方法、地点及期限：

＿＿＿＿＿＿＿＿＿＿＿＿＿＿＿＿＿＿＿＿＿＿＿＿＿＿＿＿＿。

**第十条**　成套设备的安装与调试：

＿＿＿＿＿＿＿＿＿＿＿＿＿＿＿＿＿＿＿＿＿＿＿＿＿＿＿＿＿。

**第十一条**　甲方对标的物质量负责的条件及期限：

＿＿＿＿＿＿＿＿＿＿＿＿＿＿＿＿＿＿＿＿＿＿＿＿＿＿＿＿＿。

**第十二条**　结算方式、时间及地点：

＿＿＿＿＿＿＿＿＿＿＿＿＿＿＿＿＿＿＿＿＿＿＿＿＿＿＿＿＿。

**第十三条**　担保方式（也可另立担保合同）：

＿＿＿＿＿＿＿＿＿＿＿＿＿＿＿＿＿＿＿＿＿＿＿＿＿＿＿＿＿。

**第十四条**　本合同解除的条件：

＿＿＿＿＿＿＿＿＿＿＿＿＿＿＿＿＿＿＿＿＿＿＿＿＿＿＿＿＿。

**第十五条**　甲方违约责任：

_____。

乙方违约责任：

_____。

**第十六条**　合同争议的解决方式：

本合同项下发生的争议，由双方当事人协商解决或申请调解解决；协商或调解不成的，按下列第_____种方式解决：（只能选择一种）

（1）提交仲裁委员会仲裁。

（2）依法向人民法院起诉。

**第十七条**　本合同自_____年____月____日起生效。

**第十八条**　其他约定事项：_____。

**第十九条**　本合同一式两份，甲、乙双方各执一份，具有同等法律效力。

| | |
|---|---|
| 甲方（章）：_____ | 乙方（章）：_____ |
| 营业执照号码：_____ | 营业执照号码：_____ |
| 住　　所：_____ | 住　　所：_____ |
| 法定代表人：_____ | 法定代表人：_____ |
| 委托代理人：_____ | 委托代理人：_____ |
| 电　　话：_____ | 电　　话：_____ |
| 传　　真：_____ | 传　　真：_____ |
| 开户银行：_____ | 开户银行：_____ |
| 账　　号：_____ | 账　　号：_____ |
| 税　　号：_____ | 税　　号：_____ |
| 邮政编码：_____ | 邮政编码：_____ |

## 三、产品销售合同

甲方（卖方）：_____

乙方（买方）：_____

甲、乙双方本着诚信自愿、合作互利的原则，经友好协商，签订下列合同，并共同遵守。

**第一条**　*产品品种、数量、价格*

| 顺序号 | 产品名称规格型号 | 数量 | 单价 | 金额 |
|---|---|---|---|---|
|  |  |  |  |  |
|  |  |  |  |  |
|  |  |  |  |  |
|  |  |  |  |  |
|  |  |  |  |  |
|  |  |  |  |  |
|  |  |  |  |  |
| 合计人民币大写＿＿＿＿＿＿＿＿（¥＿＿＿元） | | | | |

以上价格＿＿＿＿（含/不含）税，如不含税的，乙方要求开具正式发票的，须补充相应税款。

**第二条**　甲方交货时间是＿＿＿＿年＿＿＿＿月＿＿＿＿日，交货地点位于＿＿＿＿，运费由甲方负责。乙方收货时，须在送货单上加盖公章，或盖收货专用章，或由下列人员之一签收亦视为乙方签收，各人预留签名如下＿＿＿＿＿＿＿。重新委任签收人，须提交留有其签名的收货授权书。

**第三条**　产品质量遵守下列第＿＿＿＿种标准。（①国家标准 GB；②部颁标准＿＿＿＿；③甲方所在省标准＿＿＿＿；④企业标准＿＿＿＿）以上标准须注明文件全文，一式两份，经双方盖章后作为合同附件。甲方供货时，尚须提交产品合格证书。

**第四条**　自乙方收货之日起＿＿＿＿天为产品检验期间，乙方认为产品品种规格、数量或质量不符合合同规定，须在上述检验期内提出书面异议，交给甲方，否则视为产品合格。双方对产品质量发生争议，可以由甲方所在省市技术监督局或双方随机抽样，由该局检验，双方须服从该检验结论，检验费用由结论相异方承担。

**第五条**　乙方于＿＿＿＿年＿＿＿＿月＿＿＿＿日前付清货款。乙方付款时，甲方收款人须持有送货单原件及甲方收款授权书，缺少上述任何一件，乙方的付款仅视为对该第三人付款，损失由乙方负责，乙方仍应向甲方付款。

**第六条**　如果甲方不能交货，按不能交货部分货款的 15% 支付违约金；延期交货，每日按延迟部分货款的万分之五支付违约金，延期 10 天或以上的，乙方有权终止合同，违约金按不能交货计；甲方货物质量不符合合同要求的，部分不合格的，乙方有权选择决定退回该部分货物，或退换全部货物，全部不合格的，可以退回全部货物。甲方应退还已收的退货部分的货款（如乙方同意调换，则不退）且按退货部分货物的 5% 支付违约金。

**第七条**　乙方不依法或不按合同要求而终止合同的，甲方有权要求乙方继续履行合同，并支付货物总价 15% 的违约金；乙方逾期支付货款，每日按欠款的万分之五支付违约金，且乙方付清货款前，货物所有权归甲方，甲方随时有权取回全部货物，乙方未付清货款甲方在任何一期付款日之后取回全部货物的，乙方按全部货物的 15% 支付违约金。

**第八条**　本合同一式两份，自签字之日起生效，附件与本合同加盖骑缝公章。

甲　方（盖章）：＿＿＿＿＿＿　　　乙　方（盖章）：＿＿＿＿＿＿

代表人（签字）：＿＿＿＿＿＿　　　代表人（签字）：＿＿＿＿＿＿

电　话：＿＿＿＿＿＿　　　　　　　电　话：＿＿＿＿＿＿

签约日期：＿＿＿＿年＿＿月＿＿日

签约地点：＿＿＿＿＿＿＿＿＿＿

## 四、试用买卖合同

甲方（出卖人）：＿＿＿＿＿＿

乙方（买受人）：＿＿＿＿＿＿

经甲、乙双方协商同意，达成如下协议，共同遵守。

**第一条**　乙方向甲方购买后列标示机械，于合同成立日起一星期内，由甲方将买卖标的物运到乙方工厂，双方约定，若试用后乙方认为合意，即行成交。

第二条　试用期间以＿＿＿日为限，自接到机械翌日起算。

第三条　前项试用，如乙方认为不合意，应立即将机械退回，以示买卖不成立。

退回所需运费由乙方负担。

第四条　在试用期间，乙方对机械有自由使用之权，因此而有所损坏的，乙方应负赔偿之责。

若其损坏系制造欠妥所致或属运输中之损坏的，不在赔偿之列。

第五条　试用期届满，乙方不立刻表示不合意，试用期满后再将机械退还甲方，视为试用合格，买卖即应成立。

第六条　买卖价款议定为人民币＿＿＿＿＿＿＿元整，于合同成立同时由乙方缴付保证金人民币＿＿＿＿＿＿＿元整。

如买卖成立，保证金应冲作价金的一部分；如买卖不成立，由甲方全数返还乙方。

第七条　试用后乙方认为不合格，或需要继续试用时，可以要求甲方调换或延长试用期，甲方若不同意可拒绝。

第八条　试用后如乙方认为合格的，应于试用期终止日起算＿＿＿日内将货款全部付清，不得拖延。

本合同一式两份，甲、乙双方各执一份为凭。

甲　方（盖章）：＿＿＿＿＿＿＿＿　　　乙　方（盖章）：＿＿＿＿＿＿＿＿

代表人（签字）：＿＿＿＿＿＿＿＿　　　代表人（签字）：＿＿＿＿＿＿＿＿

电　话：＿＿＿＿＿＿＿＿　　　　　　电　话：＿＿＿＿＿＿＿＿

签约日期：＿＿＿＿＿＿年＿＿月＿＿日

签约地点：＿＿＿＿＿＿＿＿＿＿＿

## 五、凭样买卖合同

出卖人：＿＿＿＿＿＿＿＿＿＿（以下简称甲方）

买受人：＿＿＿＿＿＿＿＿＿＿（以下简称乙方）

甲、乙双方本着诚信、互惠互利的原则签订如下买卖合同，并共同遵守。

**第一条**　乙方向甲方订购由乙方提供样品生产的，并与样品质量、规格、款式相同的货物，甲方应于____日内交付乙方。

**第二条**　甲方如不能按期交付或仅能交付一部分，应于____日前通知乙方延缓交货；乙方若不同意，可解除合同。

**第三条**　如因天灾或其他不可抗力，致使甲方不能按期交货或不能全数交货，可延长交货期，但延缓天数应经双方议定。

**第四条**　买卖价款议定每件人民币××元，共人民币××万元，乙方应于甲方交货同时悉数付清。

如乙方不能按时付清货款，甲方可停止交货，直至解除合同。

甲方因此所受的损失，由乙方赔偿。

**第五条**　乙方预知届期不能付款的，可于____日前通知甲方延缓交货日期，倘甲方不同意时，乙方可以解除合同，但如给甲方造成损害，乙方应负赔偿之责。

**第六条**　甲方所交付货物如与样品不相同时，乙方可要求更换或解除买卖合同，由此给乙方造成的损失，由甲方负责赔偿。

**第七条**　市场价格如有升降变动，各方不得主张增减货价，或借故解除合同。

本合同一式两份，甲、乙双方各执一份为凭。

甲　方（盖章）：_____　　　乙　方（盖章）：_____

代表人（签字）：_____　　　代表人（签字）：_____

电　话：_____　　　　　　电　话：_____

签约日期：_____年____月____日

签约地点：_____

## 六、产品专卖合同

出卖方（以下简称甲方）：_____

买受方（以下简称乙方）：_____

根据甲方产品质量的特点和市场需求广泛的特殊情况，乙方经过对产品的鉴定及一定时间使用，确认甲方的产品质量符合当前市场要求，同时提出经销该产品。乙方有在国内通过多层次销售网络，有一定销售量的优势，而甲方有经营及稳定产品质量的技术的优势，双方经协商，本着稳定市场、扩大市场占有率和互惠互利的精神，达成下述协议：

**第一条**　乙方确认甲方所提供的产品质量，符合国内用户的实际需求。双方合作可扩大产品销售量。

甲方同意乙方为_____指定经销商，乙方不能再经销代销、代理国内同类型的产品，一经发现，本协议同时失效。

**第二条**　本协议期内，乙方经销甲方产品××吨或以上，每个季度××吨，每个季度销量，乙方可以根据月销售情况提前10天确定数量通知甲方。如果因乙方未能完成每个季度销售量，本协议当即无效。

**第三条**　本着互惠互利和扩大市场占有率，甲方以月销售××吨，优惠价格人民币××元/吨供给乙方销售。本着互相支持的精神，甲方根据乙方进货计划分期分批提供乙方货物，送货地点为××，如需托运，一切运费、保险费用等均由乙方承担，如途中出现任何损毁、遗失等情况，一切损失将由乙方承担，但甲方可协助追讨保险赔偿。

**第四条**　有关结算问题，经双方同意，根据月销售情况分批进行。乙方应先将每批货款汇入甲方指定银行，或货到付款结算。

**第五条**　本协议有效日期：×××年××月××日至×××年××月××日止。须延期双方协商。

**第六条**　本协议一式两份，甲、乙双方各执一份。经双方签字后具有同等法律效力。如因本协议未尽事宜，原则上由双方协商解决。如协商无效，由西安仲裁委员会裁决。

**第七条**　如甲方产品价格有所变动，应提前通知乙方。

甲　方（盖章）：＿＿＿＿＿＿　　　乙　方（盖章）：＿＿＿＿＿＿

代表人（签字）：＿＿＿＿＿＿　　　代表人（签字）：＿＿＿＿＿＿

电　话：＿＿＿＿＿＿＿＿　　　　电　话：＿＿＿＿＿＿＿＿

签约日期：＿＿＿＿年＿＿月＿＿日

签约地点：＿＿＿＿＿＿＿＿＿＿＿

## 七、区域经销协议

甲方（卖方）：＿＿＿＿＿＿＿＿＿＿＿＿＿公司

乙方（买方）：＿＿＿＿＿＿＿＿＿＿＿＿＿＿＿

为了明确甲、乙双方的权利和义务，根据《合同法》的有关规定，经协商一致，就＿＿＿公司产品在乙方区域经销事宜达成如下协议，共同遵守。

（一）甲方同意乙方为＿＿＿指定经销商，乙方不能再经销代销、代理国内同类型的产品，一经发现，本协议同时失效。

（二）乙方在指定的销售区域内每年必须完成销量＿＿＿，并且在每月20日前向甲方提交未来三个月的销售计划。甲方须准时为乙方提供所需产品。

（三）甲方对乙方的供货价格，乙方对客户的销售价格，均由甲方统一制定，乙方不能变动，供货采用款到发货方式，运费由甲方负担。

（四）乙方根据经销区域市场情况向甲方交付代理权保证金＿＿＿万元。

（五）乙方负责该系列产品在所代理区域市场开拓和产品的安装调试及售后服务工作。如用户在使用中出现问题，由乙方售后服务人员排除故障，若乙方断定产品出现质量问题，由乙方退回甲方或甲方在当地办事处进行调换。

（六）乙方安装服务人员必须经甲方培训，取得上岗资格后，才能上岗工作，否则引起的后果自负。

（七）一种型号产品三个月内销售不足10%者，甲方给予退换货处理，运输费用由乙方负责。

（八）甲、乙双方在履行本合同过程中发生争议，由双方协商解决；协商调解不成的，按本合同约定的下列方法之一进行解决：

（1）由_____仲裁委员会仲裁。

（2）向_____人民法院起诉。

（九）本合同一式两份，双方各执一份。自签字之日起即时生效，均具有同等法律效力。

（十）遇有本合同未尽事宜，由甲、乙双方通过协商另订补充条款，作为本合同不可分割的组成部分，且与本合同具有同等效力。

（十一）本协议有效期限自_____年_____月_____日起至_____年_____月_____日止，为期_____年。合同期限届满，双方不再续约的，本合同自然终止。

甲　方（盖章）：_____　　　　乙　方（盖章）：_____

代表人（签字）：_____　　　　代表人（签字）：_____

电　话：_____　　　　　　　电　话：_____

签约日期：_____年____月____日

签约地点：_____

## 八、办公设备销售合同

合同编号：_____

甲方（卖方）：_____

乙方（买方）：_____

双方根据《合同法》等相关法律法规规定，经友好协商，签订本合同后信守下列条款，共同严格履行。甲方向乙方销售如下产品：

| 商品编号 | 商品名称及规格 | 单位 | 单价（元） | 数量 | 全额小计（元） |
|---|---|---|---|---|---|
|  |  |  |  |  |  |
|  |  |  |  |  |  |
|  |  |  |  |  |  |
|  |  |  |  |  |  |
| 合计人民币（大写）： |  |  |  |  |  |

相关条款：

**第一条**　合同必须填写工整，不得涂改，并经甲、乙双方指定有关负责人签字盖章后方可生效，否则合同无效。

**第二条**　交货时间：×××年××月××日

　　　　　交货地点：

**第三条**　付款方式：支票

**第四条**　质量保证与验收：甲方所销售货物保证原厂正货并符合××质量标准（国家标准、省总级标准、行业标准），原厂包装及未使用过的新货，享受厂家承诺保修，否则乙方无条件退货。乙方在验收中如发现产品品种、型号、规格、数量、质量与本合同规定条件不符，须在产品到货后七日内提出书面异议和处理意见，否则视为验收合格。

**第五条**　保修：三年整机保修，个别配件（需列明）三个月包换。

**第六条**　解决合同纠纷的方式：双方协商或调解不成由提起诉讼方所在地的法院裁决。

**第七条**　本合同一式两份，甲、乙双方各执一份，具有同等的法律效力。

甲　方（盖章）：＿＿＿＿＿＿　　　乙　方（盖章）：＿＿＿＿＿＿

代表人（签字）：＿＿＿＿＿＿　　　代表人（签字）：＿＿＿＿＿＿

电　话：＿＿＿＿＿＿＿　　　　　电　话：＿＿＿＿＿＿＿

签约日期：＿＿＿＿年＿＿月＿＿日

签约地点：＿＿＿＿＿＿＿＿＿＿＿

## 九、售后服务协议书

甲方：××有限公司

乙方：××公司

本着"竞争的一半是服务"的经营理念，为共同开拓市场，做好××产品的售后服务工作，乙方在经销××产品时，必须承担售后服务工作，经双方协商，就××产品在乙方经销区域内的售后服务达成以下协议：

（一）甲方的责任与权利。

（1）积极配合乙方开展售后服务维修工作及执行国家新"三包"的有关规定。

（2）负责为乙方培训维修技术人员。

（3）向乙方及时准确地提供新产品维修技术资料。

（4）甲方售后服务中心定期和不定期对乙方的服务质量和执行协议情况进行检查。

（二）乙方的责任与权利。

（1）必须设立××产品售后服务机构，配备足够数量的合格维修人员、设备及服务场地。

（2）明确维修负责人和专职维修人员，如有变动应及时通知甲方。

（3）乙方必须对所辖区域内的××产品提供售前、售中及售后服务，不得以任何借口推诿。

（4）不得擅自改变产品原设计，若有因擅自改造以致引起产品故障和事故及造成的一切后果自负。

（5）若出现产品重大故障和事故发生时，应迅速通知甲方并协助甲方进行调查和技术鉴定。

（6）接受甲方的指导与监督，每月的维修质量信息反馈单于15日前寄回或传真至甲方售后服务中心。

（7）接受甲方的维修指令并按时、按质、按量完成任务。

（8）乙方维修点积极开展用户回访活动，回访量不得低于当月维修数量的 25%。

（三）保修范围。

（1）凡属××产品，自售出之日起，免费保修×年，对个别地方需延长保修期的，必须经甲方批准方可。

（2）对保修期内的因用户自身原因造成的产品故障和事故，乙方按甲方规定费用标准收取工本费。

（3）在保修期外，乙方必须严格按甲方所规定的有关收费标准收费。

（4）其他事宜，均按国家新"三包"规定的有关条款执行。

（四）服务要求。

（1）乙方必须为用户提供上门服务，做到叫修后市区 48 小时，郊县 76 小时提供上门维修。

（2）为用户提供维修服务时，必须统一填写维修单，维修完毕后，由用户签名。

（3）乙方必须严格执行甲方制订的售后服务管理制度。

（五）维修费用的标准。

（1）所有产品均按年销售产品实际结算金额的 1% 返回，作为维修费用。

（2）××、××产品每台在保修期内，无大、中、小均按××元计，如为用户提供上门服务，无论远近均按××元计。

（六）产品维修配件的铺底与发放。

××、××产品维修配件按该经销商 3 个月销量的×%铺底，以后所需都必须以旧换新，无旧配件返回，由乙方按成本价购买。

（七）退货的规定和处理。

（1）所有的产品不能退回公司。如出现成批质量问题（同一故障），经甲方技术部门鉴定后，可退货处理。

（2）新灶具产品上市六个月内出现的质量问题，原则上由乙方修理，由甲方负责免费提供配件。因成批量的质量问题而无法修复的可以按退货处理。

（八）维修费用的结算。

（1）产品维修费用结算程序：

①乙方维修点凭当月原始维修记录单进行初次回访确认，并填写月维修费用结算单。

②每月的原始维修单连同填写好的月维修费用结算单，在每月 15～20 日间用特快寄至甲方售后服务中心。

③甲方售后服务中心根据乙方提供的原始维修单进行第二次回访和抽查。

④由甲方售后服务中心调查确认无误后，由营销经理审批后交财务部。

⑤维修费用每月结算一次，时间按实际收到乙方提供的用户资料和月结算单 20 天内汇出；

⑥甲方财务部每月按实际维修费用电汇至乙方指定的账号上。

（2）如乙方连续 3 个月未按原始维修单和月结算单返回甲方售后服务中心的，按放弃维修费用处理。

（3）乙方如对维修费用有疑问的，须在 3 个月内提出，逾期不予受理。

（4）维修费用作为专项费用，不现金支付、不冲抵货款。

（九）质量信息反馈和新产品质量跟踪。

（1）乙方在每月 15 日前将所有产品的实际维修情况填写质量信息和维修状况统计表传真或邮寄至甲方售后服务中心。

（2）质量信息反馈和维修状况统计表，应注明发生故障的产品型号、发生故障的数量、故障原因及维修方法。

（3）如乙方连续 3 个月未将质量信息反馈表交至甲方售后服务中心的，甲方则年底扣除总维修费用的 10% 作为处罚。

（4）甲方新产品上市，由乙方负责质量跟踪，提供新产品用户的详细资料，报至甲方售后服务中心。

（5）甲方售后服务中心根据乙方提供的新产品用户的资料进行电话和信函跟踪调查。

（6）乙方必须积极配合甲方的有关调查活动。

（十）甲方每年进行一次售后服务评选活动，优秀售后服务单位的评选条件是：

（1）用户投诉率低于 1‰（根据销量）。

（2）甲方在对乙方的用户回访的调查中，用户满意率为 98%。

（3）乙方的售后服务网络健全，设施和维修人员相对完备。

（4）质量信息反馈每年不低于 90%。

（5）无媒体曝光和技术监督部门不良通报的情况发生。

（十一）违反"协议"规定的处罚。

（1）在结算产品维修费用进行用户调查回访时，发现乙方提供的资料不详，视此单无效。

（2）在结算产品维修费用进行调查回访时，发现乙方提供虚假信息或信息与事实严重不符，将作"假一罚十"处理。

（3）乙方在执行本协议期间，多次违反协议规定，甲方有权终止协议并设立其他维修点以替代该维修点，并将维修费用指标转给新的维修点。

（4）凡因本协议引起的调解、诉讼，双方及连带责任人均同意以××市地方法院为第一管辖法院。

（十二）本协议自签订之日起_____年内有效，有效期满另行签订。

（十三）本协议一式两份，甲、乙双方各执一份，自签订之日起开始生效。


委托方（甲方）：_____　　　被委托方（乙方）：_____

甲方代表签字、盖章：_____　　　乙方代表签字、盖章：_____

_____年___月___日　　　　　　_____年___月___日


## 十、加盟特许连锁店协议


甲方：_____公司

乙方：_____

为了明确甲、乙双方的权利和义务，根据《合同法》规定，双方达成如下协议，共同遵守。

**第一条**　甲方授予乙方"_____"特许连锁店加盟权利。自授权之日起，乙方即正式成为"_____"特许连锁店的加盟合作商。

**第二条**　经营期从_____年_____月_____日起到_____年_____月_____日止，合同期届满以后可优先续约。

**第三条**　双方权利与义务

（一）乙方的权利和义务

（1）为"_____"特许连锁店在当地的建立，筹备经营场所和开业相关事宜。自主办理营业执照等相关合法经营手续，选择店址，并负责装修、宣传等，费用自理。开业后应自觉遵守国家法律和当地有关规定，并处理和承担经营中出现的一切纠纷和责任。

（2）按甲方提供的统一店面招牌对店面进行设计、装潢，以维护企业形象。不得擅自变动甲方的商标颜色、字体及店面风格。

（3）经营管理加盟连锁店，维护发展《＿＿＿＿＿＿》品牌，保护品牌形象。

（4）乙方必须在签订合同之日，向甲方交纳加盟费××元。

（5）开业之日起一个月内，将连锁店营业执照复印件、店面照片报甲方备案，否则甲方将视乙方违约，不履行甲方义务。

（6）乙方因故不能正常履行合同时，须提前一个月向甲方提交说明。

（7）乙方在遵守合同义务的前提下，全权经营、处理乙方在当地的一切事务。

（8）乙方有权对甲方不履行合同义务的行为，提出质疑和终止合同。有权提请仲裁和向人民法院提起诉讼。

（二）甲方的权利和义务

（1）甲方给乙方开业配送市场价人民币＿＿＿＿＿元的产品，价值＿＿＿＿＿元的设备，价值＿＿＿＿＿元的开业礼品，乙方按送货单签收。

（2）应向乙方提供统一的商号、装修设计及管理制度。

（3）甲方不得在加盟连锁店经营区域内设立同等级别的加盟连锁店。

（4）甲方按商品统一零售价的＿＿＿＿＿向乙方供货（甲方保留因国际市场材料价格导致相应调整供货价的权利）。

（5）甲方确保提供的产品的质量，产品保质期内如出现质量问题，概由甲方负责。

（6）甲方有新的产品推出应优先由乙方在该区域销售。

（7）乙方开业期间甲方可派员上门培训，差旅费和工资由甲方承担。

（8）乙方按月销售回款额达＿＿＿＿＿元时，甲方给予＿＿＿＿＿元的奖励。

**第四条**　货物运输及付款方式

（1）货物运输：发货运费由乙方自行负担。

（2）乙方进货时可现金付款，也可按公司指定账号汇款，如不按指定账户汇款出现问题甲方概不负责，甲方在确认收到货款后发货。

**第五条　违约责任**

乙方在一切经济活动中的违法行为应由乙方独立承担后果。

**第六条　其他**

（1）本合同条款与法律、法规、规章、政策有抵触的，按国家现行的法律、法规、规章、政策执行。

（2）遇有本合同未尽事宜，由甲、乙双方通过协商另订补充条款，作为本合同不可分割的组成部分，且与本合同具有同等效力。

（3）甲、乙双方在履行本合同过程中发生争议，由双方协商解决；协商不成的，按本合同约定的下列方法之一进行解决：

①由＿＿＿＿＿＿＿仲裁委员会仲裁。

②向＿＿＿＿＿＿＿人民法院起诉。

（4）本协议一式两份，甲、乙双方各执一份。自签字之日起即时生效，均具有同等法律效力。

（5）本协议有效期限自＿＿＿＿年＿＿月＿＿日起至＿＿＿＿年＿＿月＿＿日止，为期＿＿＿＿年。


甲　方（盖章）：＿＿＿＿＿＿　　　乙　方（盖章）：＿＿＿＿＿＿

代表人（签字）：＿＿＿＿＿＿　　　代表人（签字）：＿＿＿＿＿＿

电　话：＿＿＿＿＿＿＿＿　　　　　电　话：＿＿＿＿＿＿＿＿


签约日期：＿＿＿＿＿年＿＿月＿＿日

签约地点：＿＿＿＿＿＿＿＿＿＿＿＿


# 十一、加盟代理产品销售合同


甲方：＿＿＿＿＿＿＿＿＿＿＿＿＿

乙方：＿＿＿＿＿＿＿＿＿＿＿＿＿

（一）经甲、乙双方友好协商，在平等、自愿、诚实、信任、互利的基础上，根据中华人民共和国有关法律，就乙方加入甲方"＿＿＿＿"销售连锁组织，建立"＿＿＿＿"展点，开展＿＿＿＿产品的销售与展览事宜，达成一致协议如下，共同遵守。

（二）甲、乙双方在合同期限内各自承担民事责任，相互之间无产权及归属关系，但必须按甲方的统一模式进行管理，乙方在其加盟店中所代理的只能是甲方的产品。

（三）甲方的权利和义务

（1）甲方有权要求乙方维护《＿＿＿＿》企业形象、商标、品牌及相关材料的完整。

（2）甲方有权对乙方不履约的行为提出质疑和最终采取终止合同。有权向法院提起诉讼。

（3）甲方为乙方免费提供操作《＿＿＿＿》的技术培训和咨询。

（4）甲方向乙方提供成套开业设备及耗材。

（5）甲方为乙方提供质量合格的成套开业设备及相应文件，尽可能为乙方提供便利条件。

（6）甲方为乙方提供区域性保护，在每个商业区只作1家加盟商，充分保护加盟商的利益。

（7）甲方长期为乙方有偿供应各种经营耗材。

（8）对提供给乙方的机器设备1个月内包换，3年内保修。

（四）乙方的权利和义务

（1）获得区域经营甲方指定产品的权利、商号及管理制度的使用权。

（2）乙方提供在当地工商部门核准经营的相关文件和本人身份证明。

（3）乙方于签约后一次性支付配货押金的＿＿＿＿%、实际金额为人民币＿＿＿＿元作为加盟订金（如乙方违约此订金不退还），余额＿＿＿＿元人民币在签约后10天内一次性付清，合同才正式生效。配货押金按年销售返款达＿＿＿＿元以上可退＿＿＿＿元的标准，直至各级加盟店押金退完为止。

（4）如属代理商，乙方首批进货额（以实际回款计算，下同）为人民币＿＿＿＿元，月进货额最低为人民币＿＿＿＿元。合同签订半年内，乙方区域招商不足3家；或连续2个月无进货时，甲方将有权取消乙方代理资格。

（5）乙方发展的下属连锁加盟店如由甲方签订合同，统一安排开业，每发展一家，甲方奖给乙方奖金人民币_____元，其产品由乙方按规定的价格供应。

（6）乙方销售上述产品时仅限于第一项约定的地区范围内，其零售价上下浮动不得超过甲方零售价格的15%，不提以批发价出售。若乙方有跨区销售行为，一经证实，甲方将会把产品收回，并处以罚款。

（7）乙方必须积极配合甲方的定期或不定期对账工作，并将每月营业情况传回甲方。

（五）产品收发货及费用

（1）甲方发货实行款到发货，按订货单和汇款单发货。

（2）产品采用乙方委托甲方代办方式，托运费用由乙方负责。

（3）乙方在收货后3天内对产品进行验收，验收以甲方发货单为准，如有少发或错发情况，附在发货单上传回甲方核查补发：如无误，乙方须签单收货，并将单据传回甲方。如甲方在货到乙方10天后仍未收到乙方验收单据，则视为该批货品乙方全部验收入库。

（4）乙方须退换所购产品，如属甲方质量问题，甲方负责免费调换；如属乙方自行换货，如包装损坏影响再销售，乙方须承担产品折扣价后30%的包装费用。

（六）未尽事宜：遇有本合同未尽事宜，由甲、乙双方通过协商另订补充条款，作为本合同不可分割的组成部分，且与本合同具有同等效力。

（七）本合同经甲、乙双方代表签字即生效。本合同一式两份，双方各执一份，如发生争议双方协商解决，协商不成，可提起仲裁。

甲　　方（盖章）：_____　　乙　　方（盖章）：_____

代表人（签字）：_____　　代表人（签字）：_____

电　　话：_____　　电　　话：_____

签约日期：_____年___月___日

签约地点：_____

## 十二、授权加盟代理商协议

甲方：_____公司

乙方：_____

根据《合同法》的相关规定，经甲、乙双方友好协商，达成以下协议：

（1）甲方授权乙方为甲方_____星级连锁加盟店，_____级代理商，在_____省_____市_____区经营甲方的产品。

（2）经营期从_____年_____月_____日起到_____年_____月_____日止，合同期届满以后可优先续约。

（一）授权加盟的含义

（1）本协议所指授权加盟的含义为：在乙方认同并接受甲方一切经营管理模式、产品内涵，甲方授权乙方作为"_____"展点的加盟成员，在_____省（市、自治区）_____市（区）_____地点使用"_____"的宣传品及甲方之商标，开展_____产品的销售与展示活动。

（2）甲、乙双方各自独立承担民事责任，相互之间无产权及归属关系。乙方接受甲方授权后，其建立的销售点按甲方销售连锁组织确认的统一规范和模式经营，享受甲方的专业服务，接受甲方监督。

（3）本协议所指授权范围指，甲方在全国范围发展"_____"展点加盟商，甲方负责提供"_____"展品和配套宣传品。甲方为乙方提供"_____"展点的地点、选择原则及方向，乙方自行决定展点，经甲方认可后可享受本协议的授权。

（二）连锁加盟的费用

（1）授权加盟费：乙方一次性支付人民币_____万元给甲方作为授权加盟费和_____展品的押金，取得甲方的正式授权，甲、乙双方签订正式的授权加盟协议，乙方成为甲方的永久加盟商。

（2）品牌使用费和租金：根据甲方公司的相关规定，乙方取得甲方授权后，乙方须在每个季度开始的十日内向甲方按季度支付品牌使用费和租金_____元/季度/店。

（三）供货渠道

甲方为乙方推荐展点用于销售的系列＿＿＿＿产品，并做好售前的咨询服务工作，乙方直接从甲方提货。建立长期合作关系之后，双方在诚信的前提下，可实行款到发货。

（四）甲方的权利和义务

1. 甲方的权利

（1）对"＿＿＿＿＿"、"＿＿＿＿＿"展点的商标和符号及其一切经营管理制度和规范等商业秘密拥有专有权。

（2）有权按规定向乙方收取"＿＿＿＿＿"展点的授权加盟费，展品押金和租金，品牌使用费，商品货款以及其宣传品工本费。

（3）甲方有权在乙方所在城市或地区发展其他展点。在发展其他展点时，如乙方具备投资能力和经营管理能力，并经甲方认可，甲方愿意优先与乙方合作。

（4）如乙方未按本协议和展点规范运作，侵犯甲方的合法权益，破坏连锁体系的正常运作，损害甲方的声誉时，甲方有权收回授权，终止合作。

2. 甲方的义务

（1）提供"＿＿＿＿"展点的商标及其展点外观设计，并向乙方从业人员提供完备的规范化和标准化训练。

（2）向乙方提供享有工艺精美、认知度高、市场潜力大的产品，并准确、快速地交货；

（3）向乙方提供专业化、规范化的经营管理指导与咨询。

（4）以不断完善和先进的资讯手段为乙方提供信息服务。

（5）为提高乙方"＿＿＿＿"展点在市场的竞争能力，最大限度地向乙方提供一切可能的其他扶持和服务，确保双方共同发展。

（五）乙方的权利和义务

1. 乙方的权利

（1）获得"＿＿＿＿＿"展点的商标及其统一宣传品的使用权。

（2）获得甲方资讯系统的终端使用权。

（3）获得甲方在日常经营管理中的专业服务。

（4）在严格执行甲方关于展点基本规范的基础上，对展点拥有最终经营管理权。

2. 乙方的义务

（1）具备开业所需的有关法律手续。

（2）确保经营场地、人员及其资金等经营条件的稳定与持续。

（3）保护甲方的商标等专有权不受侵犯。在发生此类现象和行为时，协助甲方完成法律和其他形式的维权和协助。

（4）乙方确保从甲方进货。

（5）及时、准确、全面地向甲方提供商品的销售周报及其他市场信息，协助甲方完成各项市场调查工作。

（六）其他

（1）本协议一式两份，甲、乙双方各执一份。双方签字、盖章后生效。

（2）遇有本合同未尽事宜，由甲、乙双方通过协商另订补充条款，作为本合同不可分割的组成部分，且与本合同具有同等效力。

（3）甲、乙双方在履行本合同过程中发生争议，由双方协商解决；协商不成的，按本合同约定的下列方法之一进行解决：

①由_____仲裁委员会仲裁。

②向_____人民法院起诉。

甲　方（盖章）：_____　　乙　方（盖章）：_____

代表人（签字）：_____　　代表人（签字）：_____

电　话：_____　　电　话：_____

签约日期：_____年___月___日

签约地点：_____

## 十三、连锁经营加盟协议

甲方：_____

乙方：_____

本着平等互利、优势互补、共同发展的原则，实现连锁经营利润最大化，使双方的市场竞争能力、企业管理水平等综合实力不断增强。现就乙方加盟甲方连锁经营事宜达成以下协议：

（一）甲、乙双方同意建立合作伙伴关系，约定双方独立法人地位不变，依法独立经营地位不变。

（二）甲方同意在乙方商店店招处设置"＿＿＿＿＿连锁公司加盟店"标志，甲方的品牌是无形资产，乙方使用"＿＿＿＿＿连锁公司加盟店"标志每月支付费用＿＿＿＿元及保证金＿＿＿＿元。

（三）甲方向乙方提供＿＿＿＿＿公司经营范围内的商品，以进价加＿＿＿＿％供应乙方，三个月内可退调（原包装不损坏）。

（四）甲方向乙方提供服务方便，包括品牌送货上门、商品维修、零配件等。

（五）甲方同意在管理上向乙方输出服务规范、质量规范和管理规范。乙方在条件许可下逐步在甲方支持下，进行服务、质量的规范管理。

（六）甲方允许乙方参加有关管理、业务方面的人员培训，并按公司规定收取培训费。

（七）乙方每月向甲方要货"＿＿＿＿＿"品牌商品不低于2万元，其中＿＿＿＿％乙方资金必须到位，其余＿＿＿＿％由甲方提供，并按月结清全部款项。甲方以直营店待遇最低价供应给乙方，乙方不得低于甲方规定的最低限价出售。

（八）获得区域经营甲方指定产品的权利。

（九）乙方提供在当地工商部门核准经营的相关文件和本人身份证明。

（十）乙方发展的下属连锁加盟店如由甲方签订合同，统一安排开业，每发展一家，甲方奖给乙方奖金人民币＿＿＿＿元，其产品由乙方按规定的价格供应。

（十一）乙方销售上述产品时仅限于第一项约定的地区范围内，其零售价上下浮动不得超过甲方零售价格的15%。若乙方有跨区销售行为，一经证实，甲方将会把产品收回，并处以罚款。

（十二）违约责任

（1）乙方在一切经济活动中的违法行为应由乙方独立承担后果。

（2）甲、乙双方在实行本合同的过程中如发生纠纷，双方应本着友好协商的原则解决，如调解不成的可提请仲裁，或向合同签订所在地的法院提起诉讼。

（十三）为维护_____连锁公司品牌声誉，乙方不得作出任何违反国家法规、法律的行为及损害消费者权益、权利的行为，一旦发生，甲方有权终止连锁加盟协议，收回加盟店标志，并保留从经济、法律上追究违约方责任的权利。

（十四）本协议有效期为_____年，任何一方终止合作须提前三个月通知对方。本协议一式两份，甲、乙双方各执一份。

甲　方（盖章）：_____　　乙　方（盖章）：_____

代表人（签字）：_____　　代表人（签字）：_____

电　话：_____　　　　　　电　话：_____

签约日期：_____年___月___日

签约地点：_____


# 十四、商品代销合同

甲方（委托人）：_____

乙方（代销人）：_____

经甲、乙双方协商同意，达成如下协议，共同遵守。

**第一条**　代销商品、数量、价格

| 商品名称 | 商标品牌 | 规格型号 | 生产厂家 | 计量单位 | 数量 | 单价 |
|---|---|---|---|---|---|---|
|  |  |  |  |  |  |  |
|  |  |  |  |  |  |  |
| 合计人民币金额（大写）： | | | | | | |

（注：空格如不够用，可以另接）

**第二条**　代销商品的质量标准：_____。

**第三条**　代销商品交付时间、地点、方式及费用负担：

_____

_____。

**第四条**　代销期限：从＿＿＿＿年＿＿＿＿月＿＿＿＿日至＿＿＿＿年＿＿＿＿月＿＿＿＿日。

**第五条**　代销期限终止后，未售出的代销商品的处理：

＿＿＿＿＿＿＿＿＿＿＿＿＿＿＿＿＿＿＿＿＿＿＿＿＿＿＿＿＿＿＿＿。

**第六条**　代销商品报酬的计算方法：

＿＿＿＿＿＿＿＿＿＿＿＿＿＿＿＿＿＿＿＿＿＿＿＿＿＿＿＿＿＿＿＿。

**第七条**　报酬、货款的结算（可按下列方式选择，未选择的划掉）

（1）已售商品的价款每月＿＿＿＿日结算一次，代销人的相应报酬从价款中扣除。最后一批代销商品价款与报酬在代销期限终止时结清。

（2）已售商品达百分之＿＿＿＿时，代销人与委托人结算一次价款，相应报酬从价款中扣除。最后一批代销商品价款与报酬在代销期限终止时结清。

**第八条**　本合同解除的条件：

＿＿＿＿＿＿＿＿＿＿＿＿＿＿＿＿＿＿＿＿＿＿＿＿＿＿＿＿＿＿＿＿。

**第九条**　违约责任：

＿＿＿＿＿＿＿＿＿＿＿＿＿＿＿＿＿＿＿＿＿＿＿＿＿＿＿＿＿＿＿＿

＿＿＿＿＿＿＿＿＿＿＿＿＿＿＿＿＿＿＿＿＿＿＿＿＿＿＿＿＿＿＿＿。

**第十条**　合同争议解决方式：本合同在履行过程中发生的争议，由双方当事人协商解决，协商不成的，按下列第＿＿＿＿种方式解决：

（1）提交＿＿＿＿仲裁委员会仲裁。

（2）依法向人民法院起诉。

**第十一条**　其他约定事项：

＿＿＿＿＿＿＿＿＿＿＿＿＿＿＿＿＿＿＿＿＿＿＿＿＿＿＿＿＿＿＿＿

＿＿＿＿＿＿＿＿＿＿＿＿＿＿＿＿＿＿＿＿＿＿＿＿＿＿＿＿＿＿＿＿。

甲　方：＿＿＿＿＿＿　　　　乙　方：＿＿＿＿＿＿

代　表：＿＿＿＿＿＿　　　　代　表：＿＿＿＿＿＿

电　话：＿＿＿＿＿＿　　　　电　话：＿＿＿＿＿＿

签约日期：＿＿＿＿年＿＿月＿＿日

签约地点：＿＿＿＿＿＿＿＿＿

## 十五、零售商品展销合同

甲方（××公司）：＿＿＿＿＿＿

乙方（百货商场）：＿＿＿＿＿＿

经甲、乙双方协商同意，达成如下协议，共同遵守。

（一）乙方负责展销甲方的商品，设立专柜，陈列样品，组织展销（也可兼搞批发），提供市场信息。

（二）展销日期：××月××日至××月××日为期××天。

（三）乙方负责挑选花色品种，与甲方签订展销货源要货议定书；甲方负责提供货源，做到优先安排，优先供应，及时发运。

根据调拨凭证，双方建立商品移转账务记录。

（四）甲方供应乙方的商品，实行优惠作价，以批发价打折供应，零售价由乙方自定。

（五）货款结算原则是约期结算，展览结束后，根据销售数量由乙方主动付给甲方，所剩商品的货款，在展销结束后1个月，由乙方付清。

（六）商品开箱后，发现短缺、串号、污损等情况，均按商品调拨有关规定办理。

本合同正本2份，副本4份，双方各执1份正本，2份副本。

甲　方：＿＿＿＿＿＿　　　　乙　方：＿＿＿＿＿＿

代　表：＿＿＿＿＿＿　　　　代　表：＿＿＿＿＿＿

电　话：＿＿＿＿＿＿　　　　电　话：＿＿＿＿＿＿

签约日期：＿＿＿＿年＿＿月＿＿日

签约地点：＿＿＿＿＿＿＿＿＿＿

## 十六、委托销售楼盘代理合同

委托代理方（开发商）：_____

地址：_____

代理方（经销商）：_____

地址：_____

就甲方委托乙方代理销售××楼盘项目事宜，双方经友好协商达成一致意见。为明确双方的责任、义务、保障各方利益，特签订本合同，供双方共同遵守执行。

### （一）委托内容

甲方委托乙方独家代理销售××区××楼盘项目（以下简称该项目）。甲方对该项目在委托期内不自行组建销售队伍及不再委托其他公司代理销售。

### （二）委托期限

合同自签订之日起生效，委托期限自____起至____止。

### （三）销售价格

该项目委托代理的销售价格及付款方式由乙方拟定，经甲方审定认可、签字盖章后方生效执行。

### （四）双方责任与义务

#### 1. 甲方责任及义务

（1）确保该项目的销售合法性。申办有关售楼之法律批文，并为该项目之成交客户依政府部门认可之程序办理买卖手续。向乙方提供销售用有关该项目的法律批文副本或复印件，并保证一切文件资料的合法性和准确性。

（2）配合乙方办理有关销售手续事宜，并提供该项目的户型平面图、装修标准、各户型销售面积、《商品房预售合同》范本等有关文件资料。

（3）提供该项目广告宣传及市场推广所需费用，相关方案由甲方审定后执行。

（4）首次公开发售展销之××日前，于地盘现场提供合适的地点供乙方作售楼部，提供办公设备、电话及办公费用；在该项目的现场设置至少一个样板房，并提供售楼部及样板房的保安、清洁及迎宾人员。

（5）甲方保证在委托期限内每个销售阶段至少举办一次展销会。

（6）在销售期内收到乙方提供的意见时，应在要求时限内就乙方意见作出答复，并以甲方签字或盖章形式认可为准。

（7）同意由乙方收取购房者每套单价人民币_____元作为综合咨询服务费。

（8）准时支付乙方应得代理费。

（9）负责该项目宣传推广过程中一切合同文件的签署。

（10）同意在该项目的所有宣传广告媒体及资料上印上乙方总代理或策划代理销售字样，并包括乙方有关名称，电话及地址以利销售。

（11）甲方有权派人监督乙方整个策划、宣传和销售过程。

（12）甲方拥有改变销售时间计划权，但须提前十天以书面形式通知乙方。

（13）一切有关该项目之其他合同文件均须由甲方签订，任何单位或个人签订均属无效。

（14）由甲方财务人员负责统一收取购房客户的全部购房款和足额定金。

（15）若甲方未能在指定日期提交资料并履行以上之责任，则该项目销售开展工作之日期顺延，造成一切损失与乙方无关，责任由甲方承担。

**2. 乙方责任及义务**

（1）整个策划、宣传和销售过程中必须遵守中华人民共和国及省市有关法律、法规。

（2）负责该项目的整体策划及销售，包括对市场定位、销售对象、时间、价格、付款方法及各种宣传渠道等提供专业意见。

（3）提供完整的市场分析及策划建议报告，对项目进行包装及制定各种销售策略。根据市场情况作出相应调整，但必须知会甲方，由甲方签字认可后方生效执行。

（4）乙方有权根据市场情况或其他因素制定和调整销售项目之策略、销售价格，但必须知会甲方，由甲方审核签字认可后方可生效执行。

（5）负责建议、监督及协助项目售楼书、推广宣传单、模型、效果图、展览板、展销带、电视广告宣传片、认购书、认购须知及有关之销售资料的制作。

（6）负责建议、安排、监督及协助该项目在报纸、电视及电台广告的设计、制作及发布工作。

（7）在各大报纸统筹、协助发布有关该项目的新闻稿件。

（8）审阅项目的总体规划及各单体型号之平面及立面图纸并给予专业意见。

（9）对项目之户外广告、地盘包装、售楼部包装及样板房之室内外布置安排等提供专业意见。

（10）对项目各种有关宣传的计划及费用，经甲方同意后实施，且须配合建设和售房进度。

（11）经甲方同意后，筹备有关该项目之展销会，设计并安排展销场地内各种布置及摆设。

（12）负责客户之洽谈、下定金，收取认购者所交付之临时定金及综合咨询服务费，足额定金由甲方指定财务人员收取。

（13）负责签署该项目之认购书及协助甲方签署该项目之其他购房合同，并协助甲方对购房合同条款向认购者作出合理及合法解释。

（14）指导客户办理银行按揭手续，协助甲方催交楼款等系列售后服务工作。

（15）非经甲方同意，乙方不得与认购者修改甲方审定的《商品房预售补充合同》的任何条款。

## （五）代理费的提取及支付方式

### 1. 代理费的提取方式

在委托期内，乙方售出的楼房按以下销售成交额比例提取代理费（总成交额的核算以客户缴交定金为准）。

（1）当乙方总销售额在人民币＿＿万元以下时，甲方支付乙方代理费为销售总额的××％；

（2）当乙方总销售额在人民币＿＿万元（含＿＿万元）至＿＿万元之时，甲方支付乙方代理费为销售总额的××％；

（3）当乙方总销售额在人民币＿＿万元（含＿＿万元）至＿＿万元之时，

甲方支付乙方代理费为销售总额的××%；

（4）当乙方总销售额在人民币____万元（含____万元）以上时，甲方支付乙方代理费为销售总额的××%。

**2. 代理费的支付方式**

（1）委托期内每月 30 日进行结算，并于次月 5 日前支付代理费（结算标准以交足首期楼款为准），如按月结算实际销售业绩计算标准超过前结算标准，则未支付代理费之差额部分在下个代理费支付期合并计算支付；

（2）委托期内，甲方自行成交属于乙方代理项目的楼房应计入乙方收取代理费的范围，并且甲方须按本条第（一）条代理费比例支付乙方代理费；

（3）委托期内，如认购者交定金后违约，则所交定金由甲、乙双方按 5：5比例分成，如认购者交首期后违约，则违约金全部归属甲方，但甲方须按第（一）条代理费比例支付乙方代理费。

（六）违约责任

（1）如甲方不按期向乙方支付应得的策划费及代理费，则每延迟一天，甲方须向乙方支付 1‰的滞纳金，超过 30 天则按甲方违约处理，并向乙方补偿相应的损失。

（2）甲、乙双方任何一方未履行本合同之条款时，所造成的经济损失应由违约方承担。

（3）因不可抗力的因素造成经济损失，由甲、乙双方各自承担。

（4）在签署本合同后至合同期满止，如甲方违约不将该项目交由乙方总代理或中途无故终止合同，则甲方需向乙方赔偿经济损失二十万元人民币；如乙方违约无故终止合同，则乙方需向甲方赔偿经济损失二十万元人民币。

（七）其他条款

（1）本合同自双方签字盖章之日起生效，委托期限结束，代理费在十天内结算，如未能按时结算，该合同继续生效，结清后合同自动终止。

（2）如有未尽事宜，双方应本着友好合作的态度协商解决，修改条款由甲、乙双方共同签订补充合同。补充合同与本合同享有同等法律效力。如协商不能解决，约定由该项目所在地仲裁机构或人民法院裁定。

（3）补充条款：_____。

（4）本合同一式四份，双方各执两份，具有同等法律效力。

甲　　方：＿＿＿＿＿＿＿　　　　乙　　方：＿＿＿＿＿＿＿

法定代表人：＿＿＿＿＿＿＿　　　　法定代表人：＿＿＿＿＿＿＿

委托代理人：＿＿＿＿＿＿＿　　　　委托代理人：＿＿＿＿＿＿＿

地　　址：＿＿＿＿＿＿＿　　　　地　　址：＿＿＿＿＿＿＿

邮政编码：＿＿＿＿＿＿＿　　　　邮政编码：＿＿＿＿＿＿＿

联系电话：＿＿＿＿＿＿＿　　　　联系电话：＿＿＿＿＿＿＿

签约时间：＿＿＿＿年＿＿月＿＿日

## 十七、一般代理协议书

甲方（制造商）：＿＿＿＿＿＿＿

乙方（代理商）：＿＿＿＿＿＿＿

经甲、乙双方协商同意，达成如下协议，共同遵守。

### （一）委任

兹委任乙方为＿＿＿＿＿地区××产品修理及销售之代理商。

### （二）代理商之职责

（1）向该地区寻求××产品的询价单并转告制造商。

（2）报道本地区综合市场概况。

（3）协助安排工厂经销人员的业务活动。

（4）代表甲方定期做市场调查。

（5）协助甲方回收货款（非经许可，不得动用法律手段）。

（6）乙方按商定的方式，向甲方报告在本地区所开展的业务状况。

### （三）范围

为了便于工作，甲方应把代理区域业主名录提供给代理商，代理商对此名录给予评述，提出建议或修正，供甲方备查。

由于个别产品收取佣金造成地区之间的争执时，甲方应是唯一的公证人，他将综合各种情况给出公平合理的报酬。

（四）佣金

甲方向乙方支付××产品结算总价值____%的佣金，逢有大宗合同须另行商定佣金支付办法，先付____%，余额待收到所有货款后支付。

当需要由甲方付给买主的经纪人及第三方介绍人等佣金时，必须由乙方事先打招呼；同时由甲方决定是否支付。

（五）费用

除下述者外，其余费用由乙方自理：

（1）在甲方指定的时间内对甲方的走访费用。

（2）特殊情况下的通信费用（长电传、各种说明书等）。

（3）甲方对该地区进行销售访问所发生的费用。

（六）甲方的职责

甲方应：

（1）向乙方提供样本和其他销售宣传品。

（2）向乙方提供重点客户的名录以使其心中有数。

（3）通知乙方与本地区有关货主直接接洽。

（4）将所有从货主处交换来的主要文件之副本提供给乙方，并要求乙方不得泄露商业秘密。

（七）职权范围

代理商无权就合同之价格条款、时间、规格或其他合同条件，干涉甲方的决定，其业务承接之决定权属甲方。

（八）利害冲突

兹声明，本协议有效期内，乙方不得作为其他公司的代表而损害甲方利益。乙方同意在承签其他代理合同前须征求甲方的意见；乙方担保，未经甲方许可，不得向第三方泄露有损于甲方商业利益的情报。

（九）终止

不拘何方，以书面通知 3 个月后，本协议即告终止；协议履行期间乙方经销产品的佣金仍然支付。

（十）泄密

协议执行中或执行完毕，乙方担保，不经甲方事先同意，不向任何方泄露甲方定为机密级的任何情报。

（十一）仲裁

除第三条所述外，双方凡因协议及其解释产生争执或经双方努力未能满意解决之纠纷，应提交双方确认的仲裁机构进行仲裁，如双方对仲裁机构的确认不一致，则可向法院提起诉讼。


甲　方：＿＿＿＿＿＿＿　　　　乙　方：＿＿＿＿＿＿＿

代　表：＿＿＿＿＿＿＿　　　　代　表：＿＿＿＿＿＿＿

电　话：＿＿＿＿＿＿＿　　　　电　话：＿＿＿＿＿＿＿


签约日期：＿＿＿＿＿年＿＿月＿＿日

签约地点：＿＿＿＿＿＿＿＿＿＿＿＿＿＿


## 十八、产品代理销售协议书


甲方：（以下简称甲方）

地址：＿＿＿＿＿＿

乙方：（以下简称乙方）

地址：＿＿＿＿＿＿

甲、乙双方本着平等互利、协商一致的原则，经友好协商，就有关乙方经销甲方研制生产的产品事宜达成以下协议：

**（一）总则**

（1）代理产品：甲方特约乙方代理销售××产品，并向乙方出具相关授权证书，乙方代理经销权为双方签订本协议书之日起生效。

（2）代理授权：甲方授权乙方为甲方产品在××地区的地区代理商。

（3）销售商级别：A级、地区总代理；B级、一级代理商；C级、二级代理商；D级、普通代理商。本协议所签为×级代理商协议。

（4）销量：乙方保证在该地区合同有效期内确保销售额每月不少于××万元（人民币），至××××年××月××日确保达到销售额××万元。乙方首付××万元，作为代理甲方产品的信用保证金。（升级后根据情况再另定指标）。

（5）产品代理价格：单位：××型号产品代理价××万元，市场零售指导价××万元。

（6）乙方资信：乙方应如实填写《产品代理申请表》，并向甲方提供有效营业执照副本、税务登记证副本、资质证书、法人代表及总经理身份证复印件。如有变更，乙方应在15日之内提供书面变更证明及变更后的证明复印件。

（7）合同有效期：自生效之日起×××年××月××日至×××年××月××日止。

（8）责任：甲方向乙方提供产品。乙方作为甲方代理商，向其所负责区域内的客户销售该产品，双方均不对协议方代理范围内的其他经营活动承担法律责任。

（9）产品商标及其经营管理制度、规范均为甲方所有。在授权期间，乙方不得擅自改换商标图案及标识，不得更换产品包装和名称，如有此类情况，经查实一律取消乙方经销资格。甲方有权利没收乙方提供的代理产品的信用保证金，并保留法律诉讼要求乙方对所造成的损失进行赔偿的权利。

（10）本协议所指授权范围指甲方授权乙方在指定区域销售甲方授权产品的行为，乙方如需要在其他地区扩大该销售活动，须与甲方另签协议，获得新的授权。

**（二）甲方的权利与义务**

（1）在合同有效期限内，向乙方出具授权经销证书，维护乙方的代理经销权益，即不在本合同"总则"的第二条约定范围内另设经销商。

（2）向乙方提供经营所必需的资料及必要的产品检测报告、相关证书。甲方拥有签约产品价格的制定与发布权，产品、附属件和宣传品等的设计权。甲方有权根据本协议监督乙方的执行情况，必要时为乙方的市场开拓和销售工作，提供必要的协助及指导。

（3）甲方在收到产品用户对乙方的投诉后，有权督促乙方完善服务，情况严重时甲方有权停止执行本合同。

（4）甲方有义务向客户介绍其所在区域的特约代理商，特殊情况，甲方可直接向乙方所在区域的客户直接销售授权代理产品（具体操作办法按照《产品代理商管理办法执行》）。

（5）甲方有义务对乙方进行技术培训和技术支持，当乙方遇到大宗订单或招标等情况时，甲方有义务协助乙方获得订单。

（6）甲方有义务策划和操作全国市场的推广活动及广告宣传；有义务协助乙方提出的地区市场推广活动的策划和操作方案。

（7）甲方应把其收到的直接来自该地区用户的订单通知乙方，双方互相交流市场信息，以利双方及时调整市场策略。

（三）乙方的权利与义务

（1）获得甲方授权后，乙方有权以××产品授权代理商的名义，从事符合本协议规定的、相关合法的销售活动。自觉维护甲方及其产品的形象和声誉，关注甲方的切身利益。做好有关部门监督检查的配合工作。

（2）乙方签约后应积极开展签约产品的销售活动并遵守甲方制定的价格政策。乙方分支机构和所属代理商可从乙方提货销售，但必须在与其经销协议中写明如下条款：即下一级代理商必须保证市场价格也符合甲方价格政策。该条款同样类推到更低一级销售商。因乙方分支机构或所属代理商扰乱市场秩序的，甲方有权对其实施劝告、警告、停货、直至取消其经销权。

（3）严禁乙方在授权区域外销售或发展下一级同类产品的经销与代理。

（4）乙方应协助甲方做好保护甲方知识产权的工作，不得侵犯甲方的知识产权。

（5）乙方发现第三方侵犯甲方的知识产权或有损甲方利益的任何非法行为，

应及时向甲方报告。乙方应尽最大的努力并按甲方的要求，使甲方不受这类行为的侵害，甲方将承担正常代理活动以外的维权费用。

（6）基于甲乙双方的共同利益，乙方有义务为甲方提供相关的产品和市场信息，包括以下方面的内容：合同约定地区同类产品的市场占有率、价格、性能等，同行的经营状况、策略、宣传、广告、人力等市场情况以及该地区用户对各品牌的反映、意见等。在甲方指导下，做好用户对产品的意见和申诉的接受工作，每一个月需向甲方寄送关于代理区域的市场调研报告。

（7）有权对甲方的工作（销售/宣传/商务/服务等）做出评价及投诉，无权代表甲方签订任何具有约束的合约。

（8）不得用任何其他厂商的商品换上甲方的商标或包装进行销售，不得擅自生产、仿冒甲方之产品。

（9）乙方在协议的有效期内或协议终止后，不得泄露甲方商业机密，也不得将该机密超越协议范围使用。

（10）按规定市场指导零售价制定零售价格，不得参与恶性低价销售活动，遇到推广促销等特殊情况，若降价幅度大于8%需事先征得甲方的书面同意。

（11）乙方的经营行为必须符合当地工商管理规范，未经授权不得在任何场合以任何方式冒用甲方名义进行经营活动。

（12）由乙方负责本合同约定区域内用户的培训及售后服务工作，其费用由乙方负担。乙方不得拒绝用户合理的培训和服务要求。

（13）享有按"预定货清单"约定的要求供货的权利以及与甲方协商超过确保销售指标以外进货的权利。

（14）当乙方遇到大宗订单或招标等情况时，乙方可以要求甲方支持、协助获得订单。乙方完成本年度合同的前提下，有同甲方签署下一年度代理合同的优先权。

（四）销售政策及支持

（1）价格策略：产品的价格制定权及发布权属甲方，甲方定期向乙方通报价格政策（每月的第四个工作日）。若价格临时调整应提前（三天内）通知乙方。乙方向甲方购进产品时享受甲方制订的统一代理价格，乙方的分支机构和乙方所属代理商享受价格由乙方制订。

①乙方有大宗客户可以向甲方申请特殊价格，但必须跟甲方有关人员协商，经甲方审核并书面认可后可执行特殊价格。

②甲乙双方有责任共同维护产品的市场秩序与市场形象，如有违规行为，甲方视情节对乙方实施劝告、警告、直至停止供货、取消特约经销资格的处罚，甚至法律诉讼。

（2）价格保护：如甲方下调市场零售价格，乙方可享受降价保护。特殊情况若有调动时，按照双方商定的价格执行。

（五）订货与付款

（1）甲乙双方均应指定一人负责处理双方有关业务往来，并由甲乙双方的法人代表分别向对方出具对相应指定负责人的授权书，该授权书经双方签字盖章后方生效，若有人员变化，双方应及时书面通知。

该授权书作为本合同的附件，与本合同具有同等的法律效力。

在授权书没有发生变更的情况下，本合同的有效期即为该授权书的有效期。

在授权书的有效期内，双方指定负责人之间所发生的业务往来均代表双方的法人行为，并向对方承担法律责任。

甲方负责人姓名：　　　　　　　　　乙方负责人姓名：

电话：　　　　　　　　　　　　　　电话：

（2）订货：乙方订货，应填写由甲方提供的《××产品订货单》（代合同），并交付甲方（传真件与原件同样有效）。在接到甲方确认可供货的型号、数量和交货时间（传真件与原件同样有效）后生效。

（3）付款：乙方正式订货后，应在 7 日内将订货的所有应付款项按甲方在订货单中指定的方式交付甲方，并将相关凭证传真至甲方（以便甲方备货）。

（4）发货：甲方坚持款到发货的原则，在收到汇款相关凭证后，在双方协商的日期内，将乙方订购产品发出，节假日顺延。

（5）运输：甲方在收到乙方付款后根据确认的订货单发货，运费由甲方负担。若乙方临时要求加急或改换运输方式，产生的附加费用由乙方负担。

（6）收货：乙方签署运输公司的货物签收凭据即视为正常收货。

（六）奖励政策

如每季度提货量达到××万元，甲方将给以该季度提货额××%的返利。

（七）服务政策与支持

（1）甲方职责：

①设立技术咨询业务（包括电话、传真、网站、电子信箱等），进行实时咨询，为乙方和最终用户提供咨询服务（节假日除外）。

②定期整理咨询材料，通过网页进行公开，并将相关的材料提供给乙方。

③免费向乙方提供商业机会、产品信息技术、驱动程序、升级程序、基本维修方法等支持。

④不定期向乙方提供免费技术培训，发送培训资料及相关宣传资料。

⑤甲方产品如在销售过程中凡属于产品质量问题，年内包换，×年保修。日期按产品包装盒内的《保修单》填写日期计算，日期需与发票日期相符。

（2）乙方职责

①对于所经销的产品，应有专人负责销售与技术支持。

②乙方有义务在用户购买产品时向用户讲解甲方的保修政策及注意事项，没有向用户解释而造成的纠纷，责任由乙方承担。

③乙方协助甲方履行产品的保修协议。

④甲方仅确保承诺的保修期、保修范围及保修项目。如乙方的承诺超过甲方的承诺范围，超出部分由乙方负责，因无法达到超出部分的承诺而造成的纠纷，责任由乙方承担。

⑤乙方未经甲方的书面授权，不得对产品进行拆卸，否则，被拆卸的产品不予保修及退换。

⑥如果用户到乙方寻求产品保修，乙方有义务检查产品是否拆卸过，是否属产品质量问题。

A. 如属产品本身质量问题且在保修期内，乙方应无条件用新品更换给用户。将有质量问题的产品发回甲方，甲方将在下次发货时补齐数量。

B. 不属于甲方产品质量问题的产品，甲方只负责有偿维修，乙方有责任帮助用户邮寄或联络，费用由用户负责。

⑦乙方接到用户对甲方产品、服务质量的投诉，应及时将相关信息反馈至甲方，并协助甲方解决。乙方如对投诉负有责任或不积极配合解决投诉问题，甲方视情节对乙方进行劝告、警告、停货、直至取消经销资格。

（八）形象宣传

（1）乙方在进行广告宣传时，不得违反甲方企业标识使用的规定。乙方有义务维护甲方及产品形象，未经书面授权，乙方不得以产品总代理（独家）等具有排他性名义进行广告宣传及其他商业活动，不得以任何形式损害甲方的形象。

（2）乙方有责任配合甲方的产品销售策略，根据实际需要提供相关市场动态信息。

（九）其他

（1）保密条款：在甲乙双方销售持续期间及协议终止后的两年内，双方同意就得到的对方的信息保密，信息包括：产品计划、销售计划、奖励政策、客户清单、财务信息、技术机密等。未经对方书面授权许可，任何一方不得向任何第三方泄密。如由此而造成的经济损失与法律责任，由泄密方全部承担。

（2）违约条款：

①甲乙双方中任何一方违反本协议及所属附件内容者，在接到利益受损方发来的违约通知后，10日内仍未履约者，利益受损方可无条件终止本协议关系，并可向有关部门提出法律诉讼。

②甲乙双方中任何一方违反本协议，另外一方可以提出中止本协议。本协议中止15天内，双方应结清所有资金、物资及来往账目。

（3）双方在履行本协议时，如发生争议，应尽量通过友好协商解决：如协议无效，任何一方有权向所在地人民法院提起诉讼。

（4）协议的生效：

本协议（共计七页）一式二份，双方各持一分，双方盖章、签字之日起生效。

甲方：××有限公司　　　　　　乙方：＿＿＿＿＿＿＿

法人代表：＿＿＿＿＿＿　　　　法人代表：＿＿＿＿＿＿

地址：＿＿＿＿＿＿＿　　　　　地址：＿＿＿＿＿＿＿

电话：＿＿＿＿＿＿＿　　　　　电话：＿＿＿＿＿＿＿

传真：＿＿＿＿＿＿＿　　　　　传真：＿＿＿＿＿＿＿

邮编：＿＿＿＿＿＿＿　　　　　邮编：＿＿＿＿＿＿＿

营业执照：_____　　　　　　营业执照：_____

户名：_____　　　　　　　户名：_____

开户行：_____　　　　　　　开户行：_____

账号：_____　　　　　　　账号：_____

## 十九、货物买卖协议书

甲方（卖方）：_____

乙方（买方）：_____

经甲、乙双方协商同意，达成如下协议，共同遵守。

（一）甲方将_____货_____件卖与乙方，约定_____年___月___日交付。

（二）货价每吨（件）人民币_____元整。

（三）乙方应自交货日起算_____日内支付货价与甲方，不得有拖延短欠等情形。

（四）甲方如在交货期不能交货，或仅能交付一部分时，应于___日前通知乙方延缓日期，乙方不允许可解除买卖协议，但须接到通知日起___日内答复，逾期即视为承认延期。

（五）甲方如在交货期不能交货又未经依前条约定通知乙方时，乙方可限相当日期催交货，倘逾期仍不交时，乙方可解除协议。

（六）如因不可抗力事由，致甲方不能按期交货或一部分货品未能交清的，得延缓至不能交货原因消除后___日内交付。

（七）乙方交款之期以甲方交货之期为标准。乙方逾交款日期不交款的，甲方得定相当期限催告交款，并请求自约定交款日期起算至交款日止，按每日_____的比例计违约金。

（八）甲方所交付的货品，如有不合格或品质恶劣或数量短少时，甲方应负补充或调换或减少价金的义务。

（九）乙方发现货品有瑕疵时，应即通知甲方并限期请求履行前条的义务，倘甲方不履行义务时，乙方除可解除协议外并可请求损害赔偿，甲方无异议。

（十）甲、乙双方在履行本合同过程中发生争议，由双方协商解决；协商不成的，由＿＿＿＿＿＿仲裁委员会仲裁或向＿＿＿＿＿＿人民法院起诉。

（十一）本协议一式两份，甲、乙双方各执一份。从双方签字之日起即时生效，均具有同等法律效力。

甲　　方：＿＿＿＿＿＿　　　　乙　　方：＿＿＿＿＿＿
代　　表：＿＿＿＿＿＿　　　　代　　表：＿＿＿＿＿＿
电　　话：＿＿＿＿＿＿　　　　电　　话：＿＿＿＿＿＿

签约日期：＿＿＿＿＿年＿＿月＿＿日
签约地点：＿＿＿＿＿＿＿＿＿＿＿＿＿

## 二十、品牌使用特许协议书

甲方：＿＿＿＿＿＿
乙方：＿＿＿＿＿＿
甲方系××公司，乙方系××公司。双方协商同意，达成如下协议，共同遵守。

（一）乙方同意甲方生产的＿＿＿＿＿＿产品使用乙方注册的"＿＿＿＿＿＿"系列品牌，同意甲方在包装和所有广告宣传品中标注"＿＿＿＿＿＿＿＿"字样，监制期暂定为十年。

（二）在合作开始后的＿＿＿年内，除现有品种外，甲方须按乙方要求开发出"＿＿＿＿＿＿"系列产品的其他品种。在此条件下，乙方承诺甲方在监制期内，在××、××类产品中独家使用乙方注册的"＿＿＿＿＿＿"系列品牌，独家使用"＿＿＿＿＿＿＿＿"字样。

（三）甲方应保证其研制生产的"＿＿＿＿＿＿"系列品牌产品的质量标准、包装及广告宣传符合国家有关部门的要求，为便于乙方监督，甲方应提供"＿＿＿＿＿＿"系列产品生产及销售过程中的各项申报证书（包括生产许可证、卫生许可证等），因此而产生的法律纠纷一律由甲方承担责任。

（四）甲乙双方在产品宣传中，都应明示该产品为甲、乙双方共同推出的产品。

（五）乙方有义务为该产品广告宣传提供支持和帮助。

（六）甲方同意乙方在"＿＿＿＿＿＿××产品专营店及各地连锁店"专营销售"＿＿＿＿＿＿"系列产品，并同意以优于其他经销商的价格供应乙方"＿＿＿＿"系列产品。

（七）乙方所属的"＿＿＿＿××产品专营店"可优先申请"＿＿＿＿"产品在各店所在地的总经销代理权。

（八）甲、乙双方在履行本合同过程中发生争议，由双方协商解决；协商不成的，按本合同约定的下列方法之一进行解决：

（1）由＿＿＿＿仲裁委员会仲裁。

（2）向＿＿＿＿人民法院起诉。

（九）本协议一式两份，甲、乙双方各持一份。从双方签字盖章后即时生效，均具有同等法律效力。

甲　方：＿＿＿＿＿＿　　　　　乙　方：＿＿＿＿＿＿
代　表：＿＿＿＿＿＿　　　　　代　表：＿＿＿＿＿＿
电　话：＿＿＿＿＿＿　　　　　电　话：＿＿＿＿＿＿

签约日期：＿＿＿＿年＿＿月＿＿日
签约地点：＿＿＿＿＿＿＿＿＿

## 二十一、品牌特许经营协议书

甲方：＿＿＿＿＿＿公司

乙方：＿＿＿＿＿＿公司

经甲、乙双方协商同意，现就乙方在其区域内独家使用甲方拥有的＿＿＿品牌一事达成如下协议，共同遵守。

（一）甲方特此授权乙方，在＿＿＿＿区域内独家使用＿＿＿＿品牌。期限为：

自签订本协议之日起＿＿＿＿＿年＿＿＿＿＿月＿＿＿＿＿日至＿＿＿＿＿年＿＿＿＿＿月＿＿＿＿＿日止。

（二）在本协议有效期限内，发生的有关＿＿＿＿＿品牌的所有权等权属方面的一切纠纷，均由甲方承担。如因此纠纷给乙方造成了经济损失，则甲方应承担全部经济损失。但因乙方使用不当或其他侵权行为引起的纠纷除外。

（三）甲方在授权期内，将协助乙方进行＿＿＿＿＿品牌形象设计，提供产品宣传资料、标识、招贴物品等，并提供必要的技术支持。帮助乙方进行促销等宣传活动。

（四）乙方可为＿＿＿＿＿品牌的产品进行各种促销宣传活动，甲方可配合乙方进行策划。乙方单独进行＿＿＿＿＿品牌有关的宣传、推广活动时，应事先告知甲方，取得甲方同意后方可进行。

（五）乙方取得的是在授权期内，在该特定区域内的独家使用权，除乙方外包括甲方在内任何其他企业或个人都不得使用，但这并不意味着甲方商标等相关知识产权的任何转让。合同到期或提前终止后，乙方不得以任何借口继续使用＿＿＿＿＿品牌，或以＿＿＿＿＿品牌经销商的名义从事任何商业活动，否则，将承担相应责任。

（六）在协议签订之日，乙方应预付甲方人民币＿＿＿＿＿元，作为第一家店的品牌使用费。乙方每另开一个＿＿＿＿＿品牌专卖店或专柜前＿＿＿＿＿天，应向甲方一次性支付品牌使用费××万元。

（七）在授权期内的第一年，乙方所开的＿＿＿＿＿品牌专卖店或专柜不少于2家；在授权期末，乙方所开的＿＿＿＿＿品牌专卖店或专柜不得少于5家。如果乙方在授权期内达到5家专卖店或专柜，则甲方必须与乙方续签5年＿＿＿＿＿品牌使用协议。

（八）乙方在＿＿＿＿＿品牌专卖店或专柜开业时，用于独立宣传＿＿＿＿＿品牌的宣传费，每店或每个专柜不得少于＿＿＿＿＿元。

（九）乙方在＿＿＿＿＿品牌专卖店或专柜开业30天内，应通知甲方。经甲方确认后，签署＿＿＿＿＿品牌使用确认书。

（十）在授权期内，甲方有权对乙方的＿＿＿＿＿品牌专卖店或专柜的品牌形象、服务质量等进行监督。如乙方未达到甲方确认标准，并且在甲方提出整改后在整改期限内乙方仍未达到标准，该专卖店或专柜不得继续使用＿＿＿＿＿品牌或者取消乙方的品牌使用权。

（十一）本协议签订之日起_____天内，乙方未能开第一家店，本协议自动取消。乙方预付的第一家店的品牌使用费不予退还。

（十二）如双方需要续签或终止合同，须在本协议到期前_____天确认。

（十三）甲、乙双方在履行本合同过程中发生争议，由双方协商解决；协商不成的，按本合同约定的下列方法之一进行解决：

（1）由_____仲裁委员会仲裁。

（2）向_____人民法院起诉。

（十四）本协议正本一式两份，甲、乙双方各持一份，从双方签字之日起即时生效，均具有同等法律效力。


甲方：_____　　　　　　乙方：_____

代表：_____　　　　　　代表：_____

电话：_____　　　　　　电话：_____


签约日期：_____年___月___日

签约地点：_____


## 二十二、应用软件买卖合同


甲方：_____电子公司（买方）

乙方：_____软件公司（卖方）

经甲、乙双方协商同意，达成如下协议，共同遵守。

（一）双方的责任和义务

（1）乙方必须保证数据的安全性和准确性，负责对该软件进行安装、调试，对甲方相关人员进行培训。免费咨询，确保该软件能正常运行。

（2）该软件的版权归乙方所有，甲方只有使用权。未经乙方许可，甲方不得私自拷贝给其他单位或个人使用，否则为侵权行为，承担相应责任。

（3）乙方负责对该软件进行适当修改。

（二）培训时间和要求

自本协议签订之日起，乙方负责对甲方相关人员进行为期____天的培训。

第____天至第____天：对所有相关操作员上机操作培训，主要包含系统的数据流程及启动、录单、修改、查询、退出等。

第____天至第____天：对所有相关操作员上机操作培训，主要包含系统的万能查询报表的设定、打印模板的设置等。

第____天至第____天：对该系统管理员进行高级培训，主要包含系统的辅助功能设置、操作员名称、密码、权限等。

第____天至第____天：解决具体操作中遇到的实际问题，使相关操作员能基本独立完成自己的工作。

具体培训的日期将由双方商定。一经商定，不得随意更改。如确需更改，必须提前____天通知对方。

（三）维护要求

（1）自本协议签订之日起，乙方提供的软件三年免费维护。

（2）甲方应正确使用软件并按时备份数据，防止病毒感染或人为破坏而丢失数据。

（3）系统一旦出现故障，乙方必须作出迅速反应进行维护。

（四）费用及支付方式

该软件的全部费用共计人民币_____万元整。含____元软件修改费（不含税）。

本协议签订之日，甲方预付软件费计人民币____万元整给乙方。乙方在一周内按协议要求修改好该软件，并到甲方安装、调试，使该软件能正常运行，甲方再付软件费计人民币____万元整给乙方。余款计人民币____元整，待协议签订满____年再付。

（五）如有未尽事宜，双方再另行协商。

（六）甲、乙双方在履行本合同过程中发生争议，由双方协商解决；协商不成的，按本合同约定的下列方法之一进行解决：

（1）由_____仲裁委员会仲裁。

（2）向_____人民法院起诉。

（七）本协议一式两份，甲、乙双方各执一份，自签字之日起即时生效，均具有同等法律效力。

甲　方：＿＿＿＿＿＿　　　　乙　方：＿＿＿＿＿
代　表：＿＿＿＿＿＿　　　　代　表：＿＿＿＿＿
电　话：＿＿＿＿＿＿　　　　电　话：＿＿＿＿＿

签约日期：＿＿＿＿年＿＿月＿＿日
签约地点：＿＿＿＿＿＿＿＿＿＿

## 二十三、经销服务协议书

甲方：＿＿＿＿＿＿公司
乙方：＿＿＿＿＿＿公司

经甲、乙双方协商同意，现就＿＿＿＿设备的销售与服务事宜达成如下协议，共同遵守。

（一）甲方同意乙方销售甲方的＿＿＿＿设备，并负责所销售产品的售后服务工作。甲方对售出的＿＿＿＿设备实行三包服务，乙方按照甲方售后服务准则执行售后服务。

（二）乙方与甲方的合同签订，由甲方＿＿＿＿公司负责。在市场运行中，乙方与甲方应互通信息，相互支持，执行甲方的项目管理制度。甲乙双方必须签订完整系列产品的合同，保持甲方＿＿＿＿设备的系统性和完整性，不得把其他厂家产品配在甲方产品上。合同签订时，应注明工程名称。

（三）乙方享受甲方的＿＿＿＿设备优惠价。从＿＿＿＿年＿＿月＿＿日起，让利的比例按＿＿＿＿公司＿＿＿＿年＿＿月份的销售价目表为准。乙方对甲方产品要保持、发展相当的市场份额，年基本回款任务＿＿＿万元。

（四）付款方式。乙方对甲方的货款结算方式为：合同经双方签字盖章后，乙方在一周内向甲方支付合同总额的＿＿＿%至＿＿＿%（以合同总额大小来确定），甲方按合同要求准备货物，在双方确认发货前乙方将余款一次性结清，甲方不予乙方留有任何形式的质保金。

（五）乙方的法定代表人要对甲方所订合同的往来账目负责，及时清理货款。乙方人事和管理分工如有重大变化，应及时通知甲方，以便于双方合作的稳定性和延续性。

（六）甲方免费向乙方提供_____设备宣传资料。如工程需要，甲方根据工程情况提供产品认证复印件，质量体系复印件。乙方应积极宣传、推广、应用甲方的_____设备，维护甲方的信誉和经济、技术权益，保守甲方的商业秘密，热情为用户服务。不得假冒甲方注册商标或仿制甲方_____设备，也不得销售假冒伪劣产品，不得损坏甲方的企业形象，否则甲方有权追究法律责任。

（七）本协议的有效期为两年。本协议期限届满后，如双方协商一致可续签本协议。

（八）合同的终止与违约责任：（略）。

（九）争议的解决方式

甲、乙双方在履行本合同过程中发生争议，由双方协商解决；协商不成的，按本合同约定的下列方法之一进行解决：

（1）由_____仲裁委员会仲裁。

（2）向_____人民法院起诉。

（十）此协议一式两份，甲、乙双方各执一份。从双方签字之日起即时生效，均具同等法律效力。

甲　方：_____　　　乙　方：_____
代　表：_____　　　代　表：_____
电　话：_____　　　电　话：_____

签约日期：_____年___月___日
签约地点：_____

## 二十四、总代理协议书

甲方（委托人）：_____
乙方（总代理人）：_____

经甲、乙双方协商同意，达成如下协议，共同遵守。

**第一条** 总代理人权限

总代理人负责委托人所生产的全部产品（或指定产品，需要明确约定）在指定地区的营销管理，包括：指定分代理人，建立营销网络；进行广告宣传和其他促销活动；参加各种展览会和交易会；等等。

总代理人在指定地区有权代表委托人签署买卖合同，并协助委托人履行所有的合同。

总代理人负责指定地区的市场信息调查、客户意见反馈等市场信息工作。

总代理人负责所在地区的售后服务，向所有厂商或消费者提供零配件，处理产品质量引起的纠纷。

总代理人可以代表委托人向不履行合同的客户提起诉讼，也可以代理委托人应诉。

**第二条** 总代理人专营权

在协议有效期内，委托人不得指定其他任何人为其在指定地区的任何形式的代理人，处理已授权代理人的任何事项。

总代理人在本协议的有效期间，不得代表任何其他与委托人相竞争的厂商代理相同或相近似的产品。

**第三条** 总代理人的职责。

在协议期间总代理人：

（1）应忠实于委托人的利益，努力尽责地履行委托事项，审慎地行使代理权限。

（2）保存任何与委托业务有关的决议、账册、通信等重要商业文件，接受委托人的监督。

（3）有效地监督分代理人的工作，协调分代理人之间的冲突，统一地区内的商品销售条件。

（4）保护委托人的无形资产，特别是商号、商标等，保守商业秘密。

**第四条** 委托人的职责

委托人应当保证提供所售产品的品质，提供真实的产品和宣传资料，并及时向总代理人提供有关业务所需的信息。

在产品广告策划、产品销售价格条件、合同履行方式等方面，积极配合总代理人，在总代理人就有关问题提出要求时，委托人须立即对总代理人给予指示。

**第五条　佣金和费用**

委托人同意支付给总代理人产品价格的____％作为佣金。佣金每月按交易量结算给付。

佣金内含总代理人的广告费、行政办公费等事务开支。

佣金不包括包装、运输、仓储、保险、海关税费等费用，这些费用由委托人负担，凭总代理人提供的有效发票，每月同佣金一起与委托人结算。

**第六条　期限**

本代理合同有效期为3年；期满后，任何一方未向对方提出解除合同请求，本协议将自动延长，每次延长1年。

本协议在自动续约年满10年后，双方可以考虑重新签订协议，给予代理人以更优惠的代理条件。

**第七条　终止**

任何一方在期满（包括每一个续约年度）前6个月内均有权终止本合同。

若遇有下列任何事件或情况时，委托人须以书面方式通知总代理人；按协议规定，总代理人不履行或不遵守其职责或义务时，或当收到委托人就代理人不履行或不遵守其职责的通知后的30天内，仍置之不理，立刻终止本协议对总代理人的委托。

按照本协议规定，期满或终止对总代理人的委托，不论出于何种原因，均不妨碍协议各方的赔偿权利。

当届满和终止时，总代理人应立即将持有的与委托人业务有关的票据、备忘录、记录稿件或其他文件交还给委托人。

按照本协议规定，委托人在提出终止委托关系后的1个月内，委托人将佣金按第五条支付给总代理人。

不论出于何种原因而使本协议终止，总代理人在协议终止后的3年内都不得代理与委托人产品相同的产品，从事相关的贸易活动。

**第八条　分代理和转让**

非经委托人预先书面同意，总代理人不得将协议之任何权利、义务或责任转让或转移给第三人。

总代理人有权指定分代理人，但须经委托人事先书面同意，并报委托人备案。但根据协议的规定不得免除总代理人的任何权利、义务或责任。

非经总代理人预先书面同意，委托人不得将本协议规定的任何权利、义务或责任予以转让或转移给他人。

本协议对委托人、总代理人及各方指定的继承人均具有同等的约束力并确保实施。

**第九条　协议完全性和修改**

本协议所附的产品销售条件及其他附件是本协议的组成部分，在代理过程中，双方达成的补充协议或备忘录均当然地成为本协议不可分割的部分。

除非经本协议双方当事人达成一致协议，本协议书不得作任何修改和变更。

本合同的变更、修改和增补，应采取书面形式。

**第十条　适用的法律**

本协议的一切条款，是根据签字时＿＿＿＿现行的有关法律、法令和条例制订的。然而，在协议生效之后，由于＿＿＿＿颁布了新的法律、法令、条例，或对原有的法律、法令和条例进行了修改，致使委托人和总代理人中任何一方的经济利益发生重大的变化，应及时协商，并对本协议的有关条款作必要的修正和调整，以维护委托人、总代理人在协议中的正常的经济权益。

**第十一条　争议的解决**

在执行本协议时所发生的或与本协议有关的一切争执，首先应由委托人和总代理人友好协商解决。

若协商不能解决，可进行调解，如调解无效，最终将根据仲裁程序仲裁。

在争执发生时及争执提交仲裁过程中，除所争执并提交仲裁的问题外，委托人和总代理人都必须按本协议的规定继续行使自己的权利，履行各自的义务。

仲裁的裁决对委托人和总代理人都有约束力。仲裁费（不包括各自聘请律师的费用）由败诉方负担或由仲裁机构裁决。

**第十二条　语言**

本协议以英文和中文书就，两种文字均为正式文本。若甲乙双方为国内企业，则只用中文本即可。

**第十三条　通知**

凡有关本协议的通知、请求或其他通信往来，须以文字为准，可用书信、电传、电报方式按对方所列地址寄至对方。

**第十四条** 其他条款

以本合同当事人同时签署日期或最后签署日期为正式生效日期。

如本合同一条或一条以上的条款无效，其余条款仍然有效。

合同一式两份，双方各执一份，具有同等效力。

甲　方：＿＿＿＿＿＿　　　　乙　方：＿＿＿＿＿＿

代　表：＿＿＿＿＿＿　　　　代　表：＿＿＿＿＿＿

电　话：＿＿＿＿＿＿　　　　电　话：＿＿＿＿＿＿

签约日期：＿＿＿＿年＿＿月＿＿日

签约地点：＿＿＿＿＿＿＿＿＿＿

# 二十五、独家代理协议书

甲方（公　司）：＿＿＿＿＿＿

乙方（代理人）：＿＿＿＿＿＿

经甲、乙双方协商同意，达成如下协议，共同遵守。

（一）甲方授予乙方在××国家××地区销售××产品的独家代理权，以自本协议签字日起3年为期。

（二）乙方保证竭力履行其向甲方的订货，非经公司同意，乙方不得违背甲方关于装运订货的任何命令。

（三）本协议履行期间，乙方将收取佣金。

订单额少于＿＿美元，按＿＿%收取佣金；

订单额超过＿＿美元，按＿＿%收取佣金。

（四）乙方提供的发票金额，包括佣金和除邮寄、小额费以外的开支，甲方将具不可撤销跟单信用证予以支付。

（五）任何一方须终止合同应提前3个月用挂号信书面通知对方，任一方在任何时候违背本协议任何条款，无须通知，本协议即告终止。

协议双方于上述时间签字盖章为证。

（六）本协议一式两份，甲、乙双方各执一份，具有同等的法律效力。

甲　方：＿＿＿＿＿＿　　　　乙　方：＿＿＿＿＿＿
代　表：＿＿＿＿＿＿　　　　代　表：＿＿＿＿＿＿
电　话：＿＿＿＿＿＿　　　　电　话：＿＿＿＿＿＿

签约日期：＿＿＿＿年＿＿月＿＿日
签约地点：＿＿＿＿＿＿＿＿＿＿＿＿

## 二十六、公司特约店交易合同书

××公司（以下简称甲方）指定××商店（以下简称乙方）为经销本公司产品的特约店。甲乙双方特签订以下合同：

**第一条　交易内容**

甲方负责向乙方提供商品，乙方负责在指定区域内销售甲方产品。

**第二条　货款支付**

乙方向甲方交付货款的时间规定如下：每月××日结算，次月××日前支付。

货款应由乙方送到甲方营业所，乙方要根据甲方提出的付款通知书以现金形式及时支付。乙方如对付款通知书有异议，要在接到通知书两周内向甲方提出。

**第三条　交货地**

商品交货地为甲方生产厂所在地。货物离开甲方生产厂后的一切损毁，由乙方负责。货物运费由乙方负担。

**第四条　迟付款赔偿**

如乙方不能在指定时间内支付货款，应从支付的最后期限日算起向甲方支付3‰的滞纳金赔偿。

**第五条　担保提供**

为确保甲方的债权，乙方应根据甲方的要求，向甲方提供可靠的担保人。甲方有要求乙方提供担保金的权利。保证金由甲方保管，并以甲方指定利息为保证金计息。

**第六条  合同的解除**

甲方在认定有以下情况时，可不通知乙方，单方面中止合同：

（1）在没有特殊事由的情况下，乙方的销售额长期不变或呈下降状态。

（2）乙方长期不能按约支付甲方货款，其信用状况趋于恶化。

（3）乙方不履行合同确定的义务，或与甲方采取不合作态度，或者有损害甲方商品信誉的行为。

（4）甲方认为乙方已不符合特约店的必备条件。

（5）如乙方提出解除合同，必须事先征得甲方同意。

**第七条  诉讼地**

除法律上的特殊规定外，因本合同发生的法律诉讼，应在甲方所在地的法院提出诉讼。

**第八条  合同有效期**

本合同有效期为一年，满一年时，甲乙双方经协商，可以依本合同条件续延。

本合同一式两份，签名盖章公证后甲乙双方各存一份。

甲方　　地　　址：

公司名称：

乙方　　地　　址：

公司名称：

甲方担保人：

乙方担保人：

年　月　日

## 二十七、公司代理店合同书

**第一条  总则**

本合同确定××公司（以下简称甲方）与其代理店××公司（以下简称乙

方）之间的商品供销事项。

**第二条　销售区域及销售产品**

作为甲方的代理机构，乙方的销售区域限制在××地区，销售产品为甲方所生产的××系列产品及附件。

**第三条　指定区域外的销售**

乙方如接受上条所定销售区域以外的订货，必须事先与甲方联系，征得甲方同意。如甲方经过调查，确认这项交易不会损害其他代理店的利益，乙方可以接受订货。

**第四条　排他性交易**

乙方只能从甲方进货，然后销售给客户，不得经销其他公司同类产品。

**第五条　责任销售额**

乙方在指定销售区域内每年须完成××万元销售额，但不规定具体商品的销售额。

**第六条　系列代理**

在事先征得甲方同意前提下，乙方可以设立下属系列代理店。

**第七条　货款预定**

乙方在接受客户订货时，可委托甲方预定货款，向甲方提交预定请求表，经甲方核定后，送交乙方。

**第八条　供货地**

甲方须根据乙方订单内容将货物发送到指定场所，如无指定送货地，货物离开甲方仓库时即为供货地。

**第九条　直销权**

即使本合同生效后，甲方也可以将其产品直销给乙方销售区域内的客户，但甲方必须充分尊重乙方在指定销售区域内的销售权。

**第十条　销售价格**

甲方对乙方的供货价格、乙方对客户的销售价格，均由销售价格表确定。

**第十一条　销售价格维持**

甲、乙双方都有义务维持上条所确定的销售价格，如大幅度提价或降价，必须由双方协商确定。

**第十二条  售后服务**

商品的售后服务工作由乙方负责，如乙方确有困难，可请求甲方帮助，所需费用由乙方负担。

**第十三条  业务代理**

甲方在乙方销售区域内的直销业务，如需技术指导和售后服务，可委托乙方代理，其费用由甲方负担。

**第十四条  制造费与运费**

如无特别限定，产品的生产制造费和运费均由甲方负责。

**第十五条  运输事故**

在运输中如发生货物破损和货物丢失，均由甲方赔偿。乙方须提出证明材料和赔偿要求，经甲方确认后，给予货物补偿。

**第十六条  退货**

乙方向甲方提出的退货要求限于货物与订单不符和破损货物。

**第十七条  销售计划**

乙方须在每月××日前向甲方提交未来三个月的销售计划。

**第十八条  人员保证**

乙方为完成第五条所确定的责任销售额，应具备最低限度的销售人员和技术人员保证。

**第十九条  技术培训**

乙方应定期对销售人员进行技术培训，乙方可向甲方提出师资方面的要求。

**第二十条  培训费用**

乙方负责培训师资的往返交通费，住宿费和餐费，而师资的培训费由甲方负担。

**第二十一条  与其他企业的合同**

乙方未经甲方同意，不得与其他企业签订经销同类商品的合同。

**第二十二条  严守商业秘密**

甲方和乙方不能向第三者泄露对方的商业秘密。甲方不得与本合同第三条所规定销售区域内的第三者签订类似代理店合同，否则即视为违约行为。

**第二十三条  货款支付**

货款支付结算日为每月××日。乙方应在×日内交付结算日前的所有货款。

第二十四条　广告费

用于商品目录、邮送广告、广告传单等方面的广告费用，由乙方负担一半（但由乙方独立策划的促销活动，其费用全部由乙方负担）。

第二十五条　合同修改

本合同修改由甲乙双方协商进行。

第二十六条　违约处理

乙方如部分或全部违反本合同条款，甲方可随时解除本合同。

第二十七条　保证金

乙方应根据订货额向甲方交付订货保证金，保证金的管理由甲乙双方商定。

第二十八条　诉讼地

甲乙双方如在合同条款上发生纠纷，由甲方公司所在地的仲裁机构裁决。

第二十九条　合同期限

本合同有效期为自签订之日起一年。如合同期满前 2 个月，甲乙双方中任一方不提出异议，本合同续延一年。以后可以依此类推。

第三十条　销售价格和供货价格

本合同一式两份，甲乙双方各持一份。另附本合同第十条所定销售价格和供货价格。

（1）销售价格（略）。

（2）供货价格（略）。


## 二十八、公司销售国外商品的代理合同书

××公司（以下简称甲方）与××公司（以下简称乙方）就乙方生产经营商品出口及国外销售事宜，特签订本合同。

第一条　甲方为乙方生产经营的全部商品（以下简称商品）在××国的独家代理店，负责在××国向第三方销售。

第二条　甲方在进行上述销售活动时，必须尊重乙方的经营方针，努力拓展销售渠道，扩大商品销售。

**第三条　商品价格及货款支付**

（1）乙方以另表所列价格销售给甲方。乙方因各种原因需变更价格时，应于正式调整一个月前通知甲方。

（2）甲方从乙方所购商品货款，每月××日核算一次，并在次月××日以120天期票形式与乙方结算。但当货款不满10万元时，甲方通过乙方指定的银行账号汇款。转账时间由双方协商确定。

（3）本合同中止后，如甲方尚有货款未付，应立即全额支付给乙方。

**第四条　其他公司商品代理**

甲方不能销售与乙方相同或类似的其他公司商品。如经销乙方以外的商品必须征得乙方的书面同意。

**第五条　质量保证责任**

（1）当乙方提供的商品有质量问题时，应由乙方承担责任。

（2）如甲方提出更换同一型号商品时，乙方应立即予以调换。

**第六条　技术指导**

乙方有责任对甲方及甲方用户进行必要的技术指导。

**第七条　促销活动**

甲方用于广告宣传的促销手册（包括商品目录）、商标及展示会、宣传材料等，须征得乙方的同意才能实施。

**第八条　促销费用负担**

因促销活动支付的正常费用，甲乙双方各负担一半。

**第九条　售后服务和零配件供应**

乙方对提供给甲方的商品，即使是保修期后，也要继续提供10年的售后服务和零配件供应。

**第十条**　在××国进行故障修理及保修，原则上与乙方在国内的有关规定相同。往返交通费及住宿费由乙方负担。乙方有权委托在×国的保修单位。

**第十一条　合同期限**

本合同的有效期为自××××年××月××日起的一年时间。期满一年后，如双方均无更改合同的要求，则本合同有效期延长一年。

**第十二条　合同的变更**

合同条款如有变更，要甲、乙双方协商同意，并签名盖章，如无双方的签名盖章，其有关条款不得变更。

**第十三条**　合同的解除

（1）甲方和乙方中任一方违反本合同的某项条款，另一方有权直接解除本合同。

（2）下列任一情况出现时，乙方可直接解除合同，或依据合同约定暂时中止与甲方的代理关系。

①甲方的收益水平、经营能力和资产状况明显恶化，乙方认为难以继续保持与甲方的代理关系时。

②甲方宣告破产或被查封时。

**第十四条**　争议事项

如对合同所列条款有争议或合同未列事项，双方应本着积极坦诚的态度协商。

**第十五条**　诉讼裁决

有关本合同的诉讼，裁决首选为××法庭。本合同一式两份，双方签字盖章后生效，甲方乙方各保存一份。

甲方：

地址：

签约人：

乙方：

地址：

签约人：

年　　月　　日

## 二十九、加盟连锁机构合同书

甲方：××公司所属××连锁机构

乙方：连锁权授予者

**第一条**　甲、乙双方为共存共荣，为保持良好的关系，特缔结本合同。

**第二条**　乙方经甲方授权自合同生效日起，得以"××连锁店"的名称公开营业。

第三条　乙方为保证成功，应接受甲方组织章程规定事项。

第四条　本合同缔结同时，乙方应交付给甲方商标授权权利金人民币××万元（一概不退还）。

第五条　乙方在签约后，应接受甲方对企业统一形象的建议，进行店内布置或改装工程，其费用均由乙方自理。如乙方配合不周以致影响全体或本身（有形或无形）利益时，乙方应负完全责任。

第六条　乙方有按季向甲方缴付的义务，该费用自合约生效日起每六个月（半年）一次付清。由甲方通知乙方于期限内缴付。其金额依"××连锁店组织管理章程"（第××条）办理。

第七条　甲方应遵守的约束事项如下：

（1）甲方对于乙方所属的编制区域内，未经乙方同意下，不得再授予他人同样的权利。

（2）甲方定期提供免费研习机会给乙方。如有必要收费，应先经乙方同意。

（3）甲方应聘请专家对乙方的经营做评价及建议工作，与乙方一起提高效益。

（4）甲方应制造或开发、采购商品及营业相关物品提供乙方，其售价应合理且在市价以内。

（5）甲方对于所有连锁店的统一广告宣传活动，应聘请专家来策划。

第八条　乙方应遵守约定事项：

（1）尊重甲方指定的"经营决策委员会"一切决议事项。

（2）每月至少应拨人民币××万元以上的费用与甲方授权的连锁店共作广告，此项活动并应交由甲方执行。

（3）每月至少应向甲方申购商品、物品人民币××万元以上。

（4）应遵守在规定期限内支付款项给甲方。

（5）在自行从事广告活动时，应向甲方报备，以不破坏整体企业形象为原则。

（6）不得将甲方授予的一切权利进行私下转让或转借。乙方营业地点变更、代表人变更等事项均应经过甲方同意，否则以违约论。

第九条　本合约解除依"××连锁店组织管理章程"第××条规定办理。

本约一式两份，甲、乙双方各执一份为凭。

（甲方）连锁权授予者：××企业公司所属××连锁机构

代表人：

住址：

电话：

身份证编号：

（乙方）连锁权授受者：

代表人：

住址：

电话：

身份证编号：